KB247520

좋은 엄마가 좋은 선생님을 이긴다

공부 편

옮긴이 김락준

중국어 출판서적 전문 번역가로 충북대학교 중어중문학과를 졸업하고, 북경 공업대학과 상해 재경대학에서 수학했다. 옮긴 책으로『칼 비테의 자녀교육법』『칼 비테의 공부의 즐거움』『나의 미래를 바꾸는 힘 습관』『부모대학 : 아버지학교를 위한 강의식 교과서』『엄마가 아이에게 들려주는 맨 처음 가르침 49가지』등이 있다.

好妈妈胜过好老师(HAO MAMA SHENGGUO HAO LAOSHI)

尹建莉 著

Copyright © 2009 by 尹建莉

All rights reserved

Original Chinese edition was published by The Writers Publishing House

Korean language edition © 2011 by Dasan Books Co., Ltd.

(韩文版许可 Dasan Books Co., Ltd. 独家出版)

Korean language edition is published by arrangement with The Writers Publishing House

교육학 교수들도 감동한 가르침의 철학

좋은 엄마가
좋은 선생님을 이긴다

인젠리 지음 | 김락준 옮김

공부편

스토리 3.0

엄마가 교육을 알면
자녀교육이 달라진다

인젠리와 나는 베이징사범대학교에서 처음 만났다. 그때 난 교육대학 석사 과정의 지도 교수였다. 그리고 그녀가 내 연구 분야인 교사교육으로 논문의 방향을 정하면서 우리는 자연스럽게 인연을 맺었다.

인젠리의 작품 중에서 가장 먼저 읽은 것은 시가다. 그녀는 날 처음 만났을 때 자신의 시집을 선물했는데 그 시가 매우 좋았다. 시를 통해 그녀가 매우 섬세한 사람이며 좋은 문장력을 가졌다는 것을 알았다. 하지만 걱정되는 점도 있었다. 시인도 얼마든지 자신의 관심 분야를 진지하게 연구할 수 있지만 논문은 문학의 언어와 완전히 다른 학술 용어로 써야 하기 때문이었다.

그러나 그녀가 완성한 논문은 내 걱정이 지나쳤다는 것을 증명했다. 그녀는 시를 쓰는 감수성만 뛰어난 것이 아니라 매우 성실하고 진지한 자세로 모범적이고 관점이 뚜렷한 논문을 썼다. 또한 논문을 쓰는 동안 교내에서 주최된 제1회 대학원생 글 공모대회에서 2등상을 받으며 학술적 글을 쓰는 데도 재능이 있음을 보여줬다. 난 이 일들로 그녀의 학술 연구 능력에 믿음을 갖게 됐다.

인젠리는 석사 학위를 받은 뒤에 서둘러 일을 시작했고 매년 스승의 날에 잊지 않고 내게 연락을 했다. 그러다 생각지도 않게 올해 스승의 날 전에 그녀가 원고를 들고 날 찾아왔다. 난 20만 자가 넘는 글을 단숨에 읽었다.

나는 그동안 자녀교육서를 많이 읽어보지 않았다. 시중에 출간되는 자녀교육서들의 메시지는 대부분 구호에 지나지 않고 독자의 무의식에 호소하는 것이 많아서 학술적 연구자인 내 구미에 맞지 않았기 때문이다. 하지만 인젠리의 책은 달랐다. 사제 관계를 떠나 그녀의 책은 다른 자녀교육서들과 달리 내용이 통속적이지 않고 매우 전문적이었다. 심지어 아동교육 문제에 대한 그녀의 깊이 있는 고민과 실천 방법, 예컨대 아이의 독서교육 지도 방법과 가정의 문화를 조성하는 방법 등은 뒤통수를 한 대 얻어맞은 느낌이 들 정도였다.

교육에 대한 인젠리의 관점과 태도는 매우 진지하고 고집스럽다. 그녀는 초등교육을 가장 중요하게 생각했고 일찍이 초등학교에서 일하겠다는 뜻을 세웠다. 하지만 결국은 여러 가지 이유로 이 뜻을 실현하지 못했다. 지금 그녀는 연구와 집필을 통해 교육 이념을 전파하는 데 전념하고 있다. 그녀의 목표는 교육 사상을 책 속의 문자나 이론에 그치지 않도록 현실에서 아이들에게 직접 정확하게 적용하는 것이다. 그래서 일상생활에서 추상적인 교육원리를 구체적으로 적용할 수 있게 부모와 연구자의 입장에서 이 책을 썼다.

교육의 정확한 이론과 실전 경험에서 얻은 구체적 방법을 동시에 제시하고 모두를 만족시키는 책은 결코 많지 않다. 이 책은 교육적인 영양소가 자연스럽게 녹아 있는 실전 경험이 풍부하고, 생각할 내용이 많고 읽기 편하다. 이 책은 진실로 부모들에게 실용적인 육아철학을 제공한다. 실제로 난 이 책을 읽고 아이를 교육하는 태도와 방법이 달라졌다.

일찍이 그녀의 딸이 수재라는 소문을 들었다. 하지만 그녀의 책을 읽으면 어느 아이나 뛰어난 점이 있다는 것을 알 수 있다. 그녀는 딸을 자연스러운 방법으로 교육하고 신경 썼는데, 이것은 진정한 교육이요, 교육의 가장 미묘한 경지다.

뜻이 있는 주방 보조는 일류 요리사가 될 수 있고, 뜻이 있는 엄마는 아동교육 전문가가 될 수 있다. 모든 아이는 교육의 영양소를 풍부하게 줄 수 있는 부모를 필요로 한다. 하지만 실제 상황은 녹록치 않다. 아이에게 신경을 많이 쓰지만 방법이 틀리고 부모 입장에서 멋대로 생각해서 사사건건 심각한 간섭의 흔적을 남긴다. 그 결과 아이는 교육이 아니라 강제력만 느낀다. 만약에 부모와 교사가 이 책을 읽고 간섭의 흔적을 남기지 않은 채 아이를 교육하고 신경 쓰는 방법을 배우면 매우 의미 있는 일이 될 것이다.

또한 덧붙여 설명하자면 인젠리는 이 책의 제목을 '좋은 엄마가 좋은 선생님을 이긴다'라고 지었지만, 엄마와 교사를 비교할 뜻은 조금도 없다. 교사는 학교와 교실에서 아이의 길잡이, 지도자, 행동의 본보기가 되는 중요한 존재다. 더욱이 인젠리 본인도 십여 년간 교사로 재직한 바 있다. 단지 그녀는 자녀교육에 있어 부모가 대체될 수 없는 중요한 역할을 하지만 과소평가되고 경시되기에 그 역할을 강조하기 위해 제목을 이렇게 지었다.

이 책은 교육을 이해하는 엄마가 쓴 자녀교육서라는 점만으로도 읽을 가치가 크다.

주쉬동(朱旭东) 베이징사범대학교 교수

엄마의 교육 방법이
아이의 미래를 결정한다

책을 시작하기에 앞서 예전에 읽은 우화를 한 편 소개하고자 한다.

어떤 농부가 옥을 얻었다. 그는 옥을 정교하고 아름답게 조각하고 싶었지만 그가 가진 도구라고는 곡괭이밖에 없었다. 옥을 곡괭이로 조각하기 시작한 지 오래지 않아 옥은 조각나버렸고 그 모양은 거친 돌멩이 같아서 쪼갤수록 본래의 아름다움을 잃었다. 부모가 자녀를 키우는 이치도 이와 같다. 귀여운 아이라는 옥을 얻어도 몇 년 후 어떤 부모는 만족스러운 작품을 만든 반면 또 어떤 부모는 눈살이 찌푸려질 정도로 실망스러운 작품을 만든다. 둘의 차이는 곡괭이를 어떻게 사용했는가에 따라서 생겨난다.

내가 아는 어느 박사가 중년에 아이를 얻어 보석처럼 키웠다. 그는 공부는 잘하는 것보다 인간이 되는 것이 더 중요하다고 생각하고 아이의 인성에 신경을 많이 썼다. 그런데 두 살 된 박사의 아들은 어른이 말을 걸어도 못 들은 척하고 놀이에만 열중했다. 그때마다 장난감을 빼앗고 꾸짖어봤지만 엉엉 울기만 할 뿐 아이의 태도는 좀처럼 고쳐지지 않았다.

박사는 두 살짜리 아이에게 아직 인간관계에 대한 상호 개념이 형성되지 않았다는 사실을 몰랐다. 이렇게 어린아이에게 억지로 예절을 가르치는 것은 효과가 없을뿐 아니라 오히려 아이를 놀라게 할 수도 있다. 이 시기의 아이는 호기심이 강해서 종잇조각, 반쯤 피우다 만 담배꽁초에도 정신을 빼앗긴다. 아이의 지능 발달, 주의력 향상, 흥미 유발은 이 같은 '심취'와 떼려야 뗄 수 없는 관계에 있다. 겉보기에 쓸데없는 놀이를 하는 것 같지만 사실 아이는 미래에 하게 될 진정한 학습을 미리 준비하는 것이다. 공연히 아이를 방해하고 주의력을 흩뜨리면 나중에 아이가 한 가지 일에 잘 집중하지 못할뿐더러 사물에 대한 흥미를 잃는다. 이밖에 '예절교육'은 종종 부모와 자녀 간에 충돌을 일으키고 아이가 주변 상황을 이해할 때 갈팡질팡하게 만들어 정상적인 심리 발달 순서를 어지럽힌다. 또한 아이의 정서를 불안하게 하여 주변 환경에 적의를 품게 만들고 행동 발달에 부정적인 영향을 미친다.

박사는 스스로를 옥을 조각하는 고수라고 생각했지만 결국 자신도 모르게 곡괭이를 잘못 사용하고 말았다. 잘못된 가정교육은 이렇게 무의식중에 일어나서 애당초 기대했던 것과 다른 결과를 낳는다. 정말 안타까운 일이다.

몇 년간 많은 부모를 만났는데 이들 중 대다수가 이른바 문제 아이의 부모였다. 난 각각의 사례에서 공통된 현상을 발견했다. 부모가 무의식중에 한 작은 실수가 하루 이틀 쌓여서 아이를 괴롭히는 심각한 문제가 되고 아이에게 고통을 주고 심지어 아이의 마음을 왜곡시켰다는 것이다. 부모가 아이에게 관심이 부족해서가 아니라 무엇이 잘못됐는지 몰라서다.

서양에 "지옥의 길은 때때로 좋은 의도에서 만들어지기도 한다"는 속담이 있다. 어떤 부모가 나쁜 의도로 아이를 교육할까? 좋은 의도로 시작했는데 실망스러운 결과를 얻었을 때, 많은 부모는 아이가 열심히 하지 않아서 그렇다는 둥, 날 때부터 돌머리라는 둥 아이를 원망한다. 만약에 아이의 문제가 신체에 있으면 타고난 것이라서 어쩔 수 없다. 아이가 뭘 어떻게 하겠는가? 내가 원하지 않았는데 내 눈이 너무 작은 것과 같다. 만약에 문제가 아이의 자아인식과 자아의 변화를 통해서만 해결할 수 있는 거라면 이른바 '교육'이 필요하기는 할까?

어떤 이는 교육의 문제를 사회, 정책, 시대 등 방대한 요소 탓으로 돌린다. 최근 들어 초·중·고등학교와 대학교 내에서 부정적인 사건이 일어나면 사람들은 교육체제에서 원인을 찾고 결국은 대학입시를 바꿔야 한다고 입을 모은다. 대학입시는 가장 공평한 교육정책이지만 지금은 모든 교육문제의 근본 원인으로 지목되는 희생양이 됐다. 세상에 모든 학생의 문제를 해결할 수 있는 완벽한 교육제도를 가진 국가는 없다. 모든 아이는 저마다 독립된 세계이다. 아이의 성장은 부모와 교사가 조성한 아이를 직접적으로 둘러싼 '작은 교육 환경'에 달려있다. 이

작은 교육 환경의 생태는 아이의 성장에 영향을 주는 결정적인 요인으로 아이마다 필요한 환경으로 조성돼야 한다. 부모는 아이가 처음으로 만나고 가장 오랜 시간을 함께 보내는 중요한 인물이요, '작은 교육 환경'의 주요 조성자. 부모가 일상생활에서 아이를 인도하고 아이와의 관계를 처리하는 사소한 일들이 모두 교육의 과정이다. 사소한 일을 처리하는 수준에 따라서 부모의 손에 들린 도구가 곡괭이가 되느냐 조각칼이 되느냐가 결정되고 아이의 세계와 미래가 완전히 달라진다.

난 이 책에 아이가 자랄 때 나타나는 갖가지 문제를 자세하게 쓰고, 많은 '방법'을 제시했다. '방법'은 모두 다르지만 공통된 교육이념 선상에 있다. '방법'은 중요하다. 하지만 방법이 많아도 모든 교육문제를 속속들이 파고들 수 없다. 정확한 교육이념은 만능키와 같아서 가지각색의 자물쇠를 열 수 있다. 이 책은 각 장마다 독립된 문제를 다루지만 사실 모든 관점과 방법은 논리적으로 일치한다. 따라서 이 책을 끝까지 읽으면 명확한 이념의 골조가 관념까지 파고들어 문제가 일어났을 때 각종 처리 '방법'을 자연스럽게 떠올릴 수 있을 것이다. 이 책이 부모님들에게 특히 젊은 부모님들에게 도움이 되기를 바란다.

아이를 잘 키우는 것은 가정에 책임을 다하는 것일뿐더러 민족의 발전에 책임을 다하고 미래사회에 책임을 다하는 것이다. 정확한 교육 방법은 정교하고 아름다운 조각칼이고 잘못된 교육 방법은 곡괭이이므로 부모의 손 안에 옥이 있을 때 반드시 정확하게 사용해야 한다.

베이징에서 인젠리

● 차례

공부를 즐겁게
시작하도록 돕는다

학습 흥미와 학습 능력을 개발하는 방법

공부의 기본은
단 하나다

지능과 사고 능력을 발달시키는 방법

3장

공부에 조건을
달지 않는다

학습 의지와 학습 태도를 잡아주는 방법

4장

공부보다 아이를 위한 선택을 한다

학습 정서를 보호하는 방법

"

공부는 원래 괴롭게 할 필요가 없다.
아이가 공부를 괴로워하면
잘못된 지도를 받았다는 뜻이다.
관념과 방법을 바꾸면 아이의 공부가 쉽고 즐거워진다.

1장

공부를 즐겁게
시작하도록 돕는다

학습 흥미와 학습 능력을 개발하는 방법

아이를 똑똑하게 만드는 요술봉이 있다

신비한 마력이 있어 아이를 톡 치면 아이가 더 똑똑해지고 학습과 재능에 대한 잠재력이 향상되는 요술봉이 있다. 대체 요술봉은 무엇이고 누가 요술봉에 '톡' 당하는 행운을 누릴 수 있을까? 아마 많은 사람들이 궁금할 것이다. 하지만 일단 신비한 이야기로 독자 분들을 현혹시킨 점에 사과의 말씀을 올린다. 요술봉 이야기는 동화는 아니지만 현실적인 비유를 하기 위해서 내가 일부러 신비화한 것이다. 아무리 생각해도 이보다 더 나은 비유를 찾을 수 없었다.

내가 빙빙 돌려 시작하는 이 이야기는 아이 네 명에 관한 실화에서 비롯됐다. 예전에 어떤 초등학교 5학년 학급을 오랫동안 지켜본 적이 있다. 자주 봐서 반 아이들에 대해서도 잘 알았다. 그런데 나도 모르게 자꾸 이 반 아이들 중에 네 명을 두 그룹으로 나눠서 비교하게 됐다.

먼저 첫 번째 그룹의 두 아이는 A라는 여자 아이와 B라는 남자 아이이다. 두 아이는 공부를 열심히 해서 시험을 보면 늘 상위권에 들었다. 산만하거나 내성적이지 않고 수업시간에 조용하고 학교를 마친 뒤에 말썽을 일으키지도 않아 선생님이 좋아하지만 기억에 잘 안 남는 그런 유형이었다.

두 번째 그룹은 C와 D라는 두 남자 아이이다. C는 전 과목 성적이 골고루 우수하고 숙제도 잘하고 식견이 높은 뛰어난 학생이었다. 그리고 내가 만나본 아이들 중에 약점을 거의 찾아볼 수 없는 몇 안 되는 아이였다. 이에 비해 D는 약점이 많았다. 늘 숙제를 안 해오고 성적도 중위권밖에 안되고 게을렀다. 하지만 말재주가 좋고 문제를 일으키지 않았다.

처음 네 명의 아이들이 내 주의를 끈 것은 글쓰기였다. 내가 본 결과 첫 번째 그룹의 A와 B는 글씨는 잘 쓰는 편이지만 글의 수준이 떨어졌다. 글 내용이 빈약할뿐만 아니라 문법이 안 맞고 틀린 글자가 많은 등 글쓰기 실력이 평소의 좋은 성적과 거리가 멀었다. 두 아이는 글쓰기를 할 때마다 선생님에게 지적을 받아 들락날락하며 고치기 바빴는데, 처음 쓴 글과 네 번째 고친 글을 비교해도 고친 흔적만 역력하지 나아진 게 전혀 없었다. 두 아이가 쓴 다른 글도 수준이 고만고만했다. 난 숙제 공책을 펴본 뒤에 두 아이의 학습 능력이 노력을 못 따라온다는 것을 알았다.

난 두 아이에게 근본적으로 어떤 문제가 있는지 진단하기 위해서 두 아이를 불러 대화를 나눈 뒤에 공통 질문을 던졌다.

"너희 교과서 말고 다른 책도 읽니?"

A는 책을 무척 읽고 싶어 했지만 아빠가 공부하라고 집에 있는 책장을 모두 잠가서 읽을 수 없었다. 신문에 딸려오는 '독자(讀者)'[1]라는 잡지를 좋아하지만 A가 못 보게 엄마, 아빠가 몰래 감췄다. B는 원래 책 읽는 것을 싫어해서 지금껏 만화책을 몇 권 읽은 것 외에 다른 책을 읽은 적이 없었다.

난 두 아이가 너무 안타까웠다. 결국 난 두 아이의 부모를 만나 대화를 나누며 아이들이 책을 많이 읽고 공부하다가 어려운 문제가 있으면 독서를 통해서 해결할 수 있게 신경 써 달라고 부탁했다.

A의 아빠는 그나마 아이가 그만큼 공부해서 중상위권 성적을 유지하는데 만약에 책을 읽었다가 성적이 떨어지면 어떡하느냐고 말했다. B의 엄마는 독서를 짐처럼 여겼다. B는 부족한 공부를 보충하고 악기를 배우기 위해서 월요일부터 일요일까지 하루도 쉬지 않고 학원을 여섯 곳이나 다녔다. 게다가 학원도 집에서 멀어 날마다 버스를 타고 두 시간 반씩 왔다 갔다 하느라 하루에 여섯 시간밖에 못 잤다. 그래서 B의 엄마는 아이에게 부담을 더 줄 수 없다고 말했다. 걱정스러운 나머지 나는 두 학부형에게 "초등학교 때 시험에서 몇 점 더 받고 덜 받는 것은 중요하지 않아요. 지금 두 아이의 문제는 학습 능력이 부족한 것인데 이것이야말로 앞으로 학업에 차질을 줄 수 있는 진짜 큰 문제예요. 학원을 몇 군데 덜 보내시고 시험 성적에 연연하지 마시고 아이들이 책을 많이 읽

---

[1] 중국에서 가장 큰 사랑을 받는 잡지로 1981년에 창간됐다. 엘리트 지식인부터 일반인까지 광범위한 독자층을 갖고 있다.

게 하세요. 책을 많이 읽으면 학업 부담이 낮아지고 학습 능력이 좋아져서 나중에 진짜 좋은 성적을 거둘 수 있어요"라고 말했다.

　책을 읽어야 하는 이유를 최대한 알기 쉽게 설명하자 두 학부형은 공감의 뜻을 내비쳤다. 하지만 나중에 아이들을 통해서 알아보니 두 분은 조금도 변하지 않았다. A의 아빠는 신문에 딸려오는 잡지가 아이의 공부를 방해한다고 증정품을 우유로 바꿨다. B의 엄마는 아들이 도통 독서에 취미를 못 붙이자 마음을 접고 태권도 학원에 보냈다. 활동량이 적은 B가 태권도 학원을 다니면 운동도 하면서 몸을 보호할 수 있으니 일거양득이라고 생각했던 것 같다. B의 엄마가 아들의 빡빡한 일정에서 어떻게 시간을 또 냈는지 모르지만 어쨌든 B를 통해서 다니는 학원 중에 글쓰기 학원도 있다는 사실을 알았다.

　A와 B에 비해 C와 D의 글은 글자와 문법이 거의 맞고 내용도 매우 좋았다. C는 글씨를 또박또박 쓰고 시각과 소재가 독특했다. D는 글씨도 비뚤비뚤하고 이따금 묘사가 어색하고 문장이 매끄럽지 못했지만 글의 수준이 높았다. 물론 한눈에 봐도 대충 쓴 게 보이는 글도 있었다. 하지만 꼼꼼히 읽어본 결과 매우 진지하게 쓴 몇 편의 글에서 D의 뛰어난 재능을 발견하고 나도 모르게 감탄했다.

　C와 D를 불러 대화해보니, 둘은 책 읽는 것을 매우 좋아했다. C는 집에 책이 많아 국내외 명작은 물론이고 역사, 자연에 관한 서적도 많이 읽었고 확실히 또래 아이들보다 독서량이 많았다. D는 부모님이 맞벌이라서 대부분 할머니, 할아버지와 지냈는데 집에 컴퓨터도 없고 TV를 틀어놓지 않아 할 일이 없으면 동물, 공상 과학, 탐정, 무협 등 손에 집

히는 대로 책을 읽었다.

　C와 D는 글쓰기만 잘하는 것이 아니라 다방면에서 활발하게 활동했다. C는 훌륭한 학생이지만 방에서 책만 보지 않고 축구를 좋아해서 틈만 나면 공을 찼다. D는 비록 공부를 열심히 안 해서 성적이 나쁘지만 담임선생님 말씀에 따르면 매우 똑똑해서 3일만 마음잡고 공부하면 단박에 3등까지 할 수 있을 것이라고 했다.

　난 이 반을 떠나며 학생들에게 이메일 주소를 알려줘 지금까지 몇몇 학생과 연락을 주고받고 있다. 이제 아이들은 중학교 3학년이고 곧 고등학생이 된다. C는 시(市) 중점학교에 다니고 여전히 공부를 잘하며, 뛰어난 학업 성적과 축구 실력을 인정받아 이미 시에서 가장 좋은 고등학교의 입학 허가를 받았다. 지금도 내게 자주 연락하는 A는 일반 중학교에 다니는데 선생님이나 학교 환경이 별로 안 좋다고 했다. 또 B와 D도 같은 학교에 다니는데 자신과 B는 성적이 중간 정도라서 명문고에 가기 어렵지만 D는 3학년 들어 열심히 공부해서 지금은 전교 10등 안에 들고 모범 학생에도 뽑혔다고 전했다. A는 갈수록 과목이 어려워져 공부가 하기 싫다고 했다. 네 아이의 학업 성과가 어떻게 달라졌는지가 마침내 드러난 것이다.

　A와 B의 부모는 아이들을 위해서 얼마나 노력했는데 성적이 그것밖에 안되냐며 아이들에게 실망했을 것이다. 고등학교 입학을 앞둔 이 중요한 순간에 두 학부형이 또 어떤 방법으로 아이들을 도울지 모르겠지만 책을 읽으라고 할 것 같지는 않다. 예상컨대 두 아이는 고등학교 입학시험에서 좋은 성적을 못 거둘 것이다. 또 고등학교에 가서도 특별

히 두각을 나타내지 못하고 학업 성과가 평범해서 공부할 때 어려움이 따를 것이다. 이에 비해 C와 D는 이미 공부하는 방법을 터득했기 때문에 앞으로 더 적극적으로 공부하고 이해할 것이다.

네 아이의 이야기는 여기까지다. 이 이야기를 통해서 내가 말하고 싶은 문제를 말했다. 요술봉은 뭘까? 독서다. 독서는 보이지 않게 아이에게 남다른 재능을 주는 마력이 있다. 어려서 책을 많이 읽는 아이는 지적 능력과 학습 능력이 좋지만 책을 안 읽는 아이는 학습 능력이 보통이라서 책을 많이 읽는 아이보다 숙제를 하는 속도가 많이 느리다.

독서는 왜 아이의 지적 능력과 학습 능력에 큰 영향을 줄까? 청소년의 독서에 대해서 많이 연구하고 독서와 학습 능력의 관계에 대해서도 자세하게 논술한 수호믈린스키[2]는 "30년의 경험으로 난 학생의 지적 능력 발달은 좋은 읽기 능력에 달려있다는 것을 확신하게 됐다"고 말했다. 수호믈린스키는 심리학의 시각으로 책을 안 읽을 때의 단점을 지적했다.

"읽기 능력이 부족하면 뇌의 미세한 결합섬유가 활성화되지 않아 신경원이 순조롭게 작용하지 않는다. 때문에 책을 안 읽는 사람은 생각을 잘 못한다. 유년기 때 똑똑하고 이해력 좋고 질문을 잘하던 아이가 청소년기에 들어

---

2 러시아의 교육철학자(1918년~1970년). 휴머니즘 원칙에 입각한 전인교육론을 주창했으며, 평생을 현장 교육에 매진했다.

지적 능력이 떨어지고 지식을 냉담하게 대하고 사고를 활발하게 못하는 이유는 책을 안 읽어서다. 이에 비해 어떤 아이들은 숙제를 열심히 안 하지만 성적이 좋은데 이 같은 현상의 원인은 아이의 재능이 뛰어나서가 아니라 읽기 능력이 좋기 때문이다. 읽기 능력이 좋으면 지적 능력과 재능의 발전이 촉진된다. 교과서 외에 다른 책을 전혀 안 읽는 학생은 수업시간에 매우 단편적인 지식밖에 못 얻어 집에 가서 숙제할 때 부담감을 많이 느끼고 또 그 부담감에 과학 서적을 읽을 엄두도 못 내는 등 계속해서 악순환이 일어난다."

현대 심리학은 다양한 연구를 통해서 독서의 영향력을 증명했다. 구성주의 심리학의 대표 인물인 피아제, 브루너, 오수벨 등의 학습이론을 보면 두 가지 중요한 점 즉, 사고의 발달과 언어체계의 발달은 서로 밀접한 관계가 있으며, 새로운 지식을 학습할 때 기존의 지적 배경에 의존한다는 것을 알 수 있다. 독서는 일종의 언어부호를 통해서 이뤄지고, 내용이 현실생활을 초월하고 풍부해서 독자의 언어체계를 발달시킨다. 또 독자의 지적 배경을 더 풍부하게 만들어 사고 능력과 새로운 지식을 학습하는 능력을 향상시킨다.

학습 능력을 구축하는 것은 집을 짓는 것에 비유할 수 있는데 언어체계는 공구이고 지적 배경은 토지 측정, 공사설계, 노동자의 기술, 시공관리 수준 같은 시공 기술이다. 공구와 시공 기술이 좋으면 집을 순조롭고 튼튼하게 지을 수 있지만, 공구와 시공 기술이 시원찮으면 좋은 집을 기대할 수 없다.

초등학교 심지어 중학교 저학년까지는 머리만 좋아도 좋은 성적을 거둘 수 있다. 하지만 읽기 능력이 부족하면 학년이 높아질수록 공부가 힘에 부친다. 집을 허술하게 지으려면 필요 없지만 크고 아름다운 집을 지으려면 반드시 좋은 공구와 시공 기술이 필요하다.

어떤 부모는 원래 공부를 열심히 하고 성적이 좋았던 아이가 갈수록 성적이 떨어진다고 고민한다. 난 이런 부모를 만날 때마다 아이가 집에서 책을 읽느냐고 묻는다. 대답을 들어보면 예상대로 하나같이 책을 잘 안 읽는다. 이에 비해 어떤 아이들은 초등학교 때 성적은 안 좋지만 책을 많이 읽어서 공부하고 싶을 때 놀라운 잠재력을 발휘하고 중·고등학교에 가서 좋은 성적을 거둔다. 초등학교 심지어 중학교까지는 학업 성적이 심하게 뒤처져도 실망할 필요가 없고 성적이 절대적으로 우수해도 좋아할 필요가 없다. 모든 상황은 뒤바뀔 수 있다. 상황을 뒤바꾸는 신비의 힘은 독서다. 독서는 요술봉처럼 신비한 작용을 한다. 사람들은 아이들이 변화하는 겉모습은 쉽게 보지만 변화의 배후에 있는 독서라는 매우 중요한 원인은 잘 못 본다.

사실 모든 아이는 나이가 들면 철이 든다. 단지 다른 점은 책을 많이 읽는 아이는 언어량이 풍부하고 지적 배경이 탄탄하고 학습 능력이 좋아 마음먹고 열심히 공부하면 금세 성취감을 느끼고 더 적극적으로 공부한다. 하지만 책을 안 읽는 아이는 언어량과 지적 배경이 빈약하고 학습 능력이 떨어져, 고학년이 돼 과목이 어렵고 경쟁이 치열해지면 학업이 뜻대로 안되는 것에 좌절하고 자신감과 공부에 대한 흥미를 잃는다. 사람은 의지와 이성에만 기대서는 오래 버티지 못한다. 책을 안 읽는 아이는 결국 추풍낙엽처럼 나가떨어지고 공부로부터 도망친다. 그러면 부모는 이 모습을 보고 아이가 갈수록 철부지가 되고 공부를 안 한다고 걱정한다.

부모는 자녀를 똑똑하고 공부 잘하는 아이로 키우기 위해서 임신했을 때부터 어디에 뭐가 좋다고 하면 이것저것 챙겨먹으며 최선의 노력을 한다. 영양분은 아이의 대뇌 발달에 반드시 필요하다. 하지만 좋은 것을 많이 먹는 것은 '더하기' 수단에 불과하다. 타고난 천재를 제외하고 건강하게 태어난 아이들의 지적 능력이 모두 다른 것은 물리적인 수단이나 생리적인 요소 때문이 아니라 교육 때문이다. 지적 능력을 발달시키는 가장 중요한 수단은 독서다. 독서는 일종의 '곱하기' 수단이라서 아이를 몇 배 더 똑똑하고 슬기롭게 만든다.

일부 교사와 부모는 아이가 책을 읽는 것을 중요하게 여기지 않는다. 학교 공부하기도 바쁘고 시험에서 좋은 점수도 받아야 하는데 책을 읽으면 시간을 빼앗기고 공부에 방해가 돼 합리적이지 않다고 생각하는 것 같다. 하지만 이렇게 생각하는 것은 하얼빈에서 광저우까지 회의하러 가야 하는데 비행기를 탈 때까지 네 시간을 기다리느니 차라리 당장 출발하는 기차(하얼빈에서 광저우까지 기차로 37시간이 걸린다)를 타고 가겠다고 하는 것이나 마찬가지다. 완전히 틀린 생각이다.

똑같은 씨를 똑같은 땅에 뿌렸을 때 적당한 수분과 햇빛을 공급받은 쪽과 공급받지 못한 쪽의 차이는 당연히 클 수밖에 없다. 독서는 지혜의 수분이요, 햇빛이다.

예상컨대 이렇게 질문하는 부모가 있을 것 같다. 그럼 책을 많이 읽으면 반드시 공부를 잘하고 안 읽으면 못하나요? 당연히 아니다. 어떤 문제나 현상도 절대적인 것은 없다.

만약에 문화나 사회의 모든 규율이 수치상 100% 정확해야 성립되면 사회에 규율이 존재하지 않거니와 사람들끼리 대화가 안 통할 것이다. 세상은 복잡하다. 모든 일이 다른 일과 천 가닥 만 가닥으로 연결돼 있어 어떤 현상을 따로 떼어내는 것은 불가능하다. 예를 들어 차가 암 예방에 효과적이라는 결론과 차를 즐겨 마셔도 암에 걸리는 현상은 서로 충돌하지 않는다. 암을 일으키는 원인은 매우 다양해서 후자로 전자를 부정하는 것은 의미가 없다.

책을 많이 읽으면 반드시 공부를 잘한다고 장담할 수 없다. 하지만 단언컨대 책을 전혀 안 읽거나 잘 안 읽는 아이는 결코 공부를 잘할 수 없다. 책을 많이 읽는 아이와 잘 안 읽는 아이를 비교하면 학습 차이가 매우 두드러지게 나타난다.

중 · 고등학생 중에 심하게 좋아하는 과목만 공부하는 학생들이 있다. 이런 식의 공부는 독서와 학습 능력의 상관관계에 도전하는 것이나 다름없다. 특히 남자 아이는 수학, 물리학, 화학 등 이과 과목을 좋아하고 국어, 영어 등 문과 과목을 싫어하는데 수학, 물리학, 화학은 책을 잘 안 읽어도 어느 정도 좋은 점수를 받을 수 있다.

내가 만난 어떤 중학생 엄마는 아이가 수학, 물리학을 잘하고 국어 계열의 과목을 싫어하는 것을 은근히 좋아했다. 아마 수학, 물리학을 잘하는 것이 더 똑똑하다고 생각한 것 같다. 만약 아이가 단순히 국어 계열의 과목만 싫어하고 책을 많이 읽으면 잠재력이 있다는 뜻이므로 그녀가 자랑스러워해도 된다. 하지만 책을 잘 안 읽고 언어 능력이 떨어져서 국어 계열의 과목을 싫어하는 것이라면 어느 날 수학, 물리학, 화학 과목도 타격을 입을 것이다.

내가 아는 수학 교사는 대입시험을 볼 때 수학은 만점을 받았지만 언어는 150점 만점에 92점밖에 못 받았다. 원래 수학을 매우 좋아해서 수학자가 되려고 베이징대학교 수학과에 지원했지만 점수가 모자라서 평범한 사범대학의 수학과에 들어간 그 교사는 "지난 몇 년간 교단에서 아이들을 가르치며 국어의 중요성을 절실히 깨달았어요. 해마다 대입시험을 치르기 전에 전교 10등 안에 드는 학생들을 보면 모두 특정 과목만 좋아하지 않고 문과와 이과 과목을 골고루 잘하더군요. 베이징대학교 수학과에 떨어졌을 때 매우 불공평하다고 생각했는데 지금 생각해보면 만약에 합격했어도 국어 실력이 형편없어서 전공 수업을 잘 못 따라갔을 것 같아요. 책을 광범위하게 많이 읽은 아이들에 비해 제 생각의 너비와 깊이는 한계가 있으니까요"라고 말했다.

부모는 아이가 특별한 수학 천재라도 책을 많이 읽게 지도해야 한다. 수학 문제집을 두 권 푸는 것보다 수학자 위인전을 몇 권 읽는 것이 아이가 수학 천재가 되는 데 더 도움된다.

물론 국어 계열 과목만 좋아하는 아이들도 있다. 이런 아이들은 국어, 영어 등을 잘하고 글을 예쁘게 잘 쓰지만 수학, 물리학, 화학 실력은 바닥이다. 국어 계열 과목만 좋아하면 책을 많이 읽어도 시험 성적이 올라가지 않는다.

이 문제는 이렇게 이해하면 된다. 아이가 수학, 물리학, 화학을 싫어하는 이유는 다양하고 교사, 부모, 재능, 친구 등도 모두 영향을 주는 요소가 될 수 있다. 독서로 모든 문제를 해결하고 부족한 부분을 채울 수 없다. 하지만 한 가지 확실한 사실은 아이가 수학을 못하는 것은 독서 때문이 아니다. 다행히 이 부류의 아이는 책 읽는 것을 좋아해서 대학 진학과 관계없이 모두 똑똑하고 지혜롭고 좋은 결과를 얻는다. 이렇게 보면 책 읽는 것을 좋아하는 것은 큰 행운이다.

이에 비해 독서와 담쌓고 살고 수학, 물리학, 화학 실력도 형편없고 문과 과목만 조금 잘하는 아이는 좋아하는 과목만 공부한다고 할 수 없다. 문과 과목도 특별히 잘하는 것이 아니니 말이다. 책을 안 읽는 학생이 문학, 역사 시험에서 좋은 성적을 받는 것을 봤는가?

어떤 입장에서 말하건 독서는 매우 중요하다. 아이를 똑똑하게 만드는 방법은 얼마나 간단한가? 책을 많이 읽으면 된다! 책은 요술봉이라서 읽으면 신비의 힘이 생기고 똑똑하고 지혜로워진다. 책 읽는 것을 좋아하는 아이는 요술봉으로 톡 맞은 것이나 마찬가지니, 얼마나 행운인가!

시를 외우는 즐거움을
기억하는 아이

 위엔위엔에게 어릴 때부터 시를 많이 들려줬다. 시를 들려주면 위엔위엔은 귀 기울여 듣고 곧잘 기억했다.

위엔위엔이 세 살 무렵 난 날마다 컴퓨터 타자 연습을 하며 오필자형을 외웠다. 오필자형은 타자 법을 개발한 왕용민(王永民) 씨가 키보드 자판을 쉽게 기억할 수 있게 자판의 순서를 한 편의 글로 만든 것인데, 이 글을 얼마나 시처럼 잘 썼는지 리듬을 타며 읽는 재미가 쏠쏠했다. 난 잠들기 전에도 침대에 누워 오필자형을 외웠다. 가끔 생각이 안 나 버벅거리면 위엔위엔이 귀띔해줬는데, 그때의 놀라움이란! 비록 의미 없는 문구지만 내가 외우는 소리만 들었는데도 무의식중에 나보다 키보드 순서를 더 빨리 외운 것을 보고 아이의 기억력에 크게 감탄했다.

한자는 예술미가 뛰어난 문자다. 저명한 산문가인 저우줘런도 한자를 오락적, 장식적, 음악적인 특징이 있는 문자라고 말했다. 중국어의 결정체인 고시(古時)는 압문에 의한 리듬감과 음률이 매우 뛰어나다. 난 다양한 매력이 있는 고시를 위엔위엔에게 들려주면서 어려서부터 시를 많이 암송하는 것, 특히 고시를 암송하는 것이 아이의 교육에 크게 도움이 된다는 확신이 들었다.

위엔위엔이 다섯 살이 되자 정식으로 고시를 가르쳤다. 교재는 총 여섯 권에 백여 편의 시가 수록된 『어린이 고시 읽기』였다. 4구로 된 짧은 시들이 대부분인데다 그림이 있어 지루하지 않았다. 난 위엔위엔과 함께 고시를 읽고 어느 정도 익숙해지면 같이 외웠다. 특별히 계획을 짜고 진행한 건 아니지만 꾸준히 한 결과 위엔위엔은 초등학교에 들어가기 전인 여섯 살 때 무려 백여 편의 시를 외웠다.

최근 자료를 보니 어떤 전문가들은 아이가 어려서부터 고시를 읽고 외우는 것을 반대한다. 무슨 뜻인지도 모른 채 시를 읽고 외우는 것은 앵무새가 사람의 말을 흉내 내는 것과 다를 게 없으니 고시보다 동요를 가르쳐야 한다는 것이 그들의 주장이다.

예술을 즐기려면 느끼고 이해할 줄 알아야 한다. 고시는 압운과 음률이 있어 읽다 보면 자연스레 느끼고 이해하기 마련이다. 단어가 생소하고 내용이 심오해서 이해하기 어렵다는 것은 어른들의 생각이지 아이들은 어려워하지도 않고 낯설어하지도 않는다. 아이들에게 동요를 가르쳐도 좋지만 교육의 효과는 결코 고시를 따라오지 못한다. 이왕에 가르치는 것이면 아이에게 가장 좋은 것을 가르치자. 동요를 부를 때처럼 즐겁게 고시를 가르치면 아이도 시와 동요의 차이를 못 느끼고 재밌게 배운다.

아동기는 기억력의 황금기다. 이 시기에 외운 것은 오랫동안 기억에 저장되고 오롯이 아이의 지적 재산이 된다. 따라서 부모는 자녀가 아동기 때 평범한 일에 시간을 낭비하지 않고 어려서 보다 값진 것을 많이 암기할 수 있게 지도해야 한다.

부모가 아이에게 고시를 가르칠 때 흔히 저지르는 실수 중의 하나는 아이가 이해하지 못할까봐 모든 구절을 일일이 쉬운 말로 풀어주는 것이다. 사실 고시를 배울 때 가장 경계해야 하는 것이 지나친 설명이다. 아이의 이해력을 믿어도 좋다. 시적인 정취와 문자의 아름다움을 느끼는 데 설명은 필요하지 않다. 설명은 상상력을 구속하고 언어의 아름다움을 파괴한다.

두세 살 전의 아이에게 시를 가르칠 땐 따로 설명하지 않아도 된다. 그저 아이가 시를 노래라고 생각하고 음률만 느끼게 하면 그만이다. 네다섯 살이 돼 이해력이 조금 좋아지면 그때 설명을 시작한다. 단 이때도 시의 의미와 모르는 단어 정도만 간단하게 설명해야 한다.

예를 들어 위엔위엔이 '鵝 鵝 鵝/曲項向天歌/白毛浮綠水/紅掌撥淸波(거위야, 거위야, 거위야/구부러진 모가지 하늘 향해 노래하네/흰 털 가득 푸른 물 위에 떠서/붉은 발바닥이 맑은 물결을 헤치는구나)'를 암송할 때 시에 나오는 단어가 요새 쓰는 말과 크게 다르지 않아 '모가지'

정도만 쉬운 말로 설명해줬다.

　설명을 적게 하는 것과 아예 안 하는 것은 엄연히 다르다. 우리는 아름다운 시구가 있으면 반복해서 읽고 외웠다. 예컨대 '青楓江上秋帆遠/白帝城邊古木疎(청풍강 위에 가을 돛단배 아득히 멀어지고/백제성 주변에는 고목들 성글겠지)'를 외울 땐 대구가 얼마나 잘 이뤄졌는지 살폈고, '肯與隣翁相對飮/隔籬呼取盡餘杯(이웃집 늙은이 함께 마셔보려는고. 울 너머 그를 불러 남은 술을 다 마시세)'를 외울 땐 시 속 노인들의 생활이 얼마나 소박하고 흥미로웠을지 머릿속에 그렸다. 이것이 시를 읽는 즐거움이 아닐까? 물론 우리는 반복해서 시를 읽고 외우는 데 대부분의 시간을 할애했다.

　우리 모녀는 고시를 많이 읽고 외우는 것이 고시에 나오는 단어를 공부하는 최고의 방법이라는 사실을 깨달았다. 이것은 중국의 전통적인 말하기와 쓰기의 교육 방법이요, 가장 간단하고 효과적인 방법이다. 아마 선인들도 이 비법을 알고 "반복해서 백 번을 읽으면 그 뜻을 절로 알게 된다"고 말했으리라. 읽고 외우는 것은 고리타분한 교육 방법이 아니라 매우 일리 있는 교육 방법이다.

　베이징대학교 중문과 교수 쳰리칭은 말했다.

　"옛날에 훈장님은 설명도 하지 않고 학생들에게 경문을 크게 읽으라고 시켰어요. 그러면 학생들은 반복해서 큰 소리로 책을 읽다가 말로 형용할 수 없는 운치를 깨닫죠. 그리고 반복해서 외우는 동안 자신도 모르게 경문의 뜻을 이해하고 머릿속에 새겨요. 훈장님은 그저 나중에 간단한 설명을 덧붙일

뿐입니다. 굳이 장황하게 설명하지 않아도 학생들이 스스로 이해했으니까요. 당장은 몰라도 반복해서 읽고 외우다 보면 뇌리에 깊숙이 새겨져 시간이 흐르면 자연스럽게 스스로 깨닫고 이해하게 됩니다."

위엔위엔은 내가 간단하게 설명해도 시를 잘 이해했다. 외려 꼭 해줘야 한다고 생각해서 해줬던 설명도 불필요한 경우가 많았다. 위엔위엔이 여섯 살 때, '李白斗酒詩百扁/長安市上酒家眠/天子呼來不上船/自稱臣是酒中仙(이백은 술 한 말에 시 백 편을 지으며/장안 저잣거리 술집에서 잠자네/천자가 오라 불러도 배에 오르지 않고/스스로 자신을 주선이라 칭하네)'을 읽고 처음으로 "이백은 멋있는 사람 같아요" "시가 너무 재밌어요"라고 말한 기억이 난다. 위엔위엔은 이 시를 읽고 '이백'을 '위엔위엔'으로, '장안'을 '옌타이'로 '자신'을 '나'로 바꿔서 낭송해서 집안을 웃음바다로 만들었다.

또 초등학교 땐 두보의 「등고(登高)」를 읽고 '無邊落木蕭蕭下/不盡長江滾滾來(사방의 낙엽은 쓸쓸히 떨어지고/끝없는 장강은 강물이 넘실넘실 흐른다)'를 유심히 보다가 이내 감탄하며 "어떻게 하면 시를 잘 써요?"라고 물었다. 위엔위엔은 시를 많이 읽고 외운지라 혼자서 단어의 뜻을 척척 이해하는 것은 기본이고 시를 음미하며 감동을 받았다.

부모가 강제로 시키지 않고 시를 함께 읽고 외우면 아이가 시에 흥미를 느낀다. 상상해보시라. '亂花漸欲迷人眼/淺草能沒馬蹄(어지러운 꽃들은 점점 울긋불긋 눈부시고/파릇하던 풀은 벌써 말발굽을 덮는구나)'의 풍경을, '綠蟻新醅酒/紅泥小火爐(새로 빚은 술 보글보글 익어/화로에 따끈하게 데워놓았네)'의 따뜻함을. 난 어린 위엔위엔에게 시를 외우라고 하기 전에 내가 먼저 솔선수범해서 외웠고 위엔위엔이 다 자란 뒤에는 함께 외웠다. 돌이켜보면 위엔위엔 덕분에 나도 고시를 많이 읽고 외웠다.

위엔위엔이 글을 읽고 쓸 수 있게 되자 우리 모녀는 공책에 외워야 할 고시를 적어 버스를 탈 때나 잠들기 전에 함께 외웠는데 오래지 않아 공책 한 권을 뚝딱 외웠다. 시를 빼곡히 적은 공책이 한 권 두 권 늘어날수록 성취감도 커졌다.

위엔위엔은 당시(唐詩. 당나라 시대의 시)를 외운 뒤에 송시(宋詩. 송나라 시대의 시)를 외우고 뒤이어 원곡(元曲. 중국 원나라의 희곡)을 외웠다. 초등학교 땐 단편 시를 많이 외우고 중학교 땐 「장한가(長恨歌)」 「비파행(琵琶行)」 같은 장편 시를 외웠다. 장편 시를 외우는 것은 생각처럼 만만하지 않다. 그래서 시를 잘게 나누는 방법을 이용했다. 위엔위엔은 기숙사에서 집에 돌아올 때마다 공책에 시를 몇 구씩 적어 가 학교에서 틈틈이 외우고 각각 외운 것을 서로 연결시켜 하나의 장편 시를 완성했다.

사실 시는 외우다 보면 요령이 생겨서 점점 쉽게 외울 수 있다. 처음 시를 외울 땐 위엔위엔도 시간이 오래 걸렸다. 하지만 나중에는 두세 번 읽고 해설편을 보는 것으로 시 외우기를 끝냈다. 시를 한 편 외우는 데 단 몇 분도 걸리지 않았고 장편 시도 그간 시를 외운 내공이 있는지라 쉽게 외웠다. 중·고등학교 때 위엔위엔은 또래 친구들보다 고시를 쉽게 공부했다. 학교에 들어가기 전에 이미 교과서에 나오는 고시를 대부분 외운데다 암기력도 뛰어났기 때문이다. 위엔위엔이 중학교에 다니던 어느 날 집에 돌아와서 말했다.

"선생님이 숙제로 「비파행」을 외워오라고 했는데 시가 길어서 외우기 힘드니까 아이들이 백거이는 왜 시를 길게 써서 자신들을 괴롭히느냐고 볼멘소리를 하지 뭐예요. 결국 다 포기했는데 저만 완벽하게 외웠어요."

이때 부모로서 내심 얼마나 뿌듯했는지 모른다.

아이에게 고시를 읽는 흥미를 북돋울 때 주의할 점은 순수한 동기로 고시를 가르쳐 아이가 고시를 읽고 외우는 것에 거부감이 안 들게 해야 한다는 것이다. 어떤 부모들은 아이에게 손님 앞에서 시를 외우라고 시키는가 하면 마치 숫자 놀이를 하는 것처럼 계획을 빡빡하게 짜놓고 며칠까지 몇 편의 시를 외우라고 강요하고, 시를 많이 외워야 글쓰기를 잘한다고 으름장을 놓는다.

시는 아름다운 케이크다. 부모가 아이에게 케이크를 주는 이유는 맛과 향을 느끼게 하기 위해서지 사람들에게 어떤 케이크를 먹였는지 자랑하거나 굶을 때를 대비해서 미리 배를 채워주기 위해서가 아니다. 맛과 향을 느끼는 것 외에 어떤 욕심도 내지 마라. 시를 자신의 것으로 만들고 아름다움과 상상의 나래를 만끽하기 위해서 시를 외워야지 단순히 시를 외우기 위해서 외우면 안 된다. 시를 음미하는 것 외에 다른 목적을 갖지 않는 것, 이것이 시를 외우는 유일한 목적이어야 한다. 손님 앞에서 시를 외우라고 시키거나 다른 아이와 비교하지 않을 때 아이는 순수한 마음으로 시를 읽고 진실로 시에 호감을 가진다.

　모름지기 흥미가 있으면 즐기게 마련이다. 만약 시를 읽고 단 한 번도 감동을 받거나 시어에 매료되거나 지혜를 배운 적이 없으면, 만 편을 읽어도 시를 읽었다고 할 수 없다. 일전에 어떤 교육기관이 고시를 빨리 외우는 교육용 CD를 만들어서 화제가 됐다. 재밌는 만화를 보고 즐거운 음악을 들으며 시를 랩처럼 외우도록 구성됐는데, 사실 시는 내용에 관계없이 모두 랩으로 만들 수 있다. 이 CD는 발매 직후 각 학교의 교사와 부모에게 많은 사랑을 받았다. 하지만 랩을 듣고 고시의 예술적 경지와 사상의 아름다움을 느낄 수 있을까? 그렇지 않다. 시를 읽는 즐거움이 아니라 시를 외우는 부담감만 느낄 뿐이다. 시를 랩처럼 외우면 기억에 남지 않아 결국 시간만 낭비하는 꼴이 된다.

　위엔위엔은 고시를 외우는 틈틈이 현대시도 외웠다. 그리고 시의 아름다움에 흠뻑 빠져 직접 시를 짓고 싶어 했다.

　위엔위엔이 시를 처음 쓴 것은 초등학교 때다. 어느 날 가족이 다같이 바닷가에 놀러갔는데 먼발치서 봤을 땐 바다가 파란색이더니 모래사장에서는 해초에 비쳐 초록빛을 띠었다. 맨발을 살짝 담갔더니 이번에는 바닷물이 하얗게 보였다. 그러자 위엔위엔은 바다가 원래 색이 없다는 사실을 발견하고 신기한 듯 두 손으로 바닷물을 떠와 내게 바다 색깔이 어떻게 변했는지 설명했다. 난 위엔위엔에게 "네가 방금 시를 발견했구나"라고 말했다. 집에 돌아온 뒤에 위엔위엔은 내 지도를 받으며 그날의 감흥을 시로 남겼다.

"멀리서 본 바닷물은 파란색/가까이에서 본 바닷물은 초록색/하지만 손바닥으로 바닷물을 뜨니 색이 모두 달아나버렸네."

이 시를 쓸 때 위엔위엔은 고작 일곱 살이었다. 며칠 뒤에 난 위엔위엔의 베갯잇을 파란색으로 바꿨다. 그러자 위엔위엔이 바다색이라고 좋아했다. 내가 농담으로 이 베개를 베고 자면 꿈에서 바다를 볼 수 있다고 말하자 위엔위엔이 "그럼 노란 베개를 베고 자면 모래사장을 보고 녹색 베개를 베고 자면 잔디밭을 볼 수 있어요?"라고 물었다. 난 위엔위엔의 볼에 입을 맞추고 방금 말한 것을 시로 적는 게 어떠냐고 말했다. 위엔위엔은 고사리 손을 바삐 움직여 시를 한 편 지었다.

"파란 베개를 베면 파란 바다 꿈을 꿔요/노란 베개를 베면 모래사장 꿈을 꿔요/ 빨간 베개를 베면 장미꽃 꿈을 꿔요/녹색 베개를 베면 잔디 꿈을 꿔요/알록달록한 베개를 베면 알록달록한 꿈을 꿔요."

초등학생 수준의 평범한 시지만 위엔위엔이 일상생활에서 시적 정취를 자연스럽게 느끼게 되었음을 보여준다.

위엔위엔은 확실히 고시를 즐겨 읽고 잘 이해했다. 고등학교 때 일찍이 이런 재능을 알아본 국어 선생님은 두 차례나 위엔위엔에게 고시에 대해 발표하도록 권했고 위엔위엔은 만반의 준비를 해서 발표 수업을 만족스럽게 마쳤다. 발표가 끝나고 반 친구들은 위엔위엔에게 시가 이렇게 감동적이고 아름다운지 처음 알았다고 말했다.

어떤 부모는 본인이 시를 좋아하지 않고 가르칠 수준이 안된다며 아이에게 시를 가르치는 것에 난색을 표한다. 감히 말하건대 두려워하지 마시라. 앞에서 언급했듯이 부모와 아이가 함께 시를 읽고 외우면 어려울 것이 없다. 한 번 보고 이해하지 못해도 괜찮다. 여러 번 보다 보면 문득 '이런 뜻이구나'하고 이해될 때가 있다. 원래 시는 정답이 없고 다양한 뜻으로 풀이될 수 있으므로 꼭 일정한 기준에 맞춰 해석하려고 하지 않아도 된다.

부모와 아이가 함께 시를 외울 때 얻는 수확은 결코 적지 않다. 첫째로 부모 자신이 시를 이해하는 능력이 좋아지고 둘째로 혼자 외울 때보다 아이의 흥미가 더 유발돼 부모와 아이 모두 큰 성취감을 맛볼 수 있다.

고시는 유아 때부터 공부하는 것이 좋다. 중학생 자녀도 늦지 않다. 시를 읽는 데 늦은 때는 없다. 공부는 평생 하는 것이라서 시기에 관계없이 아무 때나 시작해도 좋다. 어떤 부모는 학교 공부할 시간도 모자란데 고시 공부할 시간이 어디 있냐고 반론할 것이다. 하지만 학원을 한 군데 줄이고 자투리 시간을 잘 활용하면 충분히 고시를 공부할 시간을 확보할 수 있다.

여기까지 글을 읽고 문득 이런 생각이 들 수도 있다. '시를 읽으면 좋은 점이 많다는 것을 나도 잘 안다. 하지만 세상은 전문적인 기술과 지식을 필요로 하지 않는가? 그 시간에 학교 공부를 더 하는 것이 낫지 않을까?' 당신의 고민에 충분히 공감한다. 하지만 이것은 일리 있는 생각이 아니다. 칼 좀 간다고 땔나무를 이만큼 할 것을 요만큼밖에 못할까?

노벨 물리학상 수상자 양전닝은 어려서 수학에 남다른 재능을 보였다. 중학교 땐 입학한 지 채 1년도 되지 않아 중학교 수학 과정을 모두 마쳤다. 선생님의 조언을 따라서 고등수학을 공부하려고 할 때 뜻밖에도 아버지가 반대하고 나섰다. 대학교 수학과 교수였던 양전닝의 아버지는 아들에게 고등수학이 아니라 중국의 고전문학을 몇 년간 공부하라고 주문했다. 훗날 양전닝은 여러 강연에서 중국의 고전문학을 공부한 것이 과학을 연구하는 데 밑거름이 됐다고 밝혔다.

원자바오 중국 총리도 고시에 일가견이 있다. 그는 중요한 기자회견 때마다 자유자재로 시구를 인용해서 설득력을 높이고 감동을 줬다. 이처럼 고시를 외우면 지식이 많아지고 사고의 수준이 높아진다.

고시의 바다는 끝이 없다. 우리가 접하는 고시는 그저 큰 바다에 던져진 좁쌀 한 알갱이에 불과하다. 고시집을 몇 권 읽는다고 해서 고시를 완벽하게 이해할 수 있는 것은 아니지만 읽는 순간 변화가 일어난다.

위엔위엔이 고등학교 때 메모지에 적은 내용이다.

"중학교 때부터 지금까지 시 공책을 바꿀 때마다 빼놓지 않고 백거이의 「장한가」를 적었다. 혹자는 『홍루몽』을 가리켜 읽어도 끝이 없는 소설이라고 말하는데 「장한가」 역시 읽어도 끝이 없는 명시다."

위엔위엔의 생각이 얼마나 기특한가! 인생을 살면서 좋아하는 것이 하나라도 있으면 삶이 더 즐겁고 행복해진다. 읽어도 끝이 없는 시나 소설은 일종의 재산이나 마찬가지다.

내가 마지막으로 말하고 싶은 점은 아이가 어려서 고시를 읽으면 시를 짓고 싶어 하는 흥미가 생기고 글재주가 좋아지며 감수성이 풍부해진다. 고시를 많이 읽는 아이는 평범한 세상에서 남들이 알지 못하는 '桃花流水杳然去/別有天地非人間(복숭아꽃 흐르는 물 따라 내려가니/ 인간 세상이 아닌 별천지 같구나)'의 세상도 체험할 수 있다. 지금보다 자녀가 고시를 더 많이 읽고 외우게 가르쳐보자.

글자를 가르치는 것은
어렵지 않다

위엔위엔은 두세 살에 몇 천자를 뗀 '신동'이 아니다. 나도 위엔위엔에게 억지로 한자를 가르치거나 한자 카드를 주지 않았다. 하지만 여섯 번째 생일이 지나고 초등학교에 입학하기까지 반 년 정도 남았을 때 위엔위엔은 우리 부부에게 놀라움과 기쁨을 안겨줬다. 갑자기 너무나 많은 한자를 알게 된 것이다!

위엔위엔은 더 이상 이야기를 해달라고 귀찮게 조르지 않고 혼자 책을 들고 재밌게 읽었다. 새로 산 '미키마우스' 잡지를 읽어달라고 하자 위엔위엔은 정말 더듬더듬 읽기 시작했다. 진심으로 잘 읽었다고 칭찬했다. 처음으로 글을 읽는 즐거움을 맛본 위엔위엔은 책에 점점 흥미를 붙였다. 책을 읽으며 한자를 배우는 선순환이 일어나면서 아는 한자가 갑자기 많아졌다. 몇 개월 뒤 초등학교 1학년이 되자 국어책을 읽는 것은 식은 죽 먹기가 됐다.

위엔위엔이 초등학교에 처음 등교한 날이 생각난다. 학교에서 가방 한가득 교과서를 받아와 한 권씩 식탁에 꺼내는데 얼굴에 흥분한 기색이 역력했다. 남편은 헌 달력을 뜯어서 교과서를 싸고 위엔위엔은 그 옆에 앉아서 흥미진진하게 국어책을 처음부터 끝까지 읽었다. 위엔위엔이 또랑또랑한 목소리로 책을 읽는 것을 보며 난 초등학생이라면 누구나 넘어야 하는 글을 배우는 난관을 위엔위엔은 자신도 모르게 쉽게 넘어서 다행이라고 생각했다.

위엔위엔은 초등학교에 들어갈 때 이미 3학년 수준의 한자를 읽고 쓸 줄 알았다. 이것은 작지만 '기적'과도 같아서 선생님도 감탄하고 나도 놀랐다. 하지만 위엔위엔이 지극히 평범한 아이라는 것을 나는 잘 안다. 위엔위엔이 짧은 시간에 그렇게 많은 한자를 배운 것은 사실상 매우 간단하고 자연스러운 과정이고, 필연적으로 양적 변화에서 질적 변화로 넘어갈 수밖에 없는 일이다. 이러한 결과는 교육에 도움이 되고, 부모가 알게 모르게 정확한 교육 방법을 사용한 것에 대한 성과다.

더 많은 아이들이 위엔위엔처럼 글을 일찍 쉽게 배우게 하기 위해서 내 방법을 공유하려고 한다.

사실 내 방법은 매우 간단하다. 책을 펴고 말하지 않고 읽으면 된다. 내용을 설명할 때 평상시에 대화할 때 쓰는 말이나 '아이들 말'로 풀어주지 않고 글자 그대로 한 글자씩 또박또박 읽었다. 백지처럼 순수하고 깨끗한 아이에게 모든 단어는 새롭기만 하다. 어른이 생각하기에 '통속'적이거나 '비통속'적인 말도 아이는 모두 똑같이 생각한다. 막 말을 배우기 시작한 아이는 '신데렐라가 유유자적하게 산책을 합니다'와 '신데렐라가 천천히 걷습니다' 두 문장의 난이도를 같게 받아들인다. 특별히 어렵거나 다르게 생각하지 않는다. 아이는 부모가 최초로 주입하는 것을 받아들인다. 어떤 부모는 아이에게 옛날이야기책을 읽어줄 때 아이가 이해하지 못할까봐 글에서만 쓰는 말을 일상 대화에서 쓰는 말로 바꿔서 읽어주는데 사실 그럴 필요가 없다. 이것은 어려서부터 중국어를 사용한 사람이 갑자기 영어를 들으면 못 알아듣지만, 꾸준히 영어를 듣고 자란 아이는 영어를 들어도 어려워하지 않는 것과 같다. 따라서 걱정하지 않아도 된다. 아이는 천성적으로 모든 일에 호기심이 많고 '읽는 것'이나 '말하는 것'에 모두 똑같이 매력을 느낀다.

돌이 지나기 전부터 위엔위엔에게 책을 읽어줬는데 당시에 내 말을 이해했는지 모르지만 책을 읽어주면 위엔위엔은 기쁨의 빛이 가득한 두 눈을 반짝이며 뭐에 홀린 듯이 들었다. 난 책을 반복해서 읽어줬고 읽을 때마다 손가락으로 글자를 하나씩 가리키며 읽었다. 말할 수 있게 된 위엔위엔은 앵무새가 말을 흉내 내는 것처럼 책을 따라 읽기 시작했고 나중에는 책 읽는 소리를 듣고 문장을 외워서 혼자 책을 읽는 척했다.

지금도 똑똑히 기억한다. 위엔위엔이 생후 1년 8개월 때 남편이 집에 동료들을 우르르 데리고 왔다. 위엔위엔은 '삼촌'들 옆에 앉아 정신을 집중하고 「미운 오리 새끼」를 읽었다. 작은 손가락으로 글자를 가리키며 "외로운 새끼 오리는 힘없이 강가로 걸어갔습니다……"라고 읽는데 책장을 여러 장 넘기도록 한 글자도 틀리지 않았다. 남편 동료들은 위엔위엔이 글을 안다는 사실에 깜짝 놀랐다. 난 웃으며 "아니에요"라고 말하고 내가 읽어준 내용을 외운 것이라고 알려줬다. 당시에 위엔위엔은 문자에 개념이 없었다. 예상컨대 분명히 자신이 소리 내어 읽는 단어와 손가락으로 가리키는 글자 사이에 무슨 관계가 있는지도 모르고 엄마가 책을 읽을 때 내는 소리와 동작을 기계처럼 따라 했을 것이다.

난 '읽는' 방식으로 위엔위엔에게 옛날이야기를 들려주는 동시에 목소리와 감정에 신경 써 감동을 주려고 노력했다. 서서히 자라는 위엔위엔을 보며 '문자 그대로 읽는 것'이 어휘량을 더 풍부하게 만든다는 사실을 발견했다. 위엔위엔은 말할 때 적절한 단어를 찾아서 의사를 잘 표현했다. 여느 아이들처럼 말하고 싶은데 어떻게 말해야 할지 모르거나 의미 전달이 정확하지 않은 경우는 적었다.

더욱이 따라 읽는 과정에서 위엔위엔이 글자를 몇 개씩 알기 시작해 난 책을 '읽는' 것의 장점을 확신하게 됐다. 그래서 한 단계 더 나아가 글자를 가리키며 읽지 않고 위엔위엔이 가리키면 내가 읽는 것으로 방법을 바꿨다. 위엔위엔은 서서히 문자의 작용을 이해하고 이야기와 문자를 하나로 연결시켰다. 위엔위엔의 눈에 문자는 무미건조하지 않고 내용이 있었다. 문자는 곧 이야기요, 재밌고 생동감 있는 것이었다.

동시에 우리 부부는 위엔위엔을 데리고 공공장소에 가면 기회를 놓치지 않고 문장의 뜻을 설명했다. 예를 들어 기차역에 가면 '흡연금지'를 읽어주고 이 표어는 기차역에는 사람이 많아서 공기가 나쁘기 때문에 담배를 피우면 안 된다는 뜻이라고 알려줬다. 또 동물원에 가면 함께 표지판을 읽고, 보고 싶은 동물을 찾았다. 백화점에선 먼저 매장 안내도를 함께 본 뒤에 곧바로 가고 싶은 층수로 올라갔다.

시간이 지나자 위엔위엔은 글자만 보면 읽는 습관이 생겼다. 버스를 타면 가는 내내 길가의 가게 이름과 광고판을 읽고 모르는 글자가 있으면 내게 물었다. 나도 신이 나서 위엔위엔과 함께 광고 문구를 읽고 재밌는 가게 이름을 읽으며 같이 토론했다.

위엔위엔이 언제 얼마나 글자를 배웠는지 정확히 기록하지 않았지만 기억에 다섯 살 전에는 별로 아는 글자가 없어서 혼자 책을 못 읽고 내가 꼭 읽어줬다. 다섯 살 이후부터는 내가 시간이 없어서 혼자 읽으라고 한 것이 계기가 돼 혼자 책을 읽기 시작했다. 책에 호기심이 많은 위엔위엔은 단어를 알건 모르건 대추를 통째로 삼키듯이 책을 대충 보고 호기심을 만족시켰다. 난 위엔위엔이 글자를 알고 혼자 책을 읽으면 그때그때 칭찬하고 모르는 글자를 가르쳐줘 이야기를 이해시켰다. 위엔위엔은 책을 읽는 것에서 큰 즐거움을 찾고 꾸준히 읽었는데, 읽은 책의 권수도 많아지고 아는 글자도 많아졌다.

위엔위엔은 초등학교 2학년 때 읽기 능력이 이미 중학생 수준에 달했다. 당시 반 친구들이 모르는 글자를 공부할 때 위엔위엔은 연이어 장편소설을 읽었다. 물론 글자를 틀리게 읽을 때도 많아 우리 부부는 장난스럽게 '글자 틀리게 읽기 대왕'이라고 불렀다. 난 모르는 글자가 있으면 엄마, 아빠에게 물으라고 했다. 위엔위엔은 책을 빨리 읽고 싶은 마음에 이해하는 데 별로 지장이 없으면 모르는 글자가 나와도 묻지 않았고 우리도 신경 쓰지 않고 내버려뒀다. 하지만 책을 많이 읽자 글자를 틀리게 읽는 문제는 자연스럽게 해결됐다.

위엔위엔은 만 열 살에 초등학교를 졸업할 때 이미 14부, 약 30~40권이나 되는 진용의 무협소설과 정위엔지의 동화 시리즈를 모두 읽었다. 이밖에 외국의 명작『제인 에어』『로빈슨 표류기』및 중국의 고전명작『홍루몽(紅樓夢)』[3], 아동문학 서적, 잡지 등 무수한 책을 읽었다.

위엔위엔은 책을 많이 읽고 이해력이 좋아, 전 과목 성적이 우수했고 공부도 쉽게 했다. 초등학교 2학년을 마치고 바로 4학년이 됐지만 여전히 반에서 성적이 좋은 학생 중의 한 명이었다. 비록 반에서 나이는 제일 어리지만 일을 능숙하게 처리하는 것이나 문제를 이해하는 수준만 보면 위엔위엔이 몇 살 더 많아 보였다.

난 위엔위엔이 4학년 때 약 3센티미터 두께의 무려 16권이나 되는『어린이 중국통사』번체자[4] 편을 사줬다. 위엔위엔이 번체자를 모르는 탓에 난 일부러 시간을 내서 일일이 손으로 한 글자씩 가리켜서 알려주며 읽었다. 하지만 반쯤 읽었을 때부터 번체자는 더 이상 위엔위엔에게 문제가 되지 않았고 끝부분은 위엔위엔 혼자 다 읽었다. 지금도 위엔위엔은 대만, 홍콩 및 해외에서 출판되는 중국어 자료를 막힘없이 읽는다.

---

3 중국 청나라 때에 지어진 소설이다. 중국의 인류 창조 신화인 '여와보천'에서 시작해 금릉(金陵)의 가(賈)씨 집안의 영화와 몰락을 그리고 있다. 중국 고전소설 가운데 최고의 걸작으로 일컬어지고 있다.
4 대만, 홍콩 등지에서 사용하는 한자. 중국은 한자를 간략하게 만든 간체자를 사용한다.

난 위엔위엔을 가르치며 일상생활에서 한자를 가르치고 책을 많이 읽는 것이 매우 효과적인 교육 방법이라는 것을 알았다. 이렇게 하면 아이도 재밌고 어른도 재밌어서 적은 노력으로 많은 성과를 올릴 수 있다. 한자 카드를 산더미 같이 만들거나 집안 곳곳에 영어 카드를 붙여놓고 우리 아이는 학교에 들어가기 전에 한자와 영어 단어를 이만큼 뗐다고 의기양양하게 자랑하는 부모를 볼 때마다 걱정이 앞선다. 이렇게 해도 될까?

지금은 조기교육을 실시하는 기관도 많은데, 사실 그들이 말하는 조기교육은 아이가 한자나 영어를 몇 개 알게 하는 정도다. 가르쳐주는 과정도 가관이다. 어떤 곳은 교사가 알파벳 역할을 하는가 하면 또 어떤 곳은 아이들이 알파벳을 소리 내어 따라 하게 하는데 사실상 이것은 단어를 따로따로 배우는 것이나 다름없다. 난 과연 이런 교과과정이 아이에게 의미가 있을지 의문스럽다.

미국의 심리학자 오수벨이 교육심리학 분야에 한 가장 큰 공헌은 '유의미 학습'을 제기한 것이다. '유의미 학습'은 '기계적 학습'과 반대되는 개념이다. 오수벨은 유의미 학습을 가치 있게 생각했다. 그의 이론에 따르면 의미 없는 음절과 짝을 이루는 형용사를 외우는 것은 기계적 학습이다. 이런 데이터는 사람의 인지구조 중의 어떤 개념과 실질적인 관계를 성립하지 않기 때문에 기계적 학습이고 저효율 학습이다.

며칠 전에 신문에서 네 살배기 아이가 한자 2천 자를 안다는 뉴스를 봤다. 아이의 아버지는 온 집안에 한자를 붙여놓고 날마다 아이에게 외우라고 했다. 외국어를 공부한 사람은 알겠지만 단어를 무턱대고 외우면 빨리 잊어버린다. 하지만 언어 환경과 연관지어 공부하면 효과가 상당히 좋다. 아이가 한자만 많이 알고 책을 안 읽는 것은 결코 좋은 일이 아니다. 글을 아는 것과 책을 읽는 것을 분리시키는 것은 글을 배우는 흥미와 자신감을 파괴하는 것이나 마찬가지다.

　배우는 과정에서 가장 나쁜 것은 과시하는 것이다. 과시는 거품을 만든다. 프랑스의 사상가 장 자크 루소는 저명한 교육서인 『에밀』에서 말했다.

　"사람들은 가장 좋은 공부 방법을 찾기 위해서 고심한다. 그래서 어떤 사람은 독음 카드와 글자 카드를 발명하고 또 어떤 사람은 아이의 방을 인쇄소로 만들었다. 얼마나 불쌍한 일인가!"

　조화롭고 합리적인 방법은 아름답고 효과적이지만 나쁜 방법은 간단한 일도 복잡하고 비효율적으로 만든다. 따라서 부모는 자녀를 교육할 때 으레 그러려니 하고 나쁜 방법으로 아이를 가르치면 안 되고 좋은 방법을 찾으려고 노력해야 한다.

슈퍼마켓 놀이와
선생님 놀이로 배운다

위엔위엔과 '슈퍼마켓' 놀이를 하다가 이것이 매우 좋은 활동이고 아이가 덧셈, 뺄셈, 곱셈, 나눗셈을 배우고 산수 능력을 향상시킬 수 있는 즐거운 학습 방법이라는 것을 발견하게 됐다.

위엔위엔이 네 살 때 한동안 계산하는 법을 가르쳤다. 주로 손가락을 구부려 '2 더하기 3은 얼마' 같은 방법을 썼다. 위엔위엔은 처음에 이렇게 하는 것을 좋아했지만 조금만 오래 하면 바로 싫증을 냈다. 위엔위엔이 계산하는 법을 재밌게 배울 수 있는 방법이 없을까 고민하기 시작했다.

당시에 우리 가족이 사는 지역에는 대형마트가 없어서 대부분 슈퍼마켓에서 물건을 샀다. 위엔위엔은 슈퍼마켓에 가서 물건을 사는 것을 매우 좋아했다. 우리는 슈퍼마켓에 가면 매번 위엔위엔이 주인에게 물건을 달라고 하고 돈을 내게 했다. 물건을 사는 방법과 사람들과 자연스럽게 인사하는 법을 가르치기 위해서였다. 난 이 방법이 어린 위엔위엔에게 돈에 대한 개념을 심어줄 줄은 꿈에도 몰랐다.

어느 날 위엔위엔은 슈퍼마켓에서 물건을 사고 나온 뒤에 부러운 눈으로 나중에 크면 슈퍼마켓을 차리겠다고 말했다. 왜 그러냐고 묻자 물건을 사려면 돈을 내야 하는데 슈퍼마켓 사장은 돈을 낼 필요가 없다는 것이다. 훗날 난 위엔위엔이 친구들과 슈퍼마켓 놀이를 할 때 주인 역할을 맡으면 늘 우쭐대는 것을 발견했다. 아무래도 위엔위엔이 슈퍼마켓 사장이 너무 되고 싶어 하는 것 같아서 우리는 슈퍼마켓 놀이를 시작했다.

슈퍼마켓 놀이를 하면 위엔위엔이 사장이 되고 나와 남편은 손님이 됐다. 우리는 위엔위엔 앞에 각종 '상품'을 늘어놓았다. '상품' 중에는 진짜도 있고 대체품도 있었다. 예컨대 위엔위엔이 가장 좋아하는 아이스크림은 다른 물건으로 대신했는데 위엔위엔이 이해하면 그만이었다. 위엔위엔이 '슈퍼마켓'을 개점한 뒤에 우리 부부는 쉴 새 없이 그곳을 드나들었다.

우리는 물건을 진지하게 둘러본 뒤에 살 것을 정하고 가격을 묻고 가끔 흥정도 했다. 돈을 내면 대부분 동전을 돌려받을 때가 많았는데, 6자오짜리 젓가락을 사고 1위안[5]을 내면 위엔위엔이 4자오를 거슬러줬

---

5   중국의 화폐 단위로 1위안은 10자오, 1자오는 10편에 해당한다. 1위안은 우리 돈으로 약 180원이다.

다. 가격은 위엔위엔이 정했다. 어린아이가 정한지라 물건이 크건 작건 가격이 1위안, 200위안처럼 간결하게 딱 떨어졌다. 위엔위엔은 결코 1.4위안이나 203위안 같은 가격으로 자신을 곤란하게 만들지 않았다.

슈퍼마켓 놀이를 몇 번 한 뒤에 우리 부부는 은근슬쩍 위엔위엔을 좀 더 어려운 계산으로 끌어들였다. 예를 들어 위엔위엔은 원래 아이스크림을 1위안에 팔았는데 며칠 새 값이 1.2위안으로 올랐으니 값을 올려라, 그러면 2자오를 더 벌 수 있다고 알려줬다. 그러곤 2위안이나 5위안짜리 지폐를 줘 계산을 조금 어렵게 만들었다. 처음에 위엔위엔은 잔돈이 남는 가격을 싫어했다. 계산하려면 골치가 아팠기 때문이다. 난 위엔위엔을 데리고 진짜 슈퍼마켓에 가면 가격표를 유심히 보게 해 상품의 가격은 대부분 우수리가 붙는다고 알려줬다. 이렇게 해서 위엔위엔의 슈퍼마켓 상품도 모두 우수리가 붙게 됐다.

슈퍼마켓 놀이를 할 때 계산의 난이도가 높아지는 과도기를 자연스럽게 잘 보내면 아이의 흥미가 계속해서 유지된다. 우리는 처음에 100위안 안에서만 계산하다가 어떤 물건은 더 비싸야 한다고 건의해서 가격을 300~500위안까지 차츰차츰 올렸다. 내 기억에 위엔위엔은 네 살 무렵에 이미 500까지 암산할 수 있었는데 모두 '장사' 덕분인 것 같다.

위엔위엔은 초등학교 2, 3학년 때까지 슈퍼마켓 놀이를 했다. 난 슈퍼마켓 놀이를 이용해서 위엔위엔의 덧셈, 뺄셈, 곱셈, 나눗셈 공부를 도왔다. 예를 들어 위엔위엔이 연필 한 자루를 9펀에 팔면 여덟 자루를 사고, 한 봉지에 열 개가 들어있는 비스킷을 4위안에 팔면 낱개로 세 개만 달라고 했다. 이렇게 하면 위엔위엔은 꼼짝없이 곱셈, 나눗셈을 해야 했다.

슈퍼마켓 놀이는 아이가 끊임없이 문제를 응용해야 해서 계산 능력이 효과적으로 발달된다. 수학을 가르칠 땐 느닷없이 추상적인 숫자를 들이대거나 무미건조한 계산으로 아이를 괴롭히면 안 된다. 놀이를 통해서 숫자에 친근감을 느끼고, 계산은 추상적인 것이 아니라 실생활에 존재하는 유용한 것이고 일상생활과 가까운 관계가 있다고 알려줘야 한다.

위엔위엔은 초등학교 1, 2학년 때 다른 친구들이 추상적인 숫자에 골머리를 끙끙 앓을 때 모든 문제를 쉽게 단번에 풀었다. 위엔위엔은 초등학교 2학년을 마치고 곧 바로 4학년으로 월반했다. 당시에 학교 주임 선생님은 위엔위엔을 걱정했다. 3학년은 모든 학습 내용 중에서도 특히 수학이 매우 어려워지는 중요한 시기다. 그래서 난 3학년 1, 2학기 수학 교과서를 구해서 열흘 동안 위엔위엔과 함께 공부했다. 위엔위엔이 3학년 수학 과정을 소화한 뒤에 3학년 정규 과정을 마친 친구들과 같이 시험을 본 결과 가장 높은 점수를 받았다. 그럴 수 있었던 것은 위엔위엔이 특별한 천재라서가 아니라 슈퍼마켓 놀이를 하며 관련 지식을 일찍 배웠기 때문이다. 사장이 돼 머리를 쓴 것이 계산하는 능력을 발달시키고 교과서를 쉽게 공부하는 데 큰 도움이 됐다.

아이는 본래 어른의 생활을 모방하는 것을 좋아한다. 나도 어릴 때 소꿉놀이를 하며 특별히 즐거워했던 기억이 난다. 위엔위엔이 슈퍼마켓 놀이를 하며 느꼈을 감정이 내가 소꿉놀이를 하며 느낀 감정과 똑같으리라고 생각하는데, 위엔위엔은 놀면서 자신이 계산하는 법을 공부한다는 사실을 몰랐다.

공부는 꼭 힘들게 해야 할까? 공부도 얼마든지 즐겁게 할 수 있다. 더욱이 즐겁게 공부하면 공부가 더 잘된다. 모든 부모는 아이가 공부를 좋아하길 바란다. 그런데 공부를 초콜릿처럼 만들면 아이가 좋아하지 않을까? 또 공부를 만병통치약처럼 만들면 아이가 필요로 하지 않을까?

슈퍼마켓 놀이를 할 땐 몇 가지 사항에 주의해야 한다.

첫째, 슈퍼마켓 놀이를 하는 의도를 아이에게 말하면 안 된다. 만약에 부모가 이 놀이의 목적을 아이에게 말하거나 들키면 아이가 놀이에 흥미를 잃는다. 슈퍼마켓 놀이는 아이에게 그저 재밌는 놀이여야 한다. 부모는 스스로 아이가 돼 진지하고 순수한 태도로 아이와 놀아야지 이래라 저래라 잔소리하고 계산이 틀렸다고 아이를 혼내면 안 된다.

둘째, 아이가 멋쩍은 상황을 만들면 안 된다. 처음 이 놀이를 할 때 위엔위엔은 물건 값을 매기는 것에 감각이 없어서 마음대로 가격을 불렀다. 예컨대 위엔위엔은 남편에게 조각 케이크를 100위안(약 18,000원)에 팔았다. 남편은 조각 케이크가 시장 가격에 비해 비싸고 실제로 장사하는 분위기를 만들기 위해서 약간 과장된 몸짓을 하며 "와, 비싸다!"고 말했는데 이 말에 위엔위엔이 놀랐다. 자신이 가격을 현실성 없게 정했다는 생각이 들었는지 어쩔 줄 몰라 했다. 다시 남편이 다른 물건의 가격을 묻자 불안한 눈으로 슬슬 눈치를 보며 가격을 불렀고 자신이 가격을 제대로 불렀는지 살피기 위해서 남편의 반응을 기다렸다. 결국 위엔위엔은 놀이에 집중하지 못하고 얼마 놀지도 않았는데 긴장하고 피곤해했다. 난 상황을 원만하게 수습하기 위해서 남편에게 얼른 조각 케이크가 너무 맛있어서 비싸게 팔아도 되겠다고 말하라고 시켰다.

놀이를 마친 뒤에 난 남편에게 앞으로 위엔위엔이 가격을 어떻게 부르건 다시는 조금 전처럼 크게 놀라지 말라고 부탁했다. 어른의 경험으로 아이의 사고를 간섭하면 안 되는 이유는 아이는 시장 가치에 대한 개념이 없기 때문이다. 우리 부부는 위엔위엔에게 계산하는 법을 가르치기 위해서 놀이를 한 것이지 장사를 가르치기 위해서 한 것이 아니다. 위엔위엔이 가격을 얼마로 부르는 것은 중요하지 않다. 위엔위엔은 쌀 500그램을 200위안에 팔아도 되고 금반지를 4자오(약 72원)에 팔아도 된다.

셋째, 계산하는 문제로 아이를 괴롭히면 안 된다. 부모가 반드시 기억해야 할 점은 슈퍼마켓 놀이는 수학 수업이 아니라 글자 그대로 놀이다. 사고파는 과정을 통해서 아이의 계산 능력을 향상시킬 수 있으므로 결코 조급해 하고 서두르면 안 된다. 놀이를 할 땐 아이의 흥미를 첫 번째로 여기고 학습은 그다음에 생각해야 한다. 계산의 난이도는 차근차근 높이고 너무 어려운 계산으로 아이의 흥미를 떨어뜨리지 않아야 한다. 물건을 사고파는 과정에서 번번이 계산의 어려움을 느끼면 아이는 좌절하고 흥미를 잃는다.

넷째, 슈퍼마켓 놀이를 강요하지 않는다. 아이의 학습을 위해서 같은 놀이를 잇달아 하면 안 된다. 난 몇몇 사람들과 슈퍼마켓 놀이에 대해서 대화를 나눈 적이 있는데 어떤 집은 날마다 이 놀이를 했다. 그런데 아이가 처음에는 재밌어하다가 연달아 사흘을 한 다음부터 더 이상 하려고 하지 않아 부모가 강제로 시켰다. 놀이를 시작하고 얼마 되지 않아 거래가 성사되기도 전에 아이가 갑자기 놀기 싫다고 하더라도 놀이를 강요하지 않아야 한다. 아이가 놀이를 하기 싫다고 말하면 놀이에 대한 흥미를 잃지 않도록 바로 멈추는 것이 좋다. 부모가 너무 적극적으로 놀이를 하려고 하면 아이에게 놀이를 하는 의도를 쉽게 들킬 수 있다.

다섯째, 진짜 돈을 사용한다. 처음에 위엔위엔과 놀이를 할 때 진짜 돈은 비위생적이라서 종이에 액수를 적어 가짜 돈을 사용했다. 하지만 위엔위엔은 가짜 돈에 흥미를 안 가졌다. 어린아이는 돈과 원하는 물건을 서로 바꿀 수 있다는 사실을 알 때 돈에 지대한 관심을 가진다. 진짜 돈을 사용하면 아이가 놀이에 더 몰입한다. 위생 문제는 놀이가 끝난 뒤에 손을 씻으면 된다. 아이의 '이윤'을 기록해서 따로 저금했다가 나중에 아이가 물건을 살 때 사용하면 놀이에 대한 흥미를 더 자극할 수 있다. 이 부분은 우리 부부가 미처 못 해본 것이지만 이렇게 하면 더 좋을 것 같다는 생각이 든다.

여섯째, 놀이의 변수를 늘리고 놀이에 변화를 준다. 처음 놀이를 시작하면 아이는 대부분 사장이 되고 싶어 한다. 하지만 놀이의 신선함을 유지하려면 놀이를 몇 번 한 뒤에 부모와 역할을 바꿔 아이가 손님이 돼야 한다. 누가 손님이 되건 간에 직업이 모두 다를 수 있는데 어떤 땐 할아버지, 할머니가 될 수도 있고 꼬마가 될 수도 있고 의사나 선생님이 될 수도 있다. 손님의 직업이 모두 다르면 서로 다른 일과 수요가 생겨

놀이에 이야깃거리가 더 많아진다. 또한 집에 있는 장난감을 동원해서 강아지 인형, 곰 인형 등이 물건을 사게 할 수도 있는데 이럴 땐 누가 인형 대신에 말을 하고 돈을 내야 한다.

우리는 슈퍼마켓 놀이 외에 시장 놀이도 했다. 때때로 위엔위엔은 시장에서 채소를 파는 상인을 꿈꿨다. 그래서 종이에 각종 채소와 과일을 그리거나 대체품을 찾아서 채소를 파는 놀이를 만들었다. 당시에 시장 상인들은 모두 추와 막대가 있는 손저울을 사용했는데 우리는 이 놀이를 위해서 특별히 작은 저울을 샀다.

슈퍼마켓 놀이는 학습을 일상생활과 결합하면 효과가 더 좋아진다는 것을 보여준다. 교육할 대상은 일상생활을 하는 어느 곳에서나 쉽게 찾을 수 있다. 아이에게 공부를 가르칠 때 반드시 책상이 필요한 것은 아니다. 마음만 먹으면 도처에서 교육의 기회를 발견할 수 있다. 예컨대 아이에게 1부터 10까지 가르칠 때 부모가 반복해서 숫자만 말하면 아이는 그 소리가 무엇을 대표하는지 모르기 때문에 '1, 2, 3, 4'를 이해하지 못한다. 하지만 아이를 안고 계단을 내려가며 숫자를 세거나 초콜릿을 먹을 때 먼저 상자 안에 초콜릿이 모두 몇 개인지 세고 먹는 것처럼 구체적인 일과 연결시키면 아이가 숫자의 개념을 빨리 이해한다.

위엔위엔이 두 살 때인 어느 날 남편이 여섯 병짜리 묶음 요구르트를 사왔는데 오전에 한 병 꺼내 먹고 남은 것들을 냉장고에 넣었다. 오후에 위엔위엔이 갑자기 물었다.

"엄마, 나머지 다섯 병 어디 있어요?"

위엔위엔이 다섯 병이 남은 것을 알다니, 난 깜짝 놀랐다. 당시에 위엔위엔은 뺄셈을 못했는데 수시로 "1, 2, 3, 4……"하고 물건을 센 것이 숫자 개념을 형성하는 데 도움이 된 것 같다.

아이는 학교에 들어간 뒤에도 '활동'을 통해서 과목을 쉽게 공부할 수 있다. 난 아이가 선생님이 돼 부모를 가르치는 것이 훌륭한 활동이라는 것을 발견했다. 위엔위엔은 초등학교 때 선생님에게 중국어 발음기호를 배웠다. 난 위엔위엔이 중국어 발음기호를 최대한 빨리 익히게 하기 위해서 위엔위엔에게 간절하게 말했다.

"엄마는 어릴 때 중국어 발음기호를 잘못 배웠어. 고향이 지방이라 사투리를 쓰고 선생님도 정확하게 안 가르쳐주셨거든. 위엔위엔이 학교에서 배웠으니까 엄마 좀 가르쳐주면 안 될까?"

위엔위엔은 내 말에 흔쾌히 그러겠다고 대답했다. 이후 난 위엔위엔이 학교에서 배운 것을 가르쳐주면 열심히 공부했다.

난 위엔위엔과 선생님 놀이를 할 때 몇 가지 사항에 주의했다.

첫째, 놀이를 설계할 때 아이가 '권력'을 쥐게 한다. 선생님 놀이는 슈퍼마켓 놀이처럼 아이가 실생활에서 지식을 배우고 사용하는 데 목적이 있다. 두 놀이의 공통점은 아이가 자신에게 권력이 있다고 느끼는 것이다. 권력은 아이가 놀이에 매료되는 하나의 이유이다. 따라서 놀이를 할 때 아이가 놀이의 주인공이자 주동자가 돼야 하고 수동적으로 부모의 지시를 받으면 안 된다.

둘째, 답이나 내용이 확실하게 있는 것만 아이에게 가르쳐달라고 한다. 국어를 공부할 때 난 위엔위엔에게 중국어 발음기호만 가르쳐달라고 했다. 국어 공부는 개방적이라서 아이가 가르치기 쉽지 않고 가르쳐도 별로 의미가 없다. 난 위엔위엔에게 주로 수학을 가르쳐달라고 했는데 수학은 폐쇄적이고 엄격한 학문이다. 여기서 주의할 점은 아이에게 너무 자주 가르쳐달라고 하면 안 된다. 아이가 공부하는 것을 조용히 관찰하다가 잘 이해하지 못하는 부분이 있으면 그 부분을 아이에게 가르쳐달라고 해야 한다. 이때도 슈퍼마켓 놀이처럼 아이가 싫증을 느끼지 않게 방법을 생각해서 아이의 흥미를 보호하는 것이 중요하다.

셋째, 부모가 자연스럽게 제안하고 항상 어릴 때 제대로 못 배웠다는 핑계를 대지 않는다. 예컨대 숙제를 검사하다 보면 위엔위엔은 개념이 확실하게 형성되지 않아서 문제를 틀릴 때가 많았다. 그럼 난 모르는 척하고 말했다.

"엄마가 보기에 이 문제 맞게 푼 것 같은데 왜 선생님은 틀렸다고 하셨지? 위엔위엔이 틀렸는지 선생님이 틀렸는지 한 번 알아볼까?"

이때 난 어리둥절해하는 척 연극하면서 위엔위엔이 정확하게 사고하도록 이끌었다. 위엔위엔은 자기가 틀렸는지 선생님이 틀렸는지 가리기 위해서 나와 함께 문제를 진지하게 분석하고 연거푸 문제의 개념에 대해서 생각했다. 물론 결과는 위엔위엔이 틀린 것으로 드러났다. 하지만 이 과정에서 내가 틀리게 지적한 것을 바로 잡으며 성취감을 느끼고 모호한 개념을 확실하게 파악했다.

넷째, 아이가 가르칠 때 실수를 꼬집거나 놀리지 않는다. 부모는 학생이 된 이상 아이의 수업을 열심히 들어야 하고 슈퍼마켓 놀이처럼 아이에게 의도를 들키면 안 된다. 부모의 의도를 눈치채면 아이는 부모가 자신을 감시한다고 생각해서 선생님이 된 것에 자부심과 흥미를 잃는다. 만약에 아이의 사고나 말에 틀린 부분이 있으면 돌려서 말하거나 일깨우는 방식으로 정확하게 사고하게 이끌어야지 결코 틀리게 가르쳤다고 창피를 주면 안 된다. 아이는 잔소리하거나 놀리는 기미가 조금만 보여도 실망하고 자신감을 잃으므로 반드시 성취감을 느끼게 해야 한다.

2004년에 저명한 교육가이자 당시 명문 학교로 손꼽히던 베이징4중학교 교장이었던 리우창밍의 강연을 들었다. 그는 베이징4중학교 교장이 되기 전에 이 학교에서 근무하는 훌륭한 물리 교사였다. 그는 물리 교사로 재직할 때 학생들이 시험문제를 틀리면 다시 한 번 풀게 한 뒤에 반 친구들에게 가르치게 했다. 틀린 문제를 그냥 풀고 마는 것과 반 친구들에게 다시 설명하는 것의 효과는 전혀 달랐다. 친구들에게 설명하려면 문제에 대해서 진지하게 생각하고 확실하게 이해해야 하는데 이렇게 남을 가르치면 뇌에 인상이 더 깊게 남는다. 문제를 다시 한 번 푸는 것은 단순히 공부를 한 번 더 하는 것에 불과하지만 남을 가르치는 것은 지식을 실천하고 응용하는 것이라서 개념을 더 잘 파악할 수 있다.

이 활동은 가정에서도 할 수 있다. 부모가 아이의 공부를 지도할 때 아이에게 가르쳐 달라고 하는 것이다. 물론 부모는 이 활동이

자연스럽게 일어난 것처럼 보이도록 방법을 고안해서 아이가 긴장
감과 이상함을 못 느끼게 해야 한다.

　어떤 아빠는 내게 아들이 고등학생인데 문제가 어려우면 쉽게 포
기하고 깊게 생각하지 않는다고 말했다. 아들의 수학 교과서를 보니 자
신의 지식 범위를 벗어나서 가르쳐줄 수도 없었다. 이럴 때 대부분의 부
모는 과외를 시키거나 학원에 보내지만 그는 과외나 학원 수업의 수준,
편리함을 고려할 때 차라리 자신이 공부한 뒤에 아들을 지도하는 것이
낫겠다는 결론을 얻었다. 그때부터 그는 아들의 수학 교과서를 파고들
기 시작했고 모르는 부분이 있으면 자기보다 실력이 나은 아들에게 물
었다. 아들이 설명을 시원하게 하지 못하면 부자가 함께 연구하고 그래
도 모르겠으면 아들에게 학교에 가서 선생님이나 친구에게 물어서 가
르쳐달라고 했다. 그는 학생 흉내를 내지 않고 진심으로 열심히 공부했
다. 그 결과 본인의 수학 실력도 크게 늘고 아들의 수학 성적도 눈에 띄
게 좋아졌다. 또한 아들이 더 이상 예전처럼 문제를 쉽게 포기하거나 다
른 사람이 가르쳐주기를 기다리지 않고 끝까지 문제를 연구해서 학원
에 보내는 것보다 더 좋은 효과를 거뒀다.

　아이의 시험 성적에 초조해하고 엉뚱한 곳에 돈과 힘을 낭비하며
아이에게 강제로 공부를 시키는 것보다 관련 지식을 쓸 수 있는 일을
만들어서 아이가 스스로 문제를 해결하는 것이 더 좋은 방법이다. 실천
은 가장 좋은 '수업'이다.
　슈퍼마켓 놀이, 선생님 놀이 외에도 많은 방식이 있다. 예컨대 가계

부를 정리할 때 계산기가 고장났다고 말하고 초등학생 자녀에게 연필로 계산해달라고 부탁하거나, 전기제품이 고장났을 때 물리 시간에 전기를 공부한 자녀와 함께 아는 지식을 이용해서 고칠 수도 있다. 특히 아이의 관심거리 중에 지식을 보충해야 할 부분이 있으면 부모가 재밌는 활동을 설계해주는 것이 좋다.

러시아의 교육가 수호믈린스키는 말했다.

"아이가 학업에 뒤처지는 이유는 사고할 줄 모르기 때문이다. 다시 말해서 주변 세계의 각종 사물, 현상, 의존관계와 상호관계가 아이에게 사고의 원천이 되지 않아서다. 실제 사물을 이용해서 아이에게 사고하는 법을 가르치는 것은 모든 정상 아이를 똑똑하고 재빠르고 부지런히 공부하고 열심히 질문하게 만드는 매우 중요한 조건이다."

교육가 듀이의 핵심 교육 사상은 생활 속에서 학습하고 행동해야 한다는 것이다. 그는 가장 성공적인 교육 방법은 학생에게 공부할 것을 주는 것이 아니라 행동할 것을 주는 것이라고 했다.

따라서 학습을 진전시키려면 아이를 책상 앞에 앉히거나 학원에 보내지 말고 아이에게 학습한 지식으로 문제를 해결할 수 있는 기회를 제공해야 한다. 아이를 위해서 슈퍼마켓 놀이처럼 행동할 수 있는 기회를 만들면 아이도 더 이상 공부를 괴로운 것으로 여기지 않는다.

벌이야,
숙제하지 마

다음 이야기를 읽어보자.

어느 마을의 무료한 젊은이 세 명은 딱히 할 일이 없으면 늘 마을 쓰레기통을 차며 놀았다. 마을 사람들이 여러 번 말려도 들은 체 만 체하고 누가 뭐라고 하면 더 세게 찼다. 훗날 마을에 새로 이사 온 노인은 더 이상 그들이 쓰레기통을 차지 않게 할 수 있는 좋은 방법을 생각해냈다. 어느 날 세 청년이 쓰레기통을 차려고 할 때 노인이 나타나서 말했다. "난 쓰레기통을 찰 때 나는 소리를 매우 좋아해요. 만약에 청년들이 쓰레기통을 차면 내가 날마다 10위안씩 줄게요." 그러자 청년들은 신이 나서 쓰레기통을 더 세게 찼다. 며칠 뒤에 노인이 또 그들에게 말했다. "내가 요즘에 형편이 빠듯해서 전처럼 많이 못 줘요. 하루에

5위안씩 줄게요." 청년들은 실망해서 전처럼 세게 차지 않았다. 며칠 뒤 노인이 또다시 말했다. "내가 요즘에 연금을 못 받아서 1위안밖에 못 주겠어요. 이해해줘요." "1위안이요? 지금 겨우 1위안 받고 시간을 낭비하라고 하시는 거예요?" 한 젊은이가 크게 말하자 두 젊은이도 지지 않고 말했다. "그 돈을 받고 하느니 차라리 안 하겠습니다." 그들은 그 뒤로 다시는 쓰레기통을 안 찼다.

노인은 고수다. 다른 사람들은 청년들이 쓰레기통을 차는 것을 직접적인 방법으로 막으려고 했지만 노인은 별다른 노력 없이 청년들을 설득시켰다. 첫 번째로 노인은 돈을 줘서 청년들의 즐거움을 책임으로 바꾸고 흥미를 떨어뜨렸다. 모든 일은 교환, 감시, 책임 등의 요소가 있으면 흥미가 뚝 떨어진다. 두 번째로 노인은 돈을 점차 적게 주는 방식으로 청년들이 쓰레기통을 차는 일에 반감을 갖게 했다. 그 결과 청년들은 원래 재미를 느끼던 일에 재미를 잃는 '피해자'가 됐다. 만약에 그들에게 다시 쓰레기통을 차라고 해도 그들은 분명히 안 찰 것이다.

이 이야기는 아이가 숙제하는 것과 관계가 없어 보이지만 실은 아이가 숙제할 때 이용할 수 있는 교육법이 있다. 아이가 숙제를 안 하려고 할 때 교사와 부모는 반감을 적당히 이용해서 숙제에 대한 혐오감을 줄이고 열정을 자극할 수 있다. 하지만 실생활에서 많은 교사와 부모는 방법을 잘못 이용해서 벌로 숙제를 주는 어리석음을 범하고 "내 말 안 들었으니까 벌로 숙제 줄거야"라는 말을 입에 달고 산다.

이런 예는 무수히 많고 벌을 주는 수법도 다양해서 놀라울 정도다. 어떤 엄마에게 들은 얘기인데, 그녀의 아들은 영어 숙제를 집에 놓고 갔다가 벌로 '영어 숙제를 안 갖고 와서 잘못했습니다'라는 문장을 백 번 썼다. 이것은 교육이 아니라 보복 심리에서 비롯된 폭력이다. 그녀의 아들은 약자라서 뾰족한 수 없이 문장을 백 번이나 썼다. 얼마나 난감하고 영어 수업에 혐오감을 갖게 됐을지 상상이 된다.

내가 만난 어떤 선생님은 반에 말을 안 듣는 아이가 있으면 때리거나 욕하지 않고 수업이 끝나면 못 놀게 교무실로 불러서 숙제를 시킨다. 얼핏 좋아 보이지만 이렇게 하는 것은 아이의 고집을 잠시 꺾는 것에 불과하고 아이가 공부를 싫어하게 된다.

베이징의 어떤 초등학교는 숙제에 틀린 글자가 없어야 한다. 만약에 틀린 글자가 있으면 그 글자를 백 번씩 쓰고 틀린 글자가 있는 쪽을 다 써야 한다. 아이들은 이 '연좌법' 때문에 학습의 길에 들어선 지 얼마 되지 않아 학습의 방향을 잃고 숙제를 왜 하는지도 모른 채 조마조마한 마음으로 글자를 안 틀리기 위해서 신경 쓴다. 가슴 아픈 사례는 또 있다. 2007년 4월 25일에 광동의 모 중학교 1학년 학생은 영어 시험을 볼 때 떠들었다가 선생님에게 교과서의 1과부터 14과까지 나오는 모든 단어를 열 번씩 쓰는 숙제를 받고 그날 밤 스스로 목숨을 끊었다.

많은 부모와 교사는 아이에게 열심히 공부하라고 요구하는 한편 벌을 줄 때 '학습'을 폭력 수단으로 사용한다. 그런데 숙제가 벌을 주는 수단으로 전락하면 아이가 숙제에 호감을 갖겠는가? 오히려 공포만 느낄 뿐이다.

이 문제를 끝까지 파고들면 어른들의 세 가지 문제점을 발견할 수 있다. 첫째, 아이의 심리를 자세하게 이해하지 않고 표면적이고 일시적인 복종에 만족한다. 둘째, 본인도 공부를 싫어하고 학습을 골치 아픈 일로 여겨 화가 났을 때 벌을 줄 수 있는 수단을 찾으면 바로 숙제를 떠올린다. 셋째, 권위에 꼼짝하지 못하는 아이 앞에서 제멋대로 굴며 자신도 모르게 악한 마음을 드러낸다.

벌로 숙제를 주는 것은 아이를 위한 것이 아니라 어른이 화풀이를 하는 것이라서 교육과 관계가 없다. 또한 아이의 학습을 방해하기만 하고 결코 도움이 안 된다. 사실 교사나 부모가 벌로 숙제를 주는 것은 폭력을 휘두르는 것이나 마찬가지다.

아이는 천성적으로 숙제에 반감이 없다. 숙제를 하기 싫어하는 아이는 학교를 다니는 과정에서 특히 초등학교 단계에서 숙제하는 흥미를 잃었을 가능성이 크다. 벌로 숙제를 주는 것은 흥미를 떨어뜨리는 가장 위험한 방법이다. 예컨대 음식을 일정양씩 안 먹고 덜 먹으면 벌로 백 숟가락을 더 먹어야 하는 규정이 있는데 누가 이 규정을 어겼다. 그러면 만인이 먹고 싶어 하는 '만한전석'을 차려놓아도 억지로 백 숟가락씩 먹으면 토할 수밖에 없다.

듀이는 "모든 필요와 욕망은 결핍을 내포하고 있다"고 말했다. 부모는 이 말의 의미를 진지하게 생각해야 한다. 이 말을 반대로 생각하면 아이가 뭔가를 좋아하고 소중하게 여기게 하려면 그 방면에 너무 많은 것을 주면 안 된다는 것을 알 수 있다. 또한 그 뭔가를 교환하는 조건이나 벌을 주는 수단으로 삼아서 아이에게 받아들이라고 강요할 것이 아니라 적당하게 빼앗아서 위기감과 불만족감을 조성하고 소중함을 알게 해야 한다. 동시에 가장 중요한 것은 아이가 무엇을 할 때 즐거움, 성취감, 자존감을 느끼게 하는 것이다. 공부를 하건 다른 일을 하건 이 방법은 보편적으로 적용할 수 있다.

위엔위엔이 초등학교 1학년 때인 어느 날 숙제를 하는데 글씨를 삐뚤삐뚤하게 썼다. 위엔위엔의 숙제를 본 남편은 자신도 모르게 눈살을 찌푸리고 왜 숙제를 이 모양으로 했냐고 혼내고 다시 하라고 시켰다. 반항하듯이 툴툴거리며 불량한 태도를 보이자 화가 난 남편은 위엔위엔의 숙제를 찢어버리고 다시 쓰라고 명령했다. 위엔위엔은 숙제를 안 하면 안 된다는 것을 알기에 울면서 다시 하기 시작했다. 잠시 후에 남편이 위엔위엔의 숙제를 검사한 결과 마치 보란 듯이 글씨를 더 삐뚤삐뚤하게 썼다. 남편은 위엔위엔을 더 혼냈고 위엔위엔은 더 반항했다. 남편은 화가 머리끝까지 치솟아서 위엔위엔의 숙제를 또 찢어버리고 글씨를 똑바로 쓸 때까지 다시 하라고 시켰다. 위엔위엔은 연필을 집어던지고 숙제를 안 하겠다고 울었다. 이미 밤이 깊었던지라 남편은 마음이 다급해져 위엔위엔에게 말했다.

"지금이 몇 시야? 내일 학교도 가야 하는데 한 번 쓰라고 할 때 열심히 썼으면 이렇게 시간 낭비 안 해도 되잖아."

하지만 위엔위엔은 남편의 말을 들은 척도 안 하고 숙제를 안 하겠다고 끝까지 버텼다. 내가 봐도 이것은 남편의 잘못이 확실한데, 남편은 목적과 반대로 행동했다. 난 얼른 가서 화가 난 남편을 한쪽에 세우고 찢어진 종이를 주워 위엔위엔에게 보여주며 온화하게 말했다.

"위엔위엔, 글씨를 이렇게 쓰면 안 되지. 넌 알아볼 수 있겠어?"

위엔위엔은 내 말을 듣고 더 씩씩거리며 숙제를 안 하겠다는 자세를 취했다. 난 계속해서 온화하게 말했다.

"네 생각에 숙제를 하는 것이 나쁜 일 같으면 오늘부터 하지 마."

내가 위엔위엔이 숙제한 공책을 주섬주섬 챙기자 위엔위엔은 잠시 혼란스러워하며 멍하니 날 쳐다봤다. 난 공책을 덮고 말했다.

"공부는 좋은 일인데 넌 하기 싫어하는 것 같아. 그래서…….'

난 공책을 돌돌 말고 단호하게 말했다.

"이제부터 네가 숙제할 수 있는 권리를 빼앗을 테니까 앞으로 숙제하지 마!"

위엔위엔은 내 진지한 모습에 잠시 어리둥절해하다가 숙제 공책을 빼앗으려고 했다. 순간적으로 숙제를 안 하면 이튿날 학교에 가서 선생님께 혼난다는 것을 생각한 것이다. 위엔위엔은 뒤늦게 무릎을 꿇고 내 팔을 잡은 채 "이리 줘. 달란 말이에요"라며 숙제 공책을 빼앗으려고 안간힘을 썼다. 난 위엔위엔이 잡을 수 없게 공책을 높이 들고 말했다.

"네가 글씨를 삐뚤빼뚤하게 쓰고 숙제를 열심히 안 해서 숙제하는 자격을 빼앗은 거니까 하지 마."

위엔위엔은 급한 나머지 숙제 공책을 빼앗으려 하는 동시에 울면서 "나 숙제할 거예요. 빨리 주세요"라고 말했다. 위엔위엔의 태도에 변화가 생기자 난 일단 숙제 공책을 한쪽에 놓고 위엔위엔을 앉힌 뒤에 대화를 시작했다.

"조금 전에 아빠가 숙제 열심히 하라고 했는데 말 안 듣고 두 번씩이나 형편없게 했지? 말해봐. 숙제 열심히 하는 게 잘하는 거야, 열심히 안 하는 게 잘하는 거야?"

위엔위엔은 숙제를 열심히 하는 게 잘하는 것이라고 대답했다.

"숙제 열심히 하면 힘들고 대충 하면 힘 하나도 안 들지?"

위엔위엔은 아니라고 고개를 저었다. 난 잠시 생각하고 위엔위엔에게 사실 그대로 말했다.

"숙제를 열심히 하는 것과 열심히 안 하는 것은 조금 차이가 있어. 열심히 하려면 공을 더 많이 들여야 하잖아, 안 그래?"

위엔위엔은 그렇다고 대답했다. 마음이 한결 가벼워 보였다.

"글씨를 반듯하게 쓰는 게 기분이 좋아, 삐뚤빼뚤하게 쓰는 게 기분이 좋아?"

위엔위엔은 반듯하게 쓰는 것이 기분이 좋다고 대답했다.

난 일부러 위엔위엔을 자극했다.

"하지만 대충 쓰는 게 더 편하잖아. 봐봐. 삐뚤빼뚤하게 쓰는 건 대충 획만 찍찍 그으면 되지만 반듯하게 쓰려면 한 획씩 열심히 써야 하잖아. 엄마는 삐뚤빼뚤하게 쓰는 게 더 편한 것 같아."

위엔위엔은 잠시 생각하고 대답했다.

"아니요, 둘 다 똑같이 편해요. 왜냐하면, 왜냐하면……."

위엔위엔은 뭔가를 말하고 싶어 했지만 선뜻 말하지 못했다. 내가 물었다.

"너 글씨를 잘 쓰나 못 쓰나 힘이 똑같이 든다고 말하고 싶은 거지? 예를 들어 한 자가 총 5획이면 잘 쓰나 못 쓰나 똑같이 5획을 써야 하잖아. 이 말 하려는 거 아니야?"

자신이 하고 싶어 하는 말을 내가 하자 위엔위엔은 매우 기뻐하고 눈을 반짝이며 "맞아요"라고 대답했다. 벌써 기분이 많이 좋아진 것 같았다. 위엔위엔을 다리에 앉히고 말했다.

"위엔위엔 말대로 하면 글씨를 잘 쓰나 못 쓰나 힘이 똑같이 들고 숙제를 열심히 하면 기분이 좋네, 그치?"

위엔위엔은 "네"라고 대답했다. 우리 모녀는 대화를 나누는 내내 즐거웠다. 난 위엔위엔과 대화를 나누며 위엔위엔이 스스로 '숙제는 열심히 해야 한다'라는 생각을 갖게 했다. 그러곤 이 생각이 위엔위엔의 머릿속에 단단히 뿌리내리게 하기 위해서 다음 단계에 넘어가 탁자 위에 남편이 찢어놓은 숙제를 보고 말했다.

"오늘은 아빠가 잘못했어. 숙제 공책을 찢으면 안 되는데 말이야. 위엔위엔이 오늘 글씨를 삐뚤빼뚤하게 쓴 건 실험을 했다고 생각해. 글씨를 반듯하게 쓰나 삐뚤빼뚤하게 쓰나 힘이 똑같이 들지만 반듯하게 썼을 때 기분이 더 좋다는 걸 알았잖아. 오늘 이런 일이 없었으면 이런 사실을 어떻게 알았겠어, 안 그래?"

위엔위엔은 고개를 끄덕이고 남편을 당당하게 쳐다봤다. 남편은 숙제를 찢은 것은 자신이 잘못한 것이라며 위엔위엔에게 재빨리 사과했다.

"위엔위엔은 내일부터 숙제를 열심히 하고 다시는 기분 나쁘게 글씨를 막 쓰지 않을 거야, 그렇지?"

위엔위엔은 긍정의 의미로 고개를 끄덕이고 "네"라고 대답했다. 난 위엔위엔에게 허락과 신뢰의 눈빛을 보내며 말했다.

"그럼 엄마가 숙제 공책을 줄게. 엄마도 위엔위엔을 잘못 꾸짖어서 미안해."

잃어버릴 뻔한 공책을 다시 손에 넣자 위엔위엔은 언제 숙제를 안 하겠다고 아빠에게 반항했냐는 듯이 공책을 소중하게 펼쳤다. 이때 난 아이는 어떤 행동을 반복해서 하는 경향이 있다는 것을 떠올리고 최대한 기분 좋게 숙제하고 숙제하기 싫은 마음이 다시 생겼을 때 스스로 마음을 다잡게 하기 위해서 위엔위엔에게 '예방주사'를 놓았다.

"만약에 어느 날 다시 숙제하기 싫으면 오늘처럼 엉망으로 숙제해서 네 스스로 숙제를 열심히 하는 것과 대충 하는 것 중에 어느 것이 더 좋은지 한 번 더 실험해봐."

그러자 위엔위엔이 진심을 담아 대답했다.

"실험 안 해도 돼요. 열심히 하는 게 더 좋아요."

난 더 이상 말하지 않고 위엔위엔의 볼에 입을 맞추고 자리에서 일어났다. 위엔위엔이 잠든 뒤에 남편과 몰래 위엔위엔의 책가방에서 숙제를 꺼내본 결과 글씨를 반듯하게 잘 썼다. 그날 이후 위엔위엔은 더이상 우리를 걱정시키지 않고 열심히 숙제했다.

난 많은 부모들이 아이가 숙제를 열심히 안 할 때 "벌이야, 숙제하지 마"라고 말하는 것을 꺼린다고 들었다. 심지어 어떤 부모는 고개를 갸우뚱거리고 말한다.

"우리 아이에게 '벌이야, 숙제하지 마'라고 말하면 아마 기뻐서 껑충껑충 뛸 거예요. 숙제 공책을 빼앗는다고요? 우리 아이는 선생님에게 혼나는 것을 무서워하지 않아요."

물론 그런 아이도 있다. 하지만 그것은 천성적으로 숙제를 싫어하는 것이 아니라 천성이 조금씩 왜곡된 결과이고 문제가 장시간 지속돼 '병'이 이미 심각한 단계에 접어들었다는 뜻이다. 이 병의 원인은 숙제하기 싫어하는 문제가 생겼을 때 부모나 교사가 위엔위엔의 아빠처럼 문제를 폭력적으로 해결한 경우가 대부분이다. 비록 사람마다 구체적인 방법은 조금씩 달라도 벌로 숙제를 주는 폭력적인 방법을 사용한 것은 모두 같다. 이렇게 폭력적인 방법을 사용하면 아이가 숙제를 하고 싶은 흥미와 자존심을 잃고 공부를 하기 싫어하고 철면피가 된다.

어른이 아이를 교육할 때 부적절한 교육 방법을 이용해서 '교육'을 파괴적인 행위로 만드는 근본적인 원인은 두 가지다. 첫째는 아이를 안 믿는 것이고 둘째는 자신을 너무 믿는 것이다. 먼저 아이를 안 믿는 것은 부모의 자애심과 진취심이 지나친 결과인데, 이렇게 되면 교육이 제때 안 이뤄질까봐 걱정만 하다가 결국 아이를 망친다. 다음으로 자신을 너무 믿으면 자신이 아이에게 하는 모든 말은 금과 옥처럼 귀중해서 아이를 더 좋게 변화시킨다고 굳게 믿게 된다.

'교육'을 파괴적인 행위로 만드는 문제에 대해서 철학자 프롬이 한 말은 많은 부모들이 두고두고 음미할 필요가 있다.

"교육의 반대는 조종이다. 조종은 어른 스스로 아이의 잠재력을 성장시킬 수 있는 자신감이 부족하고 어른이 지도해야 아이가 정상적으로 발전할 수 있다고 믿는 데서 비롯된다. 하지만 이렇게 조종하는 것은 잘못이다."

부모와 교사는 아이를 관리할 때 교육의 역효과가 나지 않게 조심하고 어떤 일이 생기면 가슴에 손을 얹고 '나는 아이를 교육하는가, 조종하는가'라고 자신에게 물어야 한다. 아이는 조종을 당하면 조종당하지 않기 위해서 애를 쓰는가 하면 어른의 말을 무시하고 타락하며 이성을 잃고 자신을 사랑하지 않는다. 숙제는 자녀교육에서 '교육'과 '통제'가 가장 밀집해 있는 일이라서 부모의 반성이 가장 필요하다.

프롬은 "파괴적인 수단을 이용한 결과 목적이 바뀌었다"고 말했다. 세부적인 교육을 할 때 부모는 반드시 목적과 수단이 통일이 되게 해야 한다. 숙제를 벌을 주는 수단으로 사용하는 것과 상을 주는 수단으로 사용하는 것은 차이가 매우 크고 목적한 방향으로 가느냐와 반대 방향으로 가느냐를 결정한다.

공부는 '고생'하면서
하면 안 된다

이번에는 어떻게 아이가 공부를 열심히 하게 만드느냐에 대해서 말하고자 한다. 지금까지 학습에 관한 관념 중에서 가장 유행한 것은 '공부는 고생하면서 해야 한다'이다. 많은 부모는 어려서부터 아이에게 이 관념을 주입하며 '고생'을 강요하고 아이가 학교에 들어가기 전부터 "초등학교에 가면 놀지 말고 열심히 공부해야 돼"라고 잔소리한다. 그러다가 아이가 학교에 입학하면 좋은 학습 태도를 키우기 위해 서 고생스러워도 열심히 공부하게 끊임없이 지도한다.

아이에게 열심히 부지런히 공부하는 태도는 반드시 필요하다. 하지만 '고생'을 강요하는 것은 공부의 목적에 어긋난다. 사람들은 '고생'을 마다하지 않는 학습 태도를 생각하면 습관적으로 강인한 정신만 떠올리고 사람을 불쾌하게 만드는 쓸쓸한 맛은 그냥 지나친다. 어른은 문제의 원인과 결과의 관계를 고려한 다음 결과를 위해서 과정의 고통을 참는다. 만약에 이 인과관계를 아이에게 그대로 대입해서 달콤한 성적을 위해서 학습 과정의 고통을 참으라고 요구하는 것은 논리적으로 이상한 것이 없다. 하지만 이것은 아이에게 하나의 나쁜 암시가 된다.

'학습'이라는 일과 사람을 불편하게 만드는 '고생'이라는 감각을 하나로 연결하면 아이는 공부해야 한다고 생각할 때마다 약간의 불쾌함을 느낀다. 그도 그럴 것이 누가 고생하는 것을 좋아하는가? 사람은 어떤 목적을 위해서 고생하려면 반드시 충분한 이성과 의지가 있어야 한다. 어른도 모든 일에 이성과 의지를 갖고 대처하지 못하는데 이것을 아이에게 요구하는 것은 바람직하지 않다.

사람의 천성은 선을 좋아하고 악을 싫어한다. 아이는 더더욱 그리해서 '달콤한 것'을 좋아하고 '쓴 것'을 싫어한다.

어떤 부모는 아이가 공부를 좋아하게 만들려고 했다가 도리어 학습 과정만 더 고통스럽게 만든다. 또한 '쓴 것'만 먹는 아이에게 달콤한 결과를 위해서 '달콤한 것'을 생각하라고 강요한다. 그 결과 과정이 구체적이고 진실해도 목적에서 멀어지고 공허해진다. 아이는 '쓴 것'을 삼키는 것에 싫증을 냈다가 부모에게 '고생'하지 않으려고 한다고 비판을 받으면 상상 속의 '달콤함'으로 현실의 '쓸쓸함'을 억누른다. 그러다가 나중에 부모의 지도에 반박할 힘조차 없어지면 부조화, 무능함, 마음 깊은 곳에 자리한 '쓸쓸함'에 혐오를 느끼기 시작한다.

사람은 싫어하는 일을 잘 할 수 없다. 2차 대전 때 가장 좋은 실력을 가진 스위스 시계 장인이 나치군에게 질 좋은 시계를 대량으로 만들라는 협박을 받았다. 그는 최선을 다해서 시계를 만들었지만 전쟁이 일어나기 전처럼 잘 만들지 못했다. 본인도 그 이유를 알 수 없었다. 훗날 어떤 심리학자는 그 이유를 그가 시계를 만들 때 마음가짐이 달랐기 때문이라고 분석했다. 이것이 정서의 힘이다.

교육사상가 듀이는 어느 정도 목적과 수단이 분리되고 활동의 의미가 없어지면 활동이 중노동으로 변해서 도피할 수 있는 사람은 모두 도피한다고 생각했다. 그의 이론은 부모가 열심히 공부하라고 요구할 때 아이가 공부에 흥미를 잃는 이유를 설명해준다.

어른들은 아이가 고생을 안 하려고 하면 쉬운 것만 좋아한다고 꾸짖고 철이 없다고 비난한다. 또한 마치 아이가 공부를 열심히 하는 것의 장점을 전혀 모르는 것처럼 고생스러워도 열심히 공부하라고 반복해서 말한다.

아이를 너무 우습게 보면 안 된다. 아이는 열심히 공부하면 좋은 성적을 받을 수 있다는 것을 안다. 단지 그렇게 못할 뿐이다. 아이는 학습 활동이 즐겁지 않으면 적극성을 발휘하지 않거니와 자신도 모르게 게으름을 피우고 편한 것을 찾고 경솔하게 군다. 그러면 사람들은 또 그 아이는 태어나기를 될성부른 나무가 될 수 없게 태어났다고 생각하는데 실은 그게 아니라 발전하려는 천성이 왜곡된 것이다.

고생을 안 하려고 하는 아이는 마치 공부하는 것을 까맣게 잊은 것처럼 TV를 보고 게임을 하고 공을 차고 통화를 하며 시간을 소모한다.

심지어 하는 일 없이 멍 하니 앉아 있는 등 발전하려는 의욕이 없는 모습을 보여 어른에게 "아무것도 안 하고 가만히 있다니, 얼굴도 두껍지"라는 소리를 듣는다. 부모는 이런 상황이 연출된 것에 대한 모든 책임을 아이에게 전가하면 안 된다.

사실 모든 아이는 공부를 잘해서 부모를 만족시키고 칭찬을 듣고 싶어 한다. 또한 모든 사람은 발전하려는 천성이 있다. 아이가 공부에 의욕을 안 보이는 것은 타고난 것이 아니라 자라면서 발전하려는 천성을 서서히 잃은 것이다.

듀이는 "원래 아이에게 놀이와 학습은 서로 충돌하는 개념이 아니다. 정상적인 조건에서 아이는 놀이와 학습의 관계에 협조하는 능력이 있다. 만약에 아이가 놀기만 하고 공부를 안 해서 놀이와 공부가 충돌하면 이것은 교육 환경 중에 어떤 불량한 요소가 아이에게 영향을 주고 있다는 뜻이다"라고 생각하고 "일이 고생스럽거나 외부의 강요로 임무를 완성할 필요가 있을 때 놀이의 요구가 존재한다"는 것에 주목했다. 어른이 학습을 '고생스러운 일'이라고 암시하거나 정확하지 않은 방법으로 학습에 대한 흥미를 파괴해서 학습을 고생스러운 일로 만들면 아이는 현실에서 도망치려고 하고 놀면서 시간을 낭비하고 철이 없어진다.

부모와 교사는 아이의 특징과 심리를 이해하고 '학습 감정'에 주의해서 아이에게 공부를 좋아하는 마음을 키워줘야 한다. 아이는 연약하고 무력한 존재이다. 따라서 아이를 어려움을 극복할 수 있는 영웅처럼 여기고 끝없이 요구하거나 '고생'이라는 말로 괴롭히면 안 된다. 아이에게 끊임없이 '와신상담'의 정신을 요구하는 것은 알에서 갓 깨어난 병아리에게 하늘을 날라고 시키는 것과 같다.

'고생'은 일종의 성숙한 학습 품격이라서 거저 생기지 않고 이성과 흥미의 토양에서만 자란다. 만약에 중학교 3학년 학생이 고등학교 입학시험이 코앞에 다가와도 공부를 열심히 안 하면 이것은 학습 품격이 여전히 어린아이 단계에 머물러 있다는 뜻이다. 어려서 학습에 대한 흥미가 형성되지 않고 이성이 발달하지 않으면 발전이 정체되는데, 발전의 정체는 반드시 부모의 교육 방식과 관계있다.

학습 시기별로 아이가 해결해야 하는 주요 모순은 모두 다르다. 현단계 중국의 교육체제를 예로 들면 초등학교 단계는 학습 흥미의 문제를 해결하고 중학교 단계는 학습 방법의 문제를 해결하고 고등학교 단계는 부지런함을 강조해야 한다.

흥미, 방법, 부지런함은 서로 원인과 결과의 관계에 있어서 전 단계가 존재하지 않으면 다음 단계를 실현할 수 없다. 학습 과정에서 흥미, 방법, 부지런함은 서로 다른 단계에 존재하지만 완벽하게 분리할 수 없고, 수평적으로도 똑같은 순서로 존재한다. 모든 학습 활동에서 흥미는 처음부터 끝까지 중요하다. 흥미를 잘 보호해야 방법이 생기고 흥미와 방법이 있어야 부지런할 수 있다. 학습하는 이성은 서서히 형성되고 시기별로 주요 모순이 잘 해결되면 학습 상태도 좋아진다.

부모는 능력에 한계가 있어서 아이가 학습을 즐거운 일로 인식하도록 만들 수는 없다. 하지만 적어도 눈빛과 행동을 이용해서 아이에게 학습은 고생스러운 일이 아니라고 말할 수 있다. 요컨대 학습을 축구나 컴퓨터 게임처럼 열정적으로 하게 만들 능력은 없지만 적어도 학습이 밥을 먹고 잠을 자는 것처럼 정상적으로 필요한 일이라고 생각하게 만들 수 있다. 부모는 아이를 관리할 때 끊임없이 생각하고 아이와 대화할 때 말의 숨은 뜻에 관심을 갖고 자신의 말이 아이에게 어떤 뜻으로 전달되는지 주의해야 한다.

아이가 부지런히 공부하게 하려면 '고생'을 강요하는 것이 아니라 최대한 '고생'을 안 하게 해야 한다. 또한 아이에게 학습은 고생스러운 것이라는 암시나 스트레스를 주면 안 되고 학습 활동을 할 때 의기소침하지 않게 해야 한다.

위엔위엔은 고등학교에 들어간 뒤에 가끔씩 공부가 어렵고 피곤하다고 투덜댔다. 아이가 공부에 피곤함을 느낄 때 부모가 "고생스러워도 참고 공부해"라는 말로 타이르는 것은 불난 집에 기름을 붓는 것이나 마찬가지다. 이럴 땐 아이의 고충에 대해서 허심탄회하게 대화를 나누고 아이에게 공부는 고생스러운 일이 아니라는 인식을 심어야 한다.

난 두 가지 방법을 이용해서 위엔위엔을 도왔다.

첫째, 위엔위엔에게 대입시험에서 전국 수석을 차지한 학생의 수험기를 보여줘 좋은 성적을 받은 학생은 모두 부지런히 공부했다는 것을 알게 했다. 이 방법은 힘들어도 참고 공부하라고 강요하는 것처럼 보이지만 실은 전국 수석도 열심히 공부한 결과라는 것을 알려줘서 열심히 공부하는 것이 정상이라고 생각하게 만들어 공부를 고생스럽게 여기는 감정을 풀어준다. 이 과정에서 위엔위엔에게 고생스러워도 참고 열심히 공부하라는 말을 하지 않기 위해서 조심했다.

둘째, 위엔위엔과 함께 『과학 이야기』를 읽었다. 위엔위엔에게는 학교 공부 때문에 바빠도 이 책을 읽으라고 권유했다. 『과학 이야기』는 수학, 화학, 물리학, 의학 등 각 학문의 발전 맥락을 간단하게 짚는 동시에 험난한 발전 과정에 관한 생동감 넘치는 이야기가 많이 실린 좋은 책이다. 위엔위엔은 이 책을 통해서 인류가 산소를 발견하기까지 오랜 세월 동안 많은 고생을 했다는 것을 알게 되는 등 과학 지식을 발전시키는 과정이 쉽지 않았다는 것을 배웠다. 또한 교과서만 펴면 조상들의 놀라운 성과를 쉽게 배울 수 있는 것을 행운으로 여겼다. 자신은 위대한 성과를 누리기만 하는데 뭐가 고생인가?

내가 이렇게 한 것은 위엔위엔이 문제를 넓게 보고 열심히 공부하는 것을 고생으로 여기지 않게 하기 위해서였다. 고등학생은 성숙하게 생각할 줄 알아서 이런 인식을 가지면 스스로 의지를 북돋우는데, 의지는 고통을 줄여준다.

위엔위엔은 고등학교 2, 3학년 때 날마다 열 시간씩 넘게 공부했지만 늘 자발적으로 공부하고 시간을 낭비하지 않았다. 고3 땐 하루 평균 여섯 시간밖에 못 자서 커피를 마시고 잠을 쫓았다. 대입시험을 마치고 위엔위엔에게 공부하는 것이 고되지 않았냐고 묻자 위엔위엔이 대답했다.

"오히려 모든 힘을 다해서 많은 지식을 철저하게 공부할 수 있어서 매우 재밌었어요. 스스로 열심히 공부하면 고생스럽다는 생각이 안 들어요."

대입시험을 마친 아이들의 모습은 마치 지옥에서 탈출한 것을 방불케 한다. 심지어 어떤 아이는 책을 찢어버린다. 위엔위엔은 자신이 그런 감정을 느끼지 않는 것을 이상하게 여겼다. 이것은 아마도 수험생이지만 예전과 다름없이 생활하고 생활 방식도 크게 달라진 것이 없어서 스트레스를 특별히 많이 받지 않고 수험 생활을 고생스럽게 생각하지 않았기 때문인 것 같다.

내가 만난 많은 부모는 아이에게 "고생스러워도 참아라"라고 말하는 것은 기꺼이 받아들이지만 그 말을 못하게 하면 싫어하고 심하게는 반감을 가진다. '고생스러워도 참고 공부하라'는 사상은 이미 많은 사람들의 마음을 파고들었다. 하지만 '고생스럽게 공부하지 말라'는 사상은 너무 새로워서 사람들이 무슨 상황인지 이해하려고 하지 않고 직감적으로 거부한다. '고생스러워도 참고 공부하라'는 사상은 아이만 변화하면 돼서 부모들이 쉽게 받아들인다. 하지만 '고생하지 말라'는 사상은 부모가 먼저 변화해야 하는데 타인에 의해서 변화하는 것을 싫어하는 사람의 특성 때문에 부모들이 배척한다.

어떤 고등학교 교사가 내게 해준 이야기이다. 그녀의 학교에 어떤 남학생이 대입시험에서 매우 좋은 성적을 얻었다. 남학생의 부모는 학부모회의에 초대를 받은 자리에서 아이를 어떻게 키웠는지 말했는데, 경험을 종합하면 이렇다. "별것 없다. 아이가 열심히 공부하게 압박하라!" 그 남학생의 부모는 아들이 화장실 가는 시간도 낭비하지 않기 위해서 화장실에도 영어책을 놓았다. 남학생 부모의 경험은 그 자리에 모인 많은 부모들에게 인정을 받았다. 그 결과 많은 부모들이 집에 가서 아이에게 공부하라고 압박하고 화장실에 갈 때도 강제로 손에 책을 들려 보냈다.

모든 부모는 저마다 자녀를 세심하고 특색 있게 교육하지만 정작 아이를 완성하는 것은 일상생활의 사소한 부분이다. 많은 부모는 사소한 부분에 신경 쓰지 않고 자신의 행동에서 좋은 점을 발견하려고 하지 않은 채 남들이 하는 것을 따라 한다. 고등학교 교사가 내게 줄여서 말해서 그렇지 난 "아이가 열심히 공부하게 압박하라!"고 말한 그 남학생의 부모가 분명히 이것보다 더 현명한 방법을 알고 있을 것이라고 믿는다. 그렇지 않고 만약 남학생이 10여 년 동안 스트레스를 받고 공부했으면 지금과 같이 좋은 결과를 얻을 수 없다.

그 남학생의 부모는 현명한 방법을 알려주기 싫어서 알려주지 않은 것이 아니라 경험을 조리 있게 종합하지 못해서 그랬을 것이다. 서점에 파는 자녀교육에 성공한 부모들의 책도 마찬가지다. 그들의 '성공'은 진짜이고 책에서 말한 방법도 거짓이 아니다. 하지만 전문 지식이나 표현 능력이 부족해서 핵심 비법을 효과적으로 시원하게 알려주지 못하고 본질이 아닌 것을 쓸데없이 나열한다. '껍데기' 비법은 참고할 가치가 없고 다른 부모에게 잘못된 지침만 준다. 만약에 부모가 쓸데없는 비법을 배워서 아이가 화장실 가는 시간도 놓치지 않고 '쉽게' 공부를 시키려고 들면 결국에 크게 실망할 것이다.

부모가 아이에게 고생스러워도 참고 공부하라고 특별히 말하는 이유는 '고생'과 '성공'의 인과관계를 증명하는 사례가 많아서다.

책을 보면 동서고금의 위대한 과학자, 예술가들이 밥을 먹고 잠을 자는 것도 잊은 채 일과 학업에 매진한 이야기가 많이 나온다. 이 이야기들은 '고생을 참고 노력한' 예가 돼 사람들을 격려하는 동시에 사람들이 '고생해야 성공한다'는 진리를 깊게 믿도록 만들었다.

사실 자신을 돌보지 않고 학업과 일에 몰입한 사람은 그것에 흥미나 책임감을 느낀 경우가 대부분이다. 흥미와 책임감의 힘은 생리적인 요구를 초월할 정도로 위대하다. 사람들은 그들이 좋아하는 일을 하며 즐거워한 것은 그냥 지나치고 먹고 자는 부분에서 고생한 것만 보고 고생해서 성공한 것이라고 믿는다. 하지만 그들은 고생하지 않았다. 단지 미쳐 있었다. 또한 미쳐 있는 동안 남들이 모르는 즐거움을 느꼈다.

이것은 컴퓨터 게임에 빠진 아이들이 밥도 안 먹고 잠도 안 자며 게임하는 것과 같다. 이것을 '고생'이라고 할 수 있을까? 오히려 '미련'이라는 표현이 더 적당하지 않을까? '고생'과 '미련'은 체력과 마음을 쓴다는 의미에서 같지만 당사자가 느끼는 감정은 완전히 다르다. 일상생활을 할 때 고생과 미련의 차이를 구분할 필요 없지만 교육할 때 반드시 두 감정이 아이에게 서로 다른 영향을 미친다는 것을 인식해야 한다. 아이가 어떤 일을 잘하게 하려면 반드시 그 일을 좋아하게 만들고 그 일에 반감이나 불쾌한 요소가 끼어들지 못하게 해야 한다. '공부를 고생스럽게 하면 안 된다'는 말은 바로 이 이치를 설명하는 것이다.

"

아이의 지적 능력을 발달시키는 기본이 있다.
공부에 좋은 방법은 많지만 그 어떤 방법도
이것이 공부에 미치는 영향을 능가하지 못한다.
아이를 똑똑하고 슬기롭게 만드는 단 하나는 독서다.

공부의 기본은
단 하나다

지능과 사고 능력을 발달시키는 방법

장기적으로 이기는
전략의 핵심은 독서다

'묘필생화(妙筆生花)'는 어떤 수재가 자신의 붓 끝에 연꽃 한 송이가 만발하는 꿈을 꾼 뒤에 신들린 재능을 갖게 됐다는 이야기다. 이 고사성어는 사람들의 오랜 염원과 해결하고 싶은 어려운 문제가 반영돼 있다. 바로 어떻게 하면 글을 잘 쓰느냐다. 초·중학교 학생들에게 글을 쓰는 것은 가장 골치 아픈 일이다. 때문에 꿈속에서라도 이 문제를 해결할 수 있는 좋은 방법을 찾고 싶을 것이다.

난 10여 년 동안 학교에서 국어를 가르쳤고 다년간 글을 썼고 글 쓰는 것을 좋아한다. 위엔위엔도 글을 잘 쓴다. 내 기억에 초등학교 때부터 문법에 안 맞는 문장이나 틀린 글자가 거의 없어서 글쓰기를 하면 늘 좋은 점수를 받았다. 특히 고등학교 땐 모범 글로 자주 뽑혔고 2007

년도 대학입시 국어 시험에서 150점 만점에 140점이라는 좋은 점수를 받았다. 뉴스에 따르면 그해 베이징에서 약 12만 명의 문·이과생이 수능을 응시했는데 국어를 140점 이상 받은 학생은 고작 12명뿐이었다. 위엔위엔은 논술에서도 높은 점수를 받았다. 운이 좋았던 것도 있지만 글을 쓰는 수준이 높은 것도 사실이다.

사람들은 늘 내게 아이의 글쓰기 능력을 어떻게 키울 수 있느냐고 묻는데 오랜 경험에서 얻은 결론은 단 두 글자, 독서다. 난 책을 읽은 경력이 짧은 아이들이 말하는 이른바 '글쓰기 기술'을 싫어한다. 몇몇 교사의 '글쓰기 수업'을 참관한 적도 있지만 교사 개개인의 오락 공연에 지나지 않았고 글쓰기에도 별로 도움이 안 됐다. 사람들은 글 쓰는 일을 복잡하게 꼬아서 많은 글쓰기 기술을 만들었다. 일부 교사들은 본인도 글을 잘 쓰지 못하면서 아이들에게 글쓰기 기술을 가르친다. 이것은 반대로 생각하면 글쓰기 기술을 가르치는 것이 아이들에게 별로 소용없다는 것을 증명한다.

때로 '아름다움'과 '간단함'은 같은 뜻으로 쓰인다. 글쓰기도 마찬가지다. 가장 좋은 기술은 가장 간단한 것이다. 글을 쓸 때 독서는 가장 근본적이고 중요하고 효과적인 '큰 기술'이다. 책 한 권 안 읽는 사람들이 애써 찾는 갖가지 기술은 거창하게 말해도 '잔기술'에 불과하다. 큰 기술이 있으면 잔기술을 자연히 익힐 수 있지만 큰 기술이 없으면 모든 잔기술은 현실에 존재할 수 있는 조건을 잃는다.

난 독서를 매우 중요하게 생각해서 위엔위엔이 한 살 때부터 날마다 옛날이야기 책을 읽어줬다. 처음에는 무슨 뜻인지 이해하지 못했지만 책을 읽어주면 울고불고 하지 않고, 초롱초롱한 두 눈으로 내 입과 책을 쳐다봤다. 위엔위엔이 좀 더 자라 말을 알아들을 수 있게 된 뒤에는 내게 끊임없이 동화책을 읽어달라고 해서 같은 이야기를 몇 번이나 반복해서 읽어줬다. 읽어달라는 요구는 거의 거절하지 않았다.

모든 영유아는 이야기를 듣는 것을 좋아하고 책 읽는 것을 좋아한다. 물론 책 읽기를 싫어하고 이야기를 안 들으려고 하는 아이들도 있는데, 부모가 제때 책을 접해주지 않으면 아이가 책에 흥미를 붙일 수 있는 가장 좋은 시기를 놓쳐 읽기에 대한 흥미가 다른 것 예컨대 TV를 보는 것으로 대체된다. 많은 부모는 이 일을 마치 아이가 실수로 밥그릇을 엎은 것처럼 대수롭지 않게 여기는데 사실 이것은 매우 큰 손실이다.

"아이가 출발선부터 뒤처지게 하지 마세요."

지금 가정교육 현장에서 한창 유행하는 말이자 모든 부모가 좇는 말이다. 하지만 아이는 달리고 또 달리는데 왜 뒤처질까? 대다수의 부모는 왜 결국 실망할까? 아이를 교육할 때 지고 이기는 개념이 틀려서다. 틀린 개념을 따라 하면 당연히 일을 망칠 수밖에 없다.

많은 부모는 조기교육을 할 때 바로 효과를 보길 원한다. 그래서 아이가 학교에 들어가기 전에 미리 학원에 보내서 중국어 발음기호, 외국어를 공부시키고 학교에 들어가면 다시 시험에서 좋은 성적을 받으라고 학원을 여러 군데 보내 재능을 키운다. 그리고 이렇게 하면 출발선에서 한 발 앞서는 줄 안다.

어릴 땐 독서교육을 한 아이나 안 한 아이나 별로 차이가 없다. 취학 전이나 초등학교 졸업, 심하게는 중학교까지는 책을 많이 안 읽는 아이도 시험에 대비해서 열심히 공부하면 좋은 성적을 받을 수 있다. 여기서 많은 부모는 독서는 해도 그만, 안 해도 그만이고 외려 공부하는 시간을 빼앗는다고 착각하고 독서교육에 신경을 안 쓴다.

사실 조기교육을 할 때 아이가 책을 읽는 것을 중요하지 않게 여기는 것은 최악의 행동 중 하나다. 어려서 책을 읽었느냐 안 읽었느냐가 이기고 지는 차이를 만든다. 책을 잘 안 읽는 아이는 어릴 때 똑똑하고 성적이 좋아도 저장한 지적 에너지가 조금밖에 안돼 중학교에 가면 전반적으로 소질이 떨어지고 공부도 뜻대로 잘 못한다. 그리고 평생 공부의 어려움에 시달린다. 하지만 책을 많이 읽는 아이는 어려서부터 똑똑하고 지혜롭고 공부할 때도 강한 폭발력을 발휘한다. 인생을 길게 놓고 볼 때 책을 많이 읽는 아이야말로 어려서부터 독서의 기초와 흥미를 튼튼하게 쌓고 출발선부터 앞서나가는 것이다.

독서는 일찍 시작하고 많이 해야 한다. 조사통계에 따르면 지금 중국의 초등학생 독서량은 매우 적은데 평균 독서량이 국가 기준의 20%를 밑돈다.

독서량이 왜 이렇게 적을까? 혹자는 그 원인을 대학입시 스트레스가 너무 심하고 책을 읽고 싶은 원동력이 부족하기 때문이라고 분석했다. 현재 대입시험은 무슨 문제만 생기면 뭇매를 맞는 희생양이 됐다. 난 근본 원인을 아이들의 흥미에서 찾아야 한다고 생각한다. 부모와 각종 놀이를 하며 재밌게 공부하는 아이가 대입시험 때문에 공부에 스트레스를 받고 더 이상 놀이를 안 하려고 할까?

중학생이 책을 안 읽는 것은 이미 초등학교 때 문제가 형성됐고, 초등학생이 책을 안 읽는 것은 취학 전이나 후에 부모와 학교가 책을 읽고 싶은 흥미를 유발하는 노력을 안 해서다.

만약에 부모가 독서에 대한 흥미를 일찍 돋우어줘서 아이가 밥 먹듯이 책을 읽고 독서를 생활화하면 고등학교를 졸업할 때까지 자연스럽게 몇 백만 자를 읽을 수 있다. 책 읽기를 좋아하는 아이에게 독서는 스트레스가 아니라 식사나 놀이 같은 즐거운 일이라서 부모가 못 읽게 해도 읽는다.

독서는 글쓰기 실력 향상과 직접적으로 관계있다.

위엔위엔은 초등학교 2학년 때부터 장편소설을 읽기 시작했고 거의 손에서 책을 놓지 않았다. 대입시험을 서너 달 앞둔 겨울방학에도 공부하는 틈틈이 문학작품을 읽었다. 위엔위엔에게 독서는 부담이 아니라 휴식이고 재충전이었다.

언어를 공부할 때 가장 중요한 것은 어감을 익히는 것이다. 위엔위엔의 글에 문법적으로 틀린 문장이 없는 것은 이미 매끄러운 문장을 천만 번 넘게 읽으며 좋은 어감을 키우고 풍부한 어휘량을 쌓아서다. 어감이 좋고 어휘량이 풍부하면 자연스레 좋은 문장을 쓰게 마련이다.

다독(多讀)이 아이에게 주는 선물은 비단 정확한 서술 능력만은 아니다. 창작의 재능도 준다. 위엔위엔의 글은 늘 놀라서 감탄할 정도로 재기가 빛나서 내 글솜씨를 부끄럽게 만들었다. 위엔위엔이 고등학교 1학년 때 몰래 쓴 소설을 우연히 읽은 적이 있는데 지금껏 글쓰기 공 책에 쓴 습작에 가까운 글만 보다가 거침없이 써내려간 글을 보니 실로 놀라웠다. 당시에 난 위엔위엔이 나중에 커서 작가가 되어도 가능성이 있겠다고 생각했다. 특별한 재능을 타고난 것은 아니고 다른 아이들도 그만큼 책을 읽으면 다 글을 잘 쓸 수 있다.

중국의 국어교육은 오랫동안 이상하게 실시됐다.

수업은 국어책의 테두리를 과감하게 벗어나지 못하고 교사와 학생 은 교과서의 문장을 '해부'하는 데 많은 시간과 정성을 들인다. 지금까 지 수많은 목소리가 단락의 큰 의미, 글의 중심사상 등을 파악하는 고리 타분한 수업 방식을 질타했지만 이 방식은 여전히 초·중·고교 수업 의 주류를 이루고 있다. 얇디얇은 국어책이 아이들의 한 학기를 무단으 로 차지하는 것은 큰 낭비이다. 국어교사는 학생들이 책을 읽는 것을 중 요하게 여기지 않고 원래 가장 재밌어야 할 과목을 가장 무미건조한 과 목으로 만들었다. 난 아이들이 "국어 시간이 싫어요. 글쓰기는 더더욱 싫어요"라고 말하는 것을 무수히 들었다.

지난 수십 년간의 경험은 어감이 발달하지 않은 어린 학생이 책 읽 기를 경시한 채 문법을 배우고 다른 사람의 표현을 분석해서 문장을 정 확하고 예쁘게 쓰는 것은, 길을 멀리 돌아가고 신발을 신고 발바닥을 긁 는 것이나 마찬가지라는 것을 증명했다. 확신컨대 독서량이 부족하면 국어 수업을 받아도 국어 수준이 높아지지 않고 작문 수업을 받아도 글 쓰기 실력이 나아지지 않는다.

수학 공식은 이해하는 순간 자신의 지식이 되고 응용할 수 있어서 효과가 바로 나타난다. 하지만 글쓰기는 개방적이고 변화무쌍한 활동이라서 지식을 자신의 능력으로 만들기까지 오랜 시간이 걸린다. 그냥 생각할 때 글쓰기 기술은 난이도가 없고 모두 쉬운 것 같지만 자기 것으로 흡수하기가 어렵고 응용하기는 더더욱 어렵다. 지금 초·중·고교에서 많은 교사들이 심혈을 기울여 다양한 글쓰기 수업을 하고 있다. 수업 자체는 문제가 없다. 심지어 어떤 교사는 많은 공을 들여 아이들의 글을 고쳐주고 수업도 알차게 진행한다. 하지만 학생이 다량의 독서를 양분으로 삼지 않으면 이런 활동은 사막에 씨를 뿌리는 것이나 마찬가지라서 의미가 없다.

글을 쓰는 수준이 낮은 사람, 특히 저학년 학생은 글쓰기를 공부할 때 반드시 책부터 읽어야 한다. 좋은 작품은 고차원의 글쓰기 기술을 포함하고 있어 읽는 과정이 곧 글쓰기 기술을 배우는 과정이 된다. 독서를 많이 하면 자연스럽게 글쓰기 기술을 익힐 수 있다. 일찍이 조상들도 "책 만 권을 읽으면 신들린 글재주가 생긴다"고 말하지 않았는가?

요새 신문이나 잡지를 보면 '4차원망 학습법' '폭탄 작문법' '일주일 완성반' 등 속성으로 글쓰기를 가르치는 학원 광고를 심심찮게 볼 수 있다. 듣기만 해도 아이들이 그 자리에서 글을 쓰게 만든다는 '달인'을 몇 명 안다. 그들은 현장에서 보여줄 수 있는 기술을 총동원해서 아이가 글의 뼈대를 만들고 관용적인 표현을 이용해서 글을 쓰게 도와주고 그 자리에서 수업의 효과를 직접 보여준다. 하지만 실상은 어떨까?

강사가 옆에서 글의 뼈대를 만들어주지 않고 도와주지 않으면 아이는 혼자서 한 글자도 쓰지 못하고 학원 과정을 마쳐도 걸음마 수준을 벗어나지 못한다. 글을 쓰는 것은 좋은 사람이 되는 것과 마찬가지라서 수련을 오래 해야 한다. 간교한 기술과 며칠의 노력 갖고는 결코 글을 잘 쓸 수 없다.

며칠 전에 '3일이면 누구나 글을 잘 쓸 수 있다'의 관계자에게 전화가 왔다. 그들이 어떻게 내 상황을 아는지 모르겠지만, 그들은 위엔위엔의 대입 성적이 좋고 내가 수년간 국어교사로 일했고 글을 쓴다는 것을 알고 내 경험을 직접 듣고 싶어 했다. 난 미안하다고 말하고 거절했다. 위엔위엔은 3일간 배워서 글을 잘 쓰게 된 것이 아니다. 지금의 성과는 10여 년 동안 학습한 결과이다. 나도 10년 넘게 아이들을 가르쳤지만 아직까지 3일 만에 글을 잘 쓰게 만드는 기술을 개발하지 못했다.

글을 쓰는 것은 글자를 쓰는 것이 아니라 사상, 인식에 관한 일이라는 것을 꼭 말하고 싶다. 글자가 있는 곳은 곧 개인의 사고가 미친 곳이다. 독서의 가치는 아이의 언어 능력을 향상시키는 데 있지 않고 영혼의 세계를 더 풍부하게 만들고 인식의 수준을 높이는 데 있다.

독서로 동서고금의 각종 사회생활과 기나긴 역사의 발전을 경험하고 무수한 지혜의 말씀을 경청하고 사고의 성과를 함께 나눈 아이는 생각과 가치관이 더 성숙하고 완벽하다. 성숙한 사고와 완벽한 가치관은 사람됨의 근본이요, 글을 잘 쓸 수 있는 조건이다.

영혼이 메마르고 생각이 공허하고 가치관이 미성숙한 사람은 설령 근사한 단어와 표현을 많이 알아도 영혼이 담긴 작품을 만들 수 없다. 많은 교사와 부모가 아이의 글에 '깊이'가 없다고 지적한다. 글의 깊이는 개인의 사상과 인식의 수준을 알 수 있는 척도이다. 만약에 아이가 평소에 독서로 옛 사람들의 사회생활과 다른 사람의 사고 성과를 함께 나누지 않았으면 어린 나이에 어떻게 깊이 있는 글을 쓰겠는가?

모든 책은 아이가 경험하고 배울 만한 것이 한 가지씩 꼭 있다. 듀이, 타오싱즈[6] 등의 위대한 교육가는 생활 속에서 학습할 것을 특별히 강조했다. 아이는 생활에 한계가 있어서 모든 일에 직접 참여할 수 없지만 책을 읽으면 손쉽게 참여해서 풍부한 경험을 쌓을 수 있다.

동서양을 막론하고 모든 고전과 명작은 내용에 관계없이 반드시 진실함, 선함, 아름다움을 포함하고 있다. 진실함, 선함, 아름다움은 개인의 가치관과 사고방식은 물론이거니와 글을 쓰는 것에도 영향을 준다. 글에는 그 사람의 생각이 고스란히 드러난다.

책을 안 읽는 사람은 어리석고, 책을 안 읽는 가정은 재미가 없고, 책을 안 읽는 민족은 천박하다. 지금 중국 정부는 소질교육을 강조하고 있는데, 사람들은 소질교육하면 거문고, 바둑, 서예, 그림 등을 다루는 기교나 골프 선수들이 갖춰야 하는 태도나 학교에서 단체무용을 하며 키우는 예술 소질을 떠올린다.

왜 사람들은 독서를 생활화하지 않을까? 아마 분위기를 조성하기

---

6 중국의 교육가(1891년~1946년). 타오싱즈는 책을 통한 공부와 함께 생활 속에서 얻을 수 있는 인생의 도리와 사람 됨됨이를 배우고 가르쳐야 한다고 강조했다.

가 쉽지 않고 성과가 눈에 보이기까지 시간이 오래 걸려서일 것이다. 교육부가 필독도서를 선정한다고 어느 부모와 학교가 신경이나 쓰는가? 조사 자료를 보나 상식적으로 보나 초·중학교 도서관의 90% 이상은 허울만 좋은 도서관이라서 아이들은 읽고 싶은 책을 학교에서 거의 빌려 볼 수가 없다.

아이는 세상에서 하나뿐인 존재다. 따라서 부모는 아이가 발전할 때까지 가만히 기다리면 안 되고 반드시 가정에서 부족한 부분을 빨리 채워줘야 한다. 예컨대 즐거운 마음으로 아이를 데리고 맥도날드에 가는 것보다 서점에 가는 것이 낫고, 휴대전화나 MP3를 사주는 것보다 책상에 좋은 책을 자주 놓아주는 것이 낫다. 특히 아이가 글을 못 써서 고액 속성 학원에 보내려고 하는 부모는 그 돈으로 아이에게 책을 사주시기를 부탁드린다. 그리고 아이가 독서에 재미를 붙이고 책을 읽는 것이 TV를 보고 게임을 하는 것처럼 재밌는 일이라고 생각할 수 있게 조금 더 애써주시길 바란다.

독서는 아이에게 가장 좋은 수련이고 소리 없이 잠재력을 촉촉하게 적셔 아이의 붓 끝에 싹을 틔우고 꽃을 활짝 피운다.

책을 읽게 하는
'유혹의 기술'을 배워라

위엔위엔이 초등학교 2학년에 올라갈 때 한자를 아는 양과 읽기 수준을 봤을 때 한 단계 더 높은 수준의 책을 읽어도 된다고 판단하고 장편소설을 권했다. 내 말에 위엔위엔은 상상할 수도 없는 일이라는 반응을 보였다. 위엔위엔은 내가 두껍고 글자도 많고 그림도 없는 소설을 읽는 것을 많이 봤다. 때문에 본능적으로 장편소설은 어렵고 재미없고 어른만 읽는 것이라고 생각했다. 난 위엔위엔이 어려워하는 마음을 충분히 이해하고 더 이상 장편소설 얘기를 꺼내지 않았다.

생각해보니 내 책꽂이에 있는 소설은 위엔위엔이 읽기에 너무 어려워서 언론인이자 무협소설가인 진용의 소설을 새로 샀다. 그전까지 난 진용의 소설을 한 번도 읽은 적이 없었고, 본 것이라고는 그의 소설을 각색해서 만든 TV드라마가 전부였다. 드라마 내용으로 추측컨대 소설도 매우 매력적이고 아이도 좋아할 것 같았다. 진용의 『의천도룡기』[7]를 사온 뒤에 위엔위엔이 읽어야 할 책이라고 말하지 않고 책꽂이에 꽂아놓고 평소처럼 한 권씩 꺼내 읽었다. 『의천도룡기』는 확실히 이야기가 재밌고 아슬아슬한 긴장감이 넘쳤다. 난 날마다 책이 재밌다고 말하며 줄거리를 말해줬고, 위엔위엔이 흥미진진해하며 이야기에 푹 빠지면 뒷부분은 마저 읽고 말해주겠다고 했다. 이렇게 몇 번 하니까 위엔위엔이 애간장을 태웠다. 난 위엔위엔이 무척 궁금해하는 것을 보며 '드디어 기회가 왔구나!'라고 생각하고 말했다.

"엄마는 시간이 없어서 한 번에 많이 못 읽으니까 네가 직접 읽어봐."

위엔위엔이 자신이 혼자서 소설을 잘 읽을 수 있을지 걱정하기에 내가 다시 말했다.

"한 번 도전해봐. 모르는 글자가 있어도 괜찮아. 전체적인 내용만 알면 되거든. 만약에 내용을 이해하기 위해서 꼭 알아야 하는 중요한 글자가 나오면 엄마에게 물어봐."

위엔위엔은 내 말에 『의천도룡기』를 읽기 시작했다.

독서는 어려운 것이 아니다. 중요한 것은 아이가 거리낌 없이 책을 꺼내들고 읽기 시작하는 것이다. 위엔위엔이 나보다 더 많이 읽으면 시간이 없어서 못 읽은 척하고 소설 속 인물들의 안부를 물었다. 그러면 위엔위엔이 줄거리를 말해줘 둘이 함께 인물과 사건에 대해서 대화를

---

7 남송 시기부터 명의 건국 이전까지를 역사적 배경으로 강호의 무림 고수들에 대한 이야기가 펼쳐지는 작품이다. 중국의 사상·문화·역사를 포괄해 무협소설을 넘어 중국문학의 고전 중의 하나로 자리 잡았다.

나눴다. 위엔위엔은 내게 줄거리를 말해주고 함께 대화하는 것을 재밌어했고 『의천도룡기』를 다 읽은 뒤에 자신의 읽기 능력에 자신감을 가졌다.

『의천도룡기』를 다 읽은 뒤에 우리 모녀는 서문을 읽다가 저자인 진용이 총 14편의 무협소설을 썼고 제목들의 첫 글자를 모아서 '飛雪連天射白鹿, 書笑神俠依 碧鴛(하늘 가득히 눈이 휘몰아쳐 흰 사슴을 쏘아가고, 글을 조롱하는 신비한 협객이 푸른 원앙새에 기댄다)'라는 문장을 만들었다는 사실을 알았다. 위엔위엔은 아름다운 문구에 호기심을 느끼고 진용의 소설을 더 읽고 싶다고 말했다. 난 그 많은 책을 다 사려면 돈이 많이 드니까 빌려서 읽자고 말하고 위엔위엔을 도서 대여점에 데려갔다.

이후 위엔위엔은 책을 빨리 읽게 됐다. 책 읽는 흥미와 능력도 빠르게 안정적인 상태로 발전해서 진용의 무협소설을 단숨에 다 읽었다. 장편소설을 읽는 즐거움을 발견한 뒤에 장편소설을 읽는 일은 간단한 일이 돼버렸다.

당시에 내 동료는 아들이 동화책도 안 읽을 정도로 책 읽기를 싫어하고, 한자를 두려워하고, 글쓰기 실력이 형편없어서 걱정했다. 그녀는 위엔위엔이 책을 많이 읽는 것을 알고 아들이 위엔위엔과 친하게 지내서 책 읽기를 좋아하게 되기를 바랐다.

어느 날 난 위엔위엔을 데리고 그녀의 집에 놀러갔다. 그녀의 아들은 위엔위엔보다 한 학년 높은 5학년이고 우리가 놀러온 것에 매우 기뻐했다. 우리 모녀가 자리에 앉자 그녀가 아들에게 말했다.

"위엔위엔 좀 봐. 너보다 두 살이나 어린데 책을 얼마나 많이 읽는지 몰라. 너도 앞으로 온종일 놀지만 말고 책 좀 읽어."

그녀의 말에 아들의 표정이 어두워졌다. 난 두 아이에게 밖에 나가서 놀라고 하고 그녀에게 사람들 앞에서 아들에게 그런 식으로 말하면 책 읽기에 더 자신이 없어지고 창피해한다고 주의를 줬다. 아이에게도 체면은 중요하다. 만약에 아이가 어떤 일을 하게끔 독려하려면 사람들 앞에서 아이를 칭찬해야 한다.

만약에 아들이 책 읽기를 좋아하게 만들려면 직접적으로 책을 읽으라고 시키거나 '책을 많이 읽네, 안 읽네' 같은 말을 화제로 삼지 말고 책을 안 읽는 일로 아들을 꾸짖지 말라고 조언을 해줬다. 뒤이어 위엔위엔이 소설을 읽게 '유혹'한 전 과정을 말해주며 그녀가 내 경험에서 뭔가를 배우길 바랐다.

우리 모녀가 집에 돌아갈 때 그녀의 아들도 마중을 나왔다. 그녀는 최대한 예의를 차려서 아들에게 "위엔위엔은 벌써 진용의 소설을 다 읽었대. 조금 있다가 엄마가 너도 몇 권 빌려다줄게"라고 말했다.

그녀의 아들은 망설이다가 고개를 끄덕였다. 사실 그녀가 이렇게 말하는 것은 옳지 않다. 그녀는 여전히 아들의 약점과 위엔위엔의 장점을 비교했고 '유혹'의 여지를 남기지 않은 채 목적이 훤히 드러나게 말했다. 훗날 그녀가 내게 한숨을 쉬며 아들에게 진용의 소설을 빌려다줬는데 사흘 동안 세 장만 읽고 도로 반납했다고 말했다.

난 그녀가 롤모델을 찾았지만 아들을 격려할 수 있는 돌파구를 찾지 못하고 그저 다른 아이의 장점과 아들의 부족한 점을 비교하기만 해서 아들의 마음을 움직이는 데 실패한 것이라고 솔직하게 말했다. 아이는 흥미가 있어야 책을 읽는다. 어린아이가 다른 사람에게 뒤처지지 않기 위해서 또 부모가 요구한다고 해서 책을 읽을 것 같은가? 그녀가 어떻게 하면 좋으냐고 묻기에 대답했다.

"이미 아이가 진용의 소설로 스트레스를 받았으니까 소설 얘기는 잠시 그만두고 글자를 두려워하니까 가장 간단한 책부터 읽게 해요. 아, 이러면 어떨까요? 먼저 저녁 신문을 신청하세요. 신문의 사회면은 날마다 재밌는 소식이 많이 실려서 심심풀이로 읽기 좋잖아요. 당신이 날마다 아들에게 많이는 말고 한두 개 정도 재밌는 기사를 추천해서 신문을 읽게 유혹하세요. 아들도 신문을 읽다 보면 서서히 읽기에 대한 두려움이 사라질 거예요. 소설을 읽게 하는 방법은 그때 다시 생각해봐요."

며칠 뒤에 다시 만난 그녀는 아들이 신문도 안 읽으려고 한다고 말하며 고개를 저었다. 난 아들이 왜 이렇게까지 글자를 두려워하는지 도저히 이해가 되지 않았다. 하지만 말을 들어본 결과 방법이 잘못됐음을 알 수 있었다. 그런 상황에서 아이가 책을 읽고 싶어 한다면 외려 그것이 더 이상한 일이었다. 알고 보니 그녀는 며칠 동안 퇴근길에 저녁 신문을 사서 아들에게 줬다. 그녀는 '유혹'의 방법을 사용하기 위해서 아들에게 신문을 보면 어떤 점이 좋고 어떤 기사가 재밌고 적어도 하루에 한두 편을 읽어야 한다고 말했다. 또 아들이 신문을 읽었는지 검사하기 위해서 날마다 잠자기 전에 읽은 내용을 말해보라고 시켰다. 처음에 아들은 잠자코 신문을 읽었지만 이내 읽지 않겠다고 골을 부렸다. 그녀는 할 수 있는 조치를 모두 취해도 매번 목적을 달성하지 못하자 아들이 책 읽기를 바라는 것은 절망적이라고 말했다. 난 다시 한 번 그녀에게 솔직하게 말했다.

"당신은 책 읽기를 '유혹'했다고 했지만 '명령'을 한 거예요. 신문을 읽었는지 검사하면 신문을 읽는 것이 숙제가 되잖아요. 어떻게 하면 '유혹'이라고 느낄 수 있을지 한 번 아들의 입장에서 곰곰이 생각해보세요. 늘 부모의 입장에서 문제를 생각하면 모든 유혹이 명령으로 변해서 번번이 효과를 못 볼 거예요."

모든 부모가 이렇게 융통성 없지는 않다. 대부분의 부모는 일단 독서의 중요성을 이해하면 '유혹'의 중요성도 이해하고 '유혹'의 수단을 만들기 위해서 노력한다. 하지만 어떤 수단은 별로 큰 효과를 내지 못한다. TV의 유혹을 떨쳐낼 수 있을 만큼 유혹적이지 않은 것이 문제다.

어려서 책에 흥미를 붙인 아이는 TV에 자기 시간을 빼앗기지 않는다. 하지만 책을 접하지 않고 TV 앞에서 자란 아이에게 책에 대한 흥미를 불어넣는 것은 매우 어려운 일이라서 더 많은 수단을 이용해야 한다.

책을 읽게 하기 위해서 강제로 TV를 끄는 것은 좋은 방법이 아니다. 강제로 TV를 끄면 기분이 언짢아져 책을 펴도 집중이 안 된다. 어떤 부모는 이럴 때 어떻게 하느냐고 묻는데, '고장'을 내는 방법을 이용하는 것이 효과적이다. 난 TV의 코드나 부품을 빼서 TV가 정상적으로 작동되지 않게 하라고 이야기해준다. 거짓말로 TV가 고장 났다고 말한 뒤에 각종 핑계로 짧게는 한두 달에서 길게는 반년 동안 TV를 '수리'하지 않는다. 이 기간 동안 부모가 책을 읽고 아이에게 재밌는 책을 추천해주면 아이는 심심하기 그지없는 상태에서 책을 읽다가 자신도 모르게 독서의 즐거움을 발견한다. 아이가 책을 다 읽은 뒤에 알아서 책을 또 읽기 시작하면 그때 TV를 수리한다.

TV를 수리한 뒤에 아이가 다시 끝없이 TV를 보는 상태로 돌아가는 것을 막으려면 TV를 보는 규칙을 정하고 부모 스스로 모범을 보여야 한다. TV를 보는 규칙을 정할 땐 TV를 보는 시간을 정하는 것보다 어떤 프로그램을 볼 것인지 정하는 것이 더 낫다. 규칙은 한 번 정하면 반드시 지켜야 한다. 부모도 먼저 규칙을 어기지 않기 위해서 TV를 적게 보고 시간이 나는 대로 책을 읽어야 하는데, 이것은 아이에게 무언의 교육이 된다. 무언의 교육 핵심은 아이를 조용히 '유혹'하고 아이와 충돌하지 않는 것이다. 물론 어떤 부모는 이 방법을 시시하게 생각해서 차라리 TV를 끄고 살겠다고 하고 심하게는 자신은 TV를 마음껏 시청하고 아이만 못 보게 하기도 한다.

지금까지 내가 이렇게 의견을 제시하면 "저녁 때 할 일도 없는데 TV를 끄면 어떡해요" "남편이 하루 종일 피곤하게 일하고 돌아와 TV를 보며 휴식을 취하기 때문에 TV 시청을 줄이는 데 동의하지 않을 거예요"라고 말하는 엄마가 한둘이 아니었다. 이럴 때마다 난 남은 힘을 다 써버린 기분이 들었다.

부모는 자기가 하고 싶은 대로 다 하면서 왜 아이는 제멋대로 굴지 않길 바라는가? 부모가 아이에게 책 읽기를 유혹하고 싶은 마음이 없으면 아이는 날마다 TV 앞에서 시간을 때우는 수밖에 없다.

　사람이 가장 이기기 어려운 것은 '유혹'이고 가장 싫어하는 것은 '압박'이다. 이것은 어른과 아이 모두 똑같다. 교육할 때 아이가 뭔가를 받아들이게 하려면 유혹이 필요하고, 뭔가를 배척하게 하려면 압박이 필요하다. 이것은 매우 효과적인 방법이다. 목적을 달성하지 못하고 일이 뜻과는 반대로 진행된 부모는 분명히 방법을 반대로 쓴 것이다.

아이에게 좋은 독서,
나쁜 독서

아이는 말할 때 어떤 일을 좋다 나쁘다로 나누는 경우가 많다. 지금부터 아이가 책을 읽을 때 추천할 만한 좋은 방법과 주의해야 할 나쁜 방법을 아이들이 말하는 방식으로 말하려고 한다. 아이가 말하는 것처럼 전자의 방법을 좋은 독서, 후자의 방법을 나쁜 독서라고 부르는 것을 이해해주시기 바란다.

좋은 독서는 문어를 사용하지만 나쁜 독서는 구어를 많이 사용한다. 이 말은 아이가 글을 몰라서 부모가 옛날이야기책을 읽어주는 단계의 독서에 해당한다. 부모는 아이에게 옛날이야기를 읽어줄 때 아이가 이해하지 못할까봐 최대한 통속적인 구어를 사용하는데 이렇게 하는 것은 좋지 않다. 정확한 방법은 처음부터 최대한 표준어와 다양한 어휘를 사용해서 책을 읽어주는 것이다. 아이는 줄거리와 글씨가 있는 그림책을 되도록 빨리 접하는 것이 좋은데, 아이에게 글씨가 있는 그림책을 사줬으면 이야기를 '말하지' 말고 '읽어야' 한다. 이 부분은 앞서 「글자를 가르치는 것은 어렵지 않다」라는 글에서 자세하게 설명해서 반복하지 않겠다.

좋은 독서는 빨리 읽지만 나쁜 독서는 천천히 읽는다. 독서지도를 할 때 부모와 교사가 저지르는 가장 어이없는 실수는 한 글자씩 천천히 읽으라고 하는 것이다. 이것은 틀린 방법이다. 개인의 읽기 능력은 이해, 기억, 속도 이 세 가지 요소로 좋고 나쁨을 판단할 수 있다. 독서는 이 세 가지 요소의 상호 보완으로 완성된다.

속도는 읽기 능력의 매우 중요한 요소다. 한 글자씩 읽으면 읽기 능력이 가장 나쁜 것이고 한 줄씩 읽으면 좋은 편이고 한 번에 열 줄씩 읽으면 가장 좋은 것이다. 한 번에 열 줄씩 읽는 사람은 책 읽기가 능숙하고 볼 수 있는 범위가 넓어서 한 번만 '휙' 봐도 처음 본 부분에서 그 아래 몇 줄까지 다 볼 수 있다.

독서는 반드시 반자동화 수준이 돼야 내용을 쉽게 이해하고 기억할 수 있다. 한 글자씩 읽는 것은 반자동화 상태가 형성되는 것을 방해하고 감지한 의미나 정보를 흩어지고 불완전하게 만든다.

책 읽는 속도는 타고나지도 않고 빨라지고 싶다고 빨라지지도 않고 모종의 훈련 방법으로 쉽게 얻을 수도 없다. 속도는 독서의 '양(量)'

에 비례해서 자연스럽게 빨라진다. 속도 면에서 아이가 발전하는 정도는 매우 놀랍다. 초등학생이 책을 읽는 것을 좋아하면 속도가 금세 빨라지는데, 초등학생은 생각이 단순하고 뒷부분의 이야기를 빨리 알고 싶어 해서 종종 어른보다 더 빨리 책을 읽는다. 독서량이 막상막하인 아이들은 서로 책을 읽는 속도가 비슷하다. 따라서 책을 읽는 속도를 높이려면 독서량을 충분히 늘리는 것이 중요하다.

위엔위엔은 초등학교 때 약 30~40권이나 되는 진용의 무협소설을 다 읽었다. 난 『의천도룡기』만 한 질 사주고 나머지는 다 빌려서 읽혔다. 당시에 책 한 권의 대여료는 5자오였다. 위엔위엔은 처음에 책을 천천히 읽었지만 점점 속도가 빨라져서 학교를 마치고 책을 1~1.5위안어치 빌려오면 2~3일 만에 다 읽었다. 방학 땐 날마다 한 권씩 읽었다. 위엔위엔은 여덟 살 때 장편소설을 네다섯 시간이면 다 읽었다. 이 정도면 매우 신기한 수준인데 다른 아이들도 책을 많이 읽으면 속도가 이렇게 빨라질 수 있다.

아이의 책 읽는 속도를 높이려면 몇 가지 사항에 주의해야 한다.

첫째, 소리 내어 읽지 못하게 한다. 학교에서 아이들은 소리 내어 교과서를 읽는다. 교과서를 읽는 것은 독서의 범주에 들지 않는다. 책은 소리 내어 읽으면 안 된다. 소리 내어 읽는 것은 문장의 뜻을 이해하고 빨리 읽는 것을 방해하는 나쁜 독서 방법이다.

둘째, 모르는 글자가 나왔을 때 바로 사전을 찾지 않는다. 책을 읽기 시작한 지 얼마 안돼 모르는 글자가 많을 때 끊임없이 사전을 찾으면 독서를 제대로 할 수 없고 재미도 없어진다. 아이는 두꺼운 책을 처음 읽을 때 아는 글자가 별로 없어서 제대로 이해할 수 있을지 걱정한다. 이 때 아이가 편안하게 책을 읽게 하려면 모르는 글자가 나와도 보고 이해할 수 있으면 그냥 지나치고, 이해하는 데 지장을 주거나 작품에서 매우 중요한 글자면 엄마, 아빠에게 물어보라고 아이를 격려해야 한다.

어떤 부모는 아이가 사전을 찾으면 오래 기억할 것이라고 생각하고 아는 글자도 안 가르쳐준다. 하지만 대부분의 아이는 책을 읽을 때 다른 일에 방해 받는 것을 싫어하기 때문에 이 방법은 의미가 없다. 만약에 아이가 사전 찾는 것을 좋아하면 굳이 못 찾게 막을 필요는 없다. 중요한 것은 아이의 선택을 존중하고 아이가 책을 재밌게 읽는 것이다.

셋째, 가능하면 빌려 본다. 책을 빌려 보면 책을 빨리 읽고 싶어진다. 위엔위엔도 진용의 무협소설을 모두 빌려서 읽었다. 위엔위엔은 대여료를 아끼려고 시간이 나는 틈틈이 책을 읽었는데 책을 한 권 빌리면 최대 3일을 넘기지 않고 방학 땐 하루에 한 권씩 읽었다. 몇 푼이면 대여 기간을 연장할 수 있지만 위엔위엔은 1위안에 책을 한 권 읽는 것을 좋아했다. 이런 즐거움은 무의식중에 책을 더 빨리 읽게 만들었다.

좋은 독서는 얼마나 읽었는지 신경 쓰지만 나쁜 독서는 얼마나 기억하는지 따진다. 많은 부모는 아이가 책을 한 권 다 읽으면 얼마나 기억하는지 시험하려고 든다. 어떤 엄마는 다른 사람의 의견을 듣고 아이에게 독서교육을 시작했다. 아이가 막 첫 번째 소설을 다 읽자 그녀는 기다렸다는 듯이 아이에게 어떤 내용인지 말하고 제일 기억에 남는 단락을 외우라고 시켰다. 또한 소설에 나오는 단어와 소재를 이용해서 독후감을 쓰게 했다. 아이가 두 번째 소설을 다 읽었을 때 첫 번째 소설의 줄거리와 인물을 기억하지 못하자 그녀는 그 소설은 안 읽은 것이나 마찬가지라며 아이를 나무랐다. 그녀가 독서교육을 지도하는 모습을 보면 마치 아이에게 걸림돌이 되려 안간힘을 쓰는 것 같았다. 그녀의 교육 방식은 총 두 가지의 문제가 있다. 하나는 책을 읽는 것이 뭔지 모르는 것이고 다른 하나는 실리를 너무 따지는 것이다. 이렇게 하면 아이가 책을 읽는 것을 싫어하게 된다.

아이는 책을 읽을 때 누가 줄거리를 기억하라고 요구하면 그것에 모든 주의력을 집중해서 책을 읽고 싶은 흥미가 두 번째로 밀려난다. 또한 책을 다 읽은 뒤에 많은 임무가 기다리고 있으면 더 이상 책을 안 읽으려고 한다.

흥미를 떨어뜨리는 것은 독서를 목 졸라 죽이는 것이나 마찬가지다. 아이에게 독서를 재밌는 일이라고 알려줄 때 재미 외에 다른 목적을 가지면 안 된다. 다른 목적이 없어야 아이가 독서를 좋아하게 된다.

아이는 대부분 동화나 소설을 읽는다. 아이가 책 읽기를 좋아하는 것은 이미 이야기에 흠뻑 빠져 등장인물과 함께 온갖 사건을 겪으며 최후의 사태를 맞이하고 인생의 경험을 쌓는다는 뜻이다. 아이가 구체적인 내용을 기억하지 못해도 괜찮다. 설령 3개월 전에 읽은 소설의 주인공 이름을 기억하지 못한다 해도 헛되이 읽은 것이 아니다.

작품에서 가장 아름다운 단락을 외우는 것은 국어를 공부하는 것과 관계가 없다. 만약에 단락이 너무 아름다워서 아이가 감동을 받으면, 시키지 않아도 아이가 흉내 내고 기억하려고 한다. 하지만 부모가 마음대로 정한 아름다운 단락은 아이가 아름다움을 느낄 수 없어 외워도 소용이 없다. 독서는 언어를 포함해서 주변의 사물을 소리 없이 윤택하게 만들지만 다른 사람의 글을 외운다고 해서 자신도 똑같이 글을 쓸 수 있는 것은 아니다. 국어를 학습할 때 가장 중요한 것은 자기만의 언어조합 형식을 만들고 그 능력을 키우는 것이다. 싫어하는 글을 억지로 외우는 것은 그 시간에 책을 한 권 더 읽는 것만 못하다.

속담에 "전문가는 통로를 보고 문외한은 시끌벅적함을 본다"는 말이 있다. 초 · 중학생 단계의 독서는 거의 '문외한' 단계에 속한다. 때문에 아이가 시끌벅적함을 보는 것만으로도 이미 훌륭하고 이 단계를 거치지 않으면 전문가의 단계에 오를 수 없다. 부모와 교사는 아이가 책을 읽은 뒤에 서둘러 이 글의 의의는 뭐고 무엇을 느꼈고 얼마나 기억하냐고 물으면 안 된다. 부모는 아이가 책을 읽을 때나 TV를 볼 때나 게임을 할 때나 모두 같은 마음을 가져야 한다.

독서의 기능은 '운반'이 아니라 '영향'에 있다. 당장은 효과가 안 나타나지만 책을 다양하게 많이 읽으면 머지않아 아이에게 효과가 나타난다.

사실 부모가 아이에게 과도한 기억력과 암기를 요구하지 않으면 아이는 책을 읽으며 더 많은 지식을 얻을 수 있다. 수호믈린스키는 연구를 통해서 '사람이 장악할 수 있는 지식의 수량은 기억력의 감정에 달려 있다. 만약에 인식하고 기억하는 것을 목적으로 삼지 않고 책과 정신적으로 교류하는 것을 즐거워하면 대량의 사물, 진리, 규율이 의식으로 쉽게 들어온다'는 것을 발견했다.

　　좋은 독서는 글자를 읽지만 나쁜 독서는 그림을 읽는다. 어떤 아빠는 아이가 온종일 책만 읽고 용돈을 주면 책을 질로 사서 며칠 만에 다 읽는데 글쓰기 솜씨가 형편없으니 어떻게 된 영문인지 모르겠다고 말했다. 그에게 아이가 어떤 책을 읽느냐고 물었더니 대부분 만화책이라고 대답했다. 그러니 그럴 수밖에!

　　"만화책을 보는 것은 독서가 아니에요. 만화는 책이 아니라 책의 형식으로 나온 TV에 불과해요. 자녀 분은 지금껏 책을 읽지 않고 TV를 본 거예요."

　　지금의 사회는 '이미지 읽기' 시대다. 이른바 '이미지 읽기'는 만화, TV, 컴퓨터처럼 이미지 형태로 정보를 받는 것을 가리킨다. 이미지 읽기의 출현은 전통적인 독서 방식에 충격을 줬다. 과거 60년대에 태어난 사람은 정보가 부족한 환경에서 성장한지라 중학교에서 어쩌다 책을 한두 권 접하면 보물을 얻은 것 마냥 좋아하며 독서에 대한 흥미를 키웠다. 하지만 90년대에 태어난 아이는 태어나자마자 각종 정보에 둘러싸였다. 아이가 유년시절의 대부분을 TV 앞에서 보내면 이미지에 더 관심을 갖고 이미지로 정보를 기억하는데 익숙해진다. 이렇게 되면 문자에 흥미를 붙일 수 있는 가장 좋은 시기를 놓쳐 결국 독서에 재미를 못 느끼게 된다.

　　지금 너무나 많은 아이들이 TV중독에 빠진 것은 부모의 생각과 관계가 있다. 어떤 부모는 아이가 나중에 커서 책을 많이 읽기를 바라지만 독서를 해도 그만 안 해도 그만인 것쯤으로 생각하고 어려서부터 책을 많이 읽게 지도하지 않는다. 또 어떤 부모는 TV를 봐도 지식을 쌓을 수 있다고 생각해서 아이에게 TV를 많이 보게 하는가 하면 어떤 부모는 아이가 글을 모르기 때문에 책을 읽을 수 있을 때까지 TV를 보게 내버려둔다. 아이는 자유롭게 생활해야 한다는 생각에 숙제만 하면 그다음에는 하고 싶은 것을 하게 방치하는 부모도 있다. 이렇게 하는 것은 책 읽는 습관을 키울 수 있는 좋은 시기를 놓치는 것인데 부모는 이 사실을 모른다. 이때를 놓친 손실은 아이에게 평생 영향을 준다.

글자 읽기는 이미지 읽기보다 더 뛰어나므로 이미지 읽기는 결코 글자 읽기를 대체할 수 없다. 문자는 아이의 언어중추의 발전을 촉진하는 일종의 추상적인 언어부호이고 이 부호는 아이가 학습할 때 사용하는 부호와 똑같다. 책을 많이 읽으면 학습할 때 이 부호를 능숙하게 자유자재로 사용할 수 있어 아이가 똑똑해진다. 하지만 만화, TV, 컴퓨터는 이미지로 사람을 매료시킨다. 특히 TV 같은 자극적인 신호는 전환 작용이나 상호 작용 없이 TV 앞에 앉아서 수동적으로 받아들이기만 하면 된다. 물론 TV를 통해서도 지식을 얻을 수 있다. 하지만 이미지 읽기 방식과 수동적으로 지식을 받아들이는 성질은 독서에 비해서 지적 능력을 덜 발달시킨다. 취학 전 아이가 TV 앞에서 많은 시간을 소모하면 지적 능력이 덜 발달해서 초등학교에 들어갔을 때 책을 많이 읽는 아이보다 지적 능력이 떨어질 수밖에 없다.

또한 이미지 읽기가 습관이 된 아이는 적극적으로 찾아서 공부하려고 하지 않고 의지가 약하다. 타이완의 문화학자 리아오는 "TV는 바보를 대량으로 생산하는 기계다"라고 강력하게 비판했다.

글자를 읽는 시간을 일찍 가질수록 아이에게 좋다. 책을 읽는 것은 글자를 얼마나 아느냐와 관계없고 학년과는 더더욱 관계가 없다. 따라서 아무 때나 시작해도 된다. 아이에게 최초의 독서는 부모가 책을 읽어주는 것이다. 아이는 부모가 책을 읽어주다가 서서히 혼자서 읽기 시작하고, 그림이 있는 간단한 책을 읽다가 서서히 문자만 있는 작품을 읽고, 간단한 내용의 동화를 읽다가 서서히 명작 등을 읽는다. 일단 독서를 시작하면 이런 과정이 자연스럽게 전개된다.

아이는 천성적으로 책을 읽는 것을 좋아한다. 책 읽기를 싫어하는 아이는 부모가 적당한 시기에 책 읽는 환경을 조성하지 않은 경우가 많다. 예컨대 집에 읽을 만한 책이 없거나 부모가 책을 사놓고 안 읽어주거나 온종일 TV만 봐서 아이가 어려서부터 책을 읽는 것과 거리를 두고 사는 경우다.

그렇다면 꼭 글자 읽기만 해야 하느냐. 아니다. 글자 읽기와 이미지 읽기는 아이의 생활에 공존할 수 있다. 위엔위엔도 이미지 읽기를 매우 좋아해서 어려서부터 대학에 간 지금까지 만화를 즐겨 보고 책장에 만화책도 많다. 하지만 이것이 위엔위엔의 글자 읽기 활동에 영향을 주진 않았다. 위엔위엔은 글자 읽기에 대한 흥미가 일찍이 견고하게 형성돼서 스스로 읽기의 완급을 조절할 줄 알고 자신의 필요에 따라서 독서 시간과 내용을 분배할 줄 안다.

어려서부터 대부분의 여가시간을 글자가 아닌 이미지를 읽으며 보낸 아이는 독서 수준이 초기 단계에 머무르기 때문에 책을 많이 읽을 때 일어나는 지적 능력의 성장을 기대할 수 없다. 어릴 때 글자를 읽는 활동을 제때 하지 않으면 이렇게 손실이 생긴다. 정말 안타까운 일이다. 만약에 부모와 교사, 더 나아가 사회가 아이의 독서를 중요하게 생각했으면 이런 손실이 발생했을까?

또 한 가지 당부할 사항은 아이가 요약본이나 축쇄본이 아니라 원본에 충실한 것을 골라 보게 해야 한다. 요약본은 명작의 줄거리를 대폭 줄이고 글자 수, 내용, 단어를 모두 간략하게 바꾼 책을 가리킨다. 난 요약본을 읽는 것은 신선한 과일을 설탕에 절이는 것과 같다고 생각한다. 서점에서 『어린이 삼국연의』 같은 책을 볼 때도 이런 인상을 받았다. 아이에게 지명도가 높은 출판사에서 나온 원본을 골라주길 바란다.

축쇄본은 글자 수는 그대로이고 크기만 줄여 좁쌀 같은 글씨로 한 쪽을 빽빽하게 채운 책을 말한다. 이런 책은 대부분 지명도가 낮은 작은 출판사나 불법복제를 하는 사람들의 손에서 나온다. 예컨대 『홍루몽』 한 부를 한 권으로 만드는 식이다. 축쇄본은 휴대하기 편하지만 읽기가 힘들어서 아이가 쉽게 싫증을 내고 틀린 글자도 많다. 따라서 아이에게 축쇄본을 주면 안 된다.

사람은 모두 좋은 것을 좋아하고 나쁜 것을 싫어한다. 아이는 이런 경향이 더 심해서 좋고 나쁜 것을 구분하고 둘은 공존할 수 없다고 생각한다. 자라면서 겪는 좋거나 나쁜 일은 반드시 아이의 백지장처럼 순수한 생명에 흔적을 남긴다. 교육은 사소한 부분에서 이뤄지기 때문에 좋거나 나쁜 일은 모두 아이에게 큰 영향을 준다.

　독서는 아이의 성장에 매우 중요하기 때문에 부모와 교사는 최대한 아이가 좋은 독서를 하고 나쁜 독서를 하지 않도록 해야 한다. 이것은 부모가 아이를 교육할 때 결코 간과하면 안 되는 부분이다.

책은 '쓸모'가 아니라
'흥미'에 읽는다

초등학교 1학년 자녀를 둔 어떤 엄마가 아이가 글쓰기를 못 해서 걱정이라며 어떻게 하면 글을 잘 쓸 수 있냐고 내게 물었다. 난 그녀의 아이가 교과서 외의 책을 잘 안 읽는다는 사실을 파악하고 읽기 능력을 강화하기 위해서 그녀에게 소설을 두 권 추천했다. 그녀는 내가 추천한 책을 샀더니 아이가 재밌게 읽어서 다른 소설책도 샀다고 좋아하며 전화했다. 하지만 얼마 지나지 않아 아이가 요새도 책을 잘 읽느냐고 물었더니 다시 책을 안 읽으려고 해서 어떻게 해야 할지 모르겠다고 울상을 지었다.

알고 보니 그녀는 내가 추천한 책을 아이가 다 읽자 급한 마음에 아이에게 중학생 글 모음집을 샀다. 어차피 글쓰기 실력을 높이기 위해서 책을 읽는 것인데 소설을 읽는 것보다 글 모음집을 읽으면 글을 잘 쓰는 방법을 더 잘 배울 수 있다고 생각한 것이다. 하지만 아이는 글 모음집을 읽으려고 하지 않았다. 그러자 글 모음집을 다 읽으면 다른 책을 사주겠다는 조건을 걸었다. 비록 아이는 읽겠다고 대답했지만 글 모음집은 책상 위에 그대로 놓여 있고 아이는 다른 책을 사달라는 말도 하지 않았다. 이렇게 해서 막 걸음마를 시작한 독서는 제자리에 멈춰 섰다.

소설의 영양 가치는 물론이고 독서는 흥미가 따라야 한다는 사실도 이해하지 못하다니, 그녀의 방법에 절로 한숨이 나왔다. 그녀는 소설을 읽는 것보다 글 모음집을 읽는 것이 더 '쓸모' 있다고 생각했다. 이런 생각은 아이에게 비타민을 보충하기 위해서 신선한 과일 대신에 설탕에 절인 과일을 먹이는 것이나 마찬가지다. 다시 말해서 틀려도 단단히 틀린 생각이다.

난 학생들이 글 모음집을 읽는 것을 반대한다. 그래서 위엔위엔도 못 읽게 했다. 위엔위엔이 읽는 책은 대부분 소설이고 이밖에 전기, 역사, 수필 등도 읽는다. 글 모음집은 고3 때 논술시험을 준비하면서『논술시험 만점 글 모음집』딱 한 권 읽었고 만점을 받은 글을 연구한 덕에 논술시험에서 좋은 성적을 받았다. 하지만 난 만약에 위엔위엔이 10여 년간 책을 꾸준히 읽지 않고 글솜씨도 형편없었으면 시험 전에 모음집을 몇 권 읽었어도 소용이 없었을 것이라고 강조하고 싶다.

지금 많은 부모들은 아이의 독서에 관심을 기울이지 않고 아이에게 글 모음집을 사주거나 초등학생이 보는 글쓰기 잡지를 신청한다. 실로 대단한 착각이다. 초·중학생 글 모음집과 작문 잡지를 본 적이 있다. 책과 잡지에 실린 글은 아이가 썼다고 믿어지지 않을 정도로 논리 정연했다. 하지만 제아무리 논리 정연해도 어린 학생의 습작에 불과해서 언어, 사상, 가독성 면에서 유치한 수준을 벗어나지 못했다. 이렇게 창작이 아닌 습작을 교사나 편집자 외에 누가 읽겠는가?

게다가 대부분의 글은 진심에서 우러나온 말이 아니었다. 심하게는 형식과 틀에 박힌 공허한 말을 하는 글도 있었는데 어른이 지도한 흔적이 역력했다. 아이가 언어구사력이 떨어지고 생각이 풍부하지 않으면 지도를 받아도 한계가 있어서 허울뿐인 글을 쓴다. 이런 글을 아이에게 읽으라고 하니 아이가 좋아하겠는가?

어떤 부모는 아이에게 비록 글 모음집은 아니지만 산문 모음집, 단편소설 모음집을 사줬다. 아이가 어리고 공부할 시간을 많이 뺏기지 않으려면 짧은 글을 읽는 것이 더 바람직하다고 생각한 것이다. 노벨상을 수상한 작가의 산문집을 사주는 것을 볼 때마다 의문이 든다. 과연 아이가 읽을까? 더욱이 초등학생이?

읽기의 연속성과 독서량을 고려할 때 초 · 중학생은 장편소설을 더 중점적으로 읽어야 한다고 생각한다. 이유인즉 소설은 흡인력이 있어서 아이가 책에 몰입하기도 쉽고 장편소설은 줄거리가 길어서 한 번에 많은 양을 읽을 수 있다. 초 · 중학생은 산문, 특히 번역된 산문에 흥미를 크게 못 느끼고 단편소설은 내용이 좋아도 분량이 적다. 아이들은 긴 이야기를 단숨에 읽을 수 있지만 짧은 이야기를 연속해서 스무 편씩 못 읽는다. 장편소설을 자주 읽으면 대량으로 책을 읽는 습관을 더 쉽게 키울 수 있다. 단편은 내용이 좋아도 주된 독서의 대상으로 삼지 않고 가끔씩 추천해주는 것이 좋다. 읽을 책을 선택할 땐 아이에게 올바른 지침을 주고 아이의 의향을 존중해야 한다. 이렇게 하는 목적은 아이의 독서 흥미를 최대한 고취시키기 위해서다. 이때 첫째로 고려할 것은 흥미이고 둘째로 고려할 것이 쓸모다.

위엔위엔이 최초로 읽은 장편소설은 진용의 무협소설이다. 진용의 소설은 생각할거리가 많고 재미가 있고 사람을 빨아들이는 매력이 있어서 한 번 읽으면 계속 읽게 된다. 또한 내용이 규범에 맞고 글을 쓰는 솜씨가 노련해서 읽으면 속이 시원하고 사랑과 원한에 대한 감정이 분명해서 아이의 심리와 잘 맞는다. 사랑에 관한 묘사도 일부 있는데 모두 때 묻지 않아서 순수하고 깨끗하다. 그래서 난 위엔위엔을 비롯해서 많은 아이와 어른에게 진용의 소설을 읽으라고 자주 제안했다.

한 가지 사실을 고백하자면 난 진용 소설의 마니아가 아니다. 만약에 내가 중학교 때 진용의 소설을 읽었으면 매우 좋아했을 것이다. 하지만 이미 일을 시작하고 몇 년이 지난 뒤에 처음 읽은지라 구미에 맞지 않았다. 훗날 두 작품을 읽은 것도 위엔위엔이 읽게 하기 위해서였다. 위엔위엔은 진용의 소설을 접하고 내용에 푹 빠져서 채 반년도 안돼 그의 무협소설 열네 작품을 모조리 다 읽었다. 난 진용의 소설을 다 읽은 위엔위엔이 더 좋은 책을 읽어야 한다는 생각에 명작을 몇 권 추천했지만 별로 흥미를 보이지 않았다.

어느 날 우리 모녀는 서점에서 치옹야오의 소설 『황제의 딸(還珠

格格)』세트를 발견했다. 당시에 이 드라마를 한창 재밌게 봤던 위엔위엔은 두 눈을 반짝이며 황급히 책장을 넘기더니 줄거리가 드라마와 똑같다는 사실을 발견하고 흥분했다. 책을 사서 읽으면 다음 회를 기다리지 않아도 드라마 내용을 다 알 수 있지 않은가? 한두 권짜리도 아닌데 위엔위엔은 줄거리를 재밌어하며 금세 읽었다. 크리스마스에 『황제의 딸Ⅱ』를 선물했을 때 위엔위엔은 매우 기뻐하며 단번에 그 많은 책을 다 읽고 또 읽었다. 그 뒤에도 수시로 책을 펴고 몇 단락씩 한참 동안 흥미진진하게 읽었다.

사람들은 치옹야오의 소설을 천박하게 생각하고 『황제의 딸』은 '질'과 '맛'이 떨어져서 아이가 읽기에 적합하지 않다고 말한다. 난 질과 맛이 있고 없고는 누가 읽느냐에 따라 달라진다고 본다. 치옹야오의 작품은 확실히 장엄하거나 수준이 기막히게 높지 않다. 하지만 내용이 규범에 맞고 글솜씨가 노련하고 매끄러워 여덟 살짜리 여자 아이가 읽기에는 알맞다. 위엔위엔은 귀여운 주인공과 기복이 있고 치밀한 줄거리 때문에 『황제의 딸』을 좋아했고 읽기에도 딱 좋았다. 난 위엔위엔이 책을 읽는 내공이 어느 정도 쌓이면 경전에도 흥미를 가질 것이라고 믿었다.

내가 만난 어떤 엄마는 아이의 독서교육에 신경을 굉장히 많이 썼다. 그녀는 아이가 유아원에 다닐 때 안데르센 동화를 읽어주고 초등학교 때 글을 배운 뒤에는 그림이 있는 안데르센 동화를 스스로 읽게 했다. 아이가 중학교에 들어간 뒤에는 글자만 빽빽하게 있는 두꺼운 안데르센 동화 전집과 노벨상 수상 작가의 산문집을 사줬다. 그 결과 아이가 책을 열심히 안 읽었다. 또 어떤 아빠는 독서의 필요성을 느끼고 아이에게 『안나 카레니나』,『강철은 어떻게 단련되었는가』 등을 직접 사줬는데 뜻하지 않게 아이만 놀라게 하고 말았다.

두 학부형이 자녀에게 좋은 문학작품을 사준 것에 사람들은 비판을 제기하지 않을 것이다. 하지만 아이는 자신에게 어떤 책이 필요한지는 잘 몰라도 어떤 책이 필요 없는지는 귀신같이 안다. 또한 흥미가 없는 것에 단 한 가지 태도를 취하는데 그것은 거절이다. 따라서 아이의 독서 목록을 정할 땐 먼저 아이를 이해한 뒤에 책을 제안해야 한다. 어른의 입장에서 고르면 안 되고 '쓸모'를 가치 판단의 기준으로 삼으면 더더욱 안 된다. 고려할 사항은 아이가 받아들일 수 있는 수준이고 흥미를 느끼느냐다.

어떤 엄마는 중학교에 다니는 아이가 한한, 귀징밍 등의 유명한 청소년 작가의 작품을 읽는 것을 보고 크게 놀랐다. 사실 그녀는 한 번도 그들의 작품을 읽어본 적이 없지만 멋대로 그 작품들은 건전하지 않고 의미가 없다고 판단하고 아이가 못 읽게 막았다. 그 결과 이 일로 아이와 크게 충돌해서 아이는 그녀가 무슨 책을 추천해도 거들떠보지 않고 기어코 숨어서 못 보게 하는 책들을 읽었다.

난 부모가 평소에 책을 많이 읽는 편이면 좋은 책을 아이에게 추천해주고, 많이 읽지 않는 편이면 아무 책이나 추천하지 말고 아이에게 책을 고를 수 있는 권한을 넘겨주기를 제안한다. 아이는 자신에게 잘 맞는 것을 결코 거절하지 않는다. 거절한다면 그것은 책이 안 좋거나 읽기 능력이 부족해서다.

　여기서 부모님들께 한 가지 부탁을 드리자면 아이가 저속한 내용의 책을 사는 것을 방지하기 위해서는 길거리나 볼품없는 작은 상점에서 책을 사지 말고 반드시 정규 서점에서 책을 사게 지도하시길 바란다. 정규 서점에서 팔고 아이가 관심을 보이는 책은 아이에게 잘 맞는 책이다.

　꾸준히 책을 읽게 하는 힘은 책의 '쓸모'가 아니라 '흥미'에서 나온다. '쓸모' 있는 책을 보지 말라는 것은 아이에게 좋은 책을 골라주지 말라는 것이 아니라 책을 고를 때 아이의 흥미를 핵심 요소로 삼으라는 뜻이다. 사실 '흥미'와 '쓸모'는 서로 반대되는 개념이 아니다. 재밌는 책은 종종 쓸모 있는 책인 경우가 많다. 좋은 소설이 아이가 글을 쓰는데 미치는 영향은 결코 글 모음집에 떨어지지 않는다. 오히려 뛰어넘는다. 타오싱즈는 『홍루몽』을 국어교재로 사용하자고 건의한 적이 있다. 내가 여기서 '쓸모' 있는 책을 읽지 말라고 한 것은 '흥미'를 강조하기 위한 일종의 과장된 표현이다. '흥미'가 있어야 아이가 책을 읽고 책을 읽어야 '쓸모' 있는 것을 실천할 수 있다.

교과서만으로는
배울 수 없다

몇 년 전에 리루커라는 여자 아이가 세간의 주목을 받았다. 그녀는 두 차례 월반을 하고 열다섯 살에 칭화대학교에 입학하고 스무 살에 칭화대학교에서 건축학 박사 학위를 받았다. 사람들이 그녀를 천재로 여길 때 그녀의 아빠가 말했다.

"우리 딸은 지능이 특별히 높지 않아요. 단지 다른 아이들과 차이가 있다면 다른 아이들이 국어책을 펴놓고 별로 중요하지도 않고 몇 번 읽어보면 될 내용을 죽어라 외울 때 난 딸에게 『논어』『맹자』『고문관지』 등을 읽게 했어요."

리루커의 아빠는 가장 좋은 시기인 청소년기에 경전을 많이 읽는 것이 좋다고 생각했다. 그는 현행 국어교육에 불만이 많았다. 별로 중요하지 않은 문자를 놓고 재잘재잘 쉴 새 없이 말하며 너무 많은 시간을 낭비하는 것은 사람의 인생을 망치는 것이나 마찬가지라고 생각했다. 그는 자신의 교육철학과 학교교육 사이에 모순이 있자 딸이 마음껏 책을 읽을 수 있게 세 번이나 휴학을 시켰다. 대량의 독서는 지능과 학습능력을 발전시켰을 뿐만 아니라 리루커가 인생의 이른 시기에 지혜를 쌓고 여유롭게 성장하게 도왔다.

리루커 아빠의 방법은 요새 많은 교사와 부모가 국어 교과서를 국어 학습의 성경으로 떠받는 것과 비교할 때 확실히 '대세'와 거리가 멀다. 때문에 그의 용기와 견식에 더 감탄할 수밖에 없다.

국어는 무엇을 공부해야 할까? 어떻게 잘 배울 수 있을까?

국어교육을 개혁하는 것은 방대한 과제여서 깊이 있는 연구가 필요하기 때문에 어떤 단체도 권위 있는 답을 내놓지 못한다. 하지만 우리는 지금 상황에서 눈에 띄는 효과를 얻을 수 있는 좋은 방법을 알고 있다.

많은 사람들의 경험 및 각종 자료를 종합하면 국어를 잘하기 위해선 많은 요소가 필요하지만 이 중에 가장 핵심적이고 근본적인 방법은 독서라는 것을 알 수 있다. 국어를 잘하는 데 많은 독서량보다 좋은 약은 없다.

수호믈린스키는 많은 수단을 이용해서 학생의 두뇌 활동을 촉진하는 시도를 한 결과 책을 광범위하게 읽는 것이 가장 효과적인 수단이라는 결론을 얻었다.

책을 안 읽는 사람은 반드시 국어 실력이 떨어지고 생각이 빈약하다. 아이가 국어를 잘하길 바라면서 독서를 홀대하는 것은 우유를 한 컵 마셔야 하는 아이에게 한 모금만 먹이는 것이고 수영을 배우려는 사람이 욕조에 다이빙하는 것이나 마찬가지다.

만약에 학교교육이 아이에게 책을 읽을 수 있는 조건을 제대로 제공하지 못하면 반드시 가정에서 충족시켜줘야 한다.

내가 만난 많은 학부형들은 독서와 국어 학습의 관계에 대해서 잘 몰랐다. 심지어 어떤 학부형은 아이에게 책을 못 읽게 했다. 이들은 아이의 성적에 관심이 많아서 누가 독서가 학습에 도움이 된다고 하면 며칠 책을 읽게 하다가 아이가 막 독서에 흥미가 생겨서 책에 빠져들려고 하면 공부에 방해가 될까봐 아이에게 다시 교과서를 들려줬다. 이런 유형의 부모는 일반 책을 보는 것은 공부가 아니고 교과서를 보는 것만 공부라고 여긴다.

초등학생 중에 책을 안 읽지만 성적이 좋은 아이가 있고 책을 자주 읽지만 성적이 나쁜 아이가 있다. 초등학교 국어 시험은 대개 교과서를 벗어나지 않아 시험을 보기 전에 교과서를 반복해서 보면 좋은 성적을 얻을 수 있다. 사실 많은 학생들의 성적은 가짜나 마찬가지다. 이렇게 시험을 보면 아이가 커닝을 안 해도 진정한 '국어 수준'을 평가할 수 없고 '교과서를 공부한 수준'만 평가할 수 있다.

가짜 국어 점수를 유지할 수 있는 것은 초등학교 단계가 끝이다. 일단 상급학교 특히 고등학교에 가면 국어 시험과 교과서의 연관성은 떨어지고 성적과 독서량의 관계가 두드러진다.

대입시험의 언어 영역은 몇몇 고시 외에 대부분의 내용이 국어 교과서와 무관하게 학생의 진짜 국어 실력을 평가한다. 그렇다고 대입시험의 문제가 완전무결하게 합리적이라는 뜻은 아니다. 단지 독서에 관심을 기울이지 않고 죽어라 국어 교과서만 파고들면 중학교에 들어간 뒤에 마음과 달리 갈수록 공부하기가 어려워져 결국 대학입시에서 좋은 성적을 못 받는다는 점을 설명하고 싶을 뿐이다. 하지만 국어 실력이 좋은 학생은 어떤 형식과 수준의 문제도 척척 풀어 대학입시에서 좋은 점수를 받는다.

교사 웨이슈성은 중학교에서 일할 때 학생들의 성적을 올려야 하는 스트레스에 어깨가 무거웠다. 하지만 개학하고 첫 달에 교과서를 모두 뗀 뒤에 남은 시간에 학생들과 책을 광범위하게 읽고 수업과 관련된 활동을 했다. 그는 교과서를 홀대했지만 평범한 학교의 '열반'을 중점학교보다 성적이 더 좋은 '실험적인 반'으로 만들었다. 국어 학습의 핵심을 파악하면 도랑에 물이 고이듯 자연스럽게 좋은 성적을 얻을 수 있다.

대다수의 부모와 교사는 리루커 아빠와 웨이슈성 선생님처럼 아이의 손에서 국어 교과서를 용기 있게 빼앗지 못한다. 하지만 적어도 국어 교과서만 보는 일은 없어야 한다. 국어를 공부하는 것은 국어 교과서를 공부하는 것이 아니라는 인식을 가져야 대담하게 아이가 책을 읽으며 공부하게 할 수 있다.

인재를 범재로 만드는 교육은 필요없다

조기교육에 대하여

■ 논의 배경

중국의 학부모들은 초등학교 입학 전 예비단계로 '프리스쿨'에 아이를 보낸다. 이 프리스쿨은 일종의 조기교육으로, 중국 학부모들은 아이가 프리스쿨을 다니면 초등 입학 전에 기초를 닦아 공부할 때 한 발 앞서나갈 수 있다고 생각하는 경향이 있다. 인젠리는 이와 같은 생각이 잘못됐다고 말하며 조기교육의 허와 실, 돈벌이 수단으로 전락한 조기교육을 비판하고, 진정한 조기교육이란 무엇인지에 대한 생각을 밝혔다. 프리스쿨은 우리나라 현실과 다른 중국의 특징이기는 하나 조기교육 열풍 속에 엄청난 열정과 사교육비를 쏟아붓고 있는 우리나라의 학부모들에게도 시사하는 바가 있다.

외지에 사는 친척이 아이를 프리스쿨에 보내야 할지 선택하지 못해서 고민하다가 내게 전화했다.

　그녀의 아이는 입학 기준보다 1개월 늦게 태어나서 이번에 초등학교에 못 들어갔다. 학교 측은 찬조금을 내면 받아주겠다는 뜻을 은연중에 내비쳤다. 아이는 이번에 초등학교에 못 들어가면 프리스쿨에 가야 할 판이었다. 그녀는 1학년에 입학시키라는 사람들과 돈을 내고 입학시키느니 프리스쿨에 보내 1년 더 공부시키라는 사람들 사이에서 아무 결정도 못 내렸다. 그녀의 아이는 매우 똑똑해서 지능만 놓고 보면 1학년에 입학해도 문제될 것이 없다. 난 그녀에게 학교에 들어가는 것이 가장 좋지만 만약에 그렇게 할 수 없으면 프리스쿨에 보내지 말고 유아원에 계속 보내라고 말했다.

조기교육은 정식 교육과정이 아니다

　난 아이를 프리스쿨에 보내 조기교육 하는 것에 반대한다. 대다수의 부모는 프리스쿨의 유래를 잘 모른다. 하지만 프리스쿨이 생겨난 이유를 알면 지금도 존재하는 것이 매우 불합리하다고 생각할 것이다.

　프리스쿨은 중국의 짧은 산업화 과정에서 응급조치로 생겼다. 프리스쿨은 1980년대에 처음 출현했다. 당시에 도시의 학령기 아이가 급

증하는 것에 비해서 사립 유아원과 탁아소 시설이 턱없이 모자랐던지라 초등학교가 미취학 아동의 교육을 부분적으로 해결하기 위해서 프리스쿨을 만들었다. 다시 말해서 프리스쿨은 교육이 아니라 아이를 '수용'할 필요에 의해서 처음 생겼다.

최근에 중국 경제가 발전하면서 출생률은 낮아졌지만 사립 유아원은 무수히 많아졌다. 그 결과 탁아소 시설이 부족한 문제는 사라졌다. 하지만 프리스쿨은 20여 년이 지난 지금도 존재하고 도시에서 시골까지 세력을 확장해서 마치 아이의 학습 수요에 기초한 정상적이고 합리적인 교육기관처럼 보인다. 심지어 몇몇 지방 교육부처는 초등학교에 들어가기 전에 반드시 프리스쿨을 다니라는 규정을 만들었다.

왜 진즉에 없어져야 할 것이 계속해서 유지되는 현상이 일어날까? 이유는 존재의 토대가 있어서다. 그 토대는 바로 학교가 프리스쿨을 개설하기를 원하고 부모도 아이를 프리스쿨에 보내길 원하는 것이다.

학교는 분명한 목적을 갖고 프리스쿨을 연다. 프리스쿨은 의무교육이 아니라서 학교 마음대로 학비를 정할 수 있다. 1985년에 베이징시는 학생 1인당 학비를 월 30위안으로 책정했다. 30위안은 당시에도 결코 작은 돈이 아니었다. 최근에는 1개월치 학비가 수백 위안에서 수천 위안까지 올랐고 부가적인 비용까지 청구해서 가히 놀라운 수준의 금액이 됐다. 다시 말해서 프리스쿨의 학비는 학교가 돈을 버는 창구요, 황금알을 낳는 거위다. 비록 최근에 몇몇 지방 정부가 프리스쿨의 불필요함을 인식하고 프리스쿨을 개설하지 못하게 하는 방안을 발표했지만 강제력이 없어서 여전히 성행 중이다.

한 발 앞서고 싶은 부모의 마음과 조기교육의 실상

부모는 대부분 유행을 좇아서 맹목적으로 아이를 프리스쿨에 보낸다. 첫째로 3학년이 되기 전에 2학년 과정을 거쳐야 하는 것처럼 초등학교에 들어가기 전에 프리스쿨에 다녀야 한다고 잘못 생각한다. 둘째로 아이가 초등학교에 들어간 뒤에 성적이 걱정되는 나머지 프리스쿨에서 기초를 튼튼하게 닦길 바란다. 이렇게 하면 초등학교에서 공부할 때 한 발 앞서나가는 줄 안다. 내 친척도 이 점을 고려했다. 그녀가 말했다.

"주위 사람들은 다 아이들을 프리스쿨에 보낼 거래. 1학년이 되기 전에 중국어 발음기호와 100 이내의 덧셈, 뺄셈, 곱셈, 나눗셈을 모두 배울 수 있으니까. 만약에 우리 아이만 안 보내면 다른 아이들보다 기초가 약해서 출발선부터 한 발 뒤처지게 될 거야."

많은 부모는 내 친척처럼 아이를 프리스쿨에 보내면 기초를 튼튼하게 다질 수 있을 것이라고 생각한다. 하지만 이것은 아이에게 어떤 기초가 필요하고 프리스쿨의 상황이 어떤지 잘 몰라서 하는 잘못된 생각이다.

만약에 내 친척의 생각대로 부모가 학비를 냈을 때 프리스쿨이 학비를 받은 만큼 아이에게 공부의 기초를 튼튼하게 닦아주고 다른 아이보다 앞서나가게 하면 프리스쿨을 다닐 가치가 있다. 하지만 최근의 상황을 보면 결과는 정반대이다. 프리스쿨은 아이들에게 기초를 튼튼하게 닦아주지만 종종 나쁜 기초를 닦아줘서 문제다. 전화 너머로 들리는 친척의 목소리에서 놀라움이 느껴졌다. 그녀는 '나쁜 기초'를 닦는다는 말도 처음 들었거니와 프리스쿨에서 기대와 다른 결과를 얻을 수 있다는 것도 처음 알았다. 사실 그녀뿐만이 아니라 다른 부모도 다음과 같은 상황을 잘 모르기 때문에 정반대의 결과를 얻을 수 있다는 생각을 해본 적이 없을 것이다.

현재 중국의 교육부는 프리스쿨 교육에 가이드라인만 제시하는 상태다. 이렇게 분명하고 통일된 기준과 교재가 없다보니까 프리스쿨은 초등학교의 교장이나 교사의 감각에 따라서 운영된다. 또한 초등학교에 경제적인 이익을 주지만 의무교육이 아니고 프리스쿨의 성적을 초등학교의 전체 성적에 합산할 필요가 없어서 학교 측이 중요하게 여기지 않는다.

거의 모든 초등학교는 프리스쿨 학생을 모집할 때 훌륭하고 경험이 풍부한 교사를 보유하고 있다고 광고한다. 사실 초등학교에 '기생'하는 프리스쿨은 매우 '주변화'돼 있어서 시설도 낡고 교사도 훌륭하지 않다. 내가 직접 보고 들은 상황에 따르면 프리스쿨의 교사는 대부분 아이들을 잘 가르치지 못하거나 교장과 관계가 불편하다. 교장은 이런 교사들을 집으로 돌려보낼 수 없어서 프리스쿨에 배치한다.

물론 몇몇 학교는 교사 자격을 엄격하게 제한하고 퇴직한 교사를 초빙하기도 한다. 개념만 놓고 보면 퇴직한 교사는 분명히 경험이 풍부하다. 하지만 그들은 대부분 미취학 아이의 교육에 조예가 깊지 않다. 이른바 이들의 경험은 재직 당시에 쌓은 초등학생을 가르치는 노하우밖에 없다. 더욱이 수십 년 전부터 중국의 초등학교 교사의 문턱이 낮아지는 바람에 교사의 전체적인 교양과 소질이 많이 낮아졌다. 따라서 이들이 40년을 근무했어도 단지 40년 동안 근무한 경험이 있는 것이지

40년의 '교육 경험'이 있다고 볼 수 없다. 이들의 '경험'은 원래 초등학생에게도 안 맞는 부분이 있는데 프리스쿨의 아이는 말할 것도 없다.

지금의 프리스쿨은 초등학교에 들어가기 전에 교육을 받는 곳이 아니라 초등학교 1학년 과정의 축소판이라고 해도 과언이 아니다. 비록 프리스쿨 과정은 초등학교 1학년보다 학업량이 적고 놀 시간이 많은 등 학교 안이나 밖에서 1학년보다 더 자유롭지만 전체적인 교육 방식과 가치는 서로 비슷하다.

프리스쿨 학생은 저마다 자신의 책상에서 수업을 받고 숙제를 한다. 또한 중국어 발음기호, 한자를 쓰는 방법, 영어 단어, 100 이내의 덧셈, 뺄셈, 곱셈, 나눗셈 등을 배운다. 교사는 아이들에게 손을 허리 뒤로 하고 얌전히 앉아서 수업을 열심히 듣게 하고 날마다 숙제 공책에 한자와 발음기호를 베껴 쓰게 한 뒤에 점수를 매기고 숙제를 낸다. 교사의 목표는 아이들이 말을 잘 듣고 한자를 조금 깨우치고 숙제를 잘하게 하는 것이고, 교사는 여기에서 성취감을 느끼고 학교장과 부모에게 인정을 받는다. 특히 부모는 아이가 프리스쿨에서 한자를 배우고 숙제를 하는 것을 출발선에서 앞서나가는 것이라고 생각한다.

과연 이것이 '이기는' 것일까?

창의성과 즐거움을 찾아볼 수 없는 무조건 외우기만 하는 프리스쿨의 학습 방법은 미취학 아동은 물론이거니와 초등학교 고학년 학생에게도 벅차다. 프리스쿨은 수업도 있고 숙제도 있고 규칙도 있지만 지적 활동은 없고 아이에게 기형적이고 소극적인 두뇌 노동만 강요한다. 수호믈린스키는 말했다.

"아이는 날마다 주변 세계에서 일어나는 각종 현상의 원인과 결과의 관계를 발견하는 곳에서 호기심과 탐구심을 잃는다."

호기심과 탐구심을 잃는 것은 아이의 학습에 매우 치명적이다. 다시 말해서 지금 중국의 프리스쿨은 지능, 습관, 창의력 등에서 아이들이 신체적·심리적으로 한 단계 발전하게 하기는커녕 외려 방해만 한다. 프리스쿨은 이미 학교교육에 길들어진 학생을 양성하는 곳으로 변했다. 하지만 많은 부모는 여전히 이 '여분'의 기관을 천사의 날개처럼 생각하는데, '부족한 것'보다 '넘치는 것'이 낫다고 생각하는 것은 잘못이다!

부모는 출발선부터 이기길 바라는 마음에서 아이를 프리스쿨에 보내지만 이것은 아이의 두 발을 출발선에 묶고 마비시키는 것이나 마찬가지다.

난 이상의 내용을 친척에게 말했다. 친척은 내 말을 이해하면서도 여전히 걱정했다.

"책을 몇 권 읽어보니까 조기교육이 매우 중요하다고 하던데, 만약에 조기에 교육을 못 시켰다가 나중에 아이가 공부할 때 힘들어하면 어떡하지?"

난 그녀의 뜻을 이해하고 그녀에게 말했다.

"네 말이 맞아. 아이의 조기교육은 매우 중요해. 조기교육을 받았느냐 안 받았느냐에 따라서 아이의 지적 수준은 큰 차이가 나. 교육은 일찍 시작하는 것이 좋아. 심지어 어떤 사람은 아이가 태어나고 3일째 되는 날부터 교육해도 이미 이틀이나 늦었다고 말해. 수호믈린스키는 '아이가 태어나고 지혜 훈련을 늦게 시작하면 아이를 교육하기가 더 어려워진다'고 말했어. 그가 말한 지혜 훈련은 계몽교육과 같은 말이야. 지금 우리가 토론해야 할 것은 프리스쿨이 계몽교육을 하는지 여부야.

좋은 계몽교육은 형식이 오락적이고 얽매임이 없고 변화무쌍하고 일상생활과 관계가 있어. 또 능력을 훈련하고 언어를 발달하고 상상력을 자극하는 등 지혜를 키우는 내용이 있어. 하지만 지금 프리스쿨은 교과서 지식과 시험 지식을 알려주기에 바빠서 책상으로 아이의 자유를 제한하고 폐쇄적인 학습 내용으로 아이의 상상력을 구속해. 그리고 아이의 천성에 반하는 방식으로 수업하고 무료한 숙제로 아이의 학습 열정을 차갑게 식히고 있어. 프리스쿨은 허울만 좋을뿐 사실은 노예 학습을 시키고 지혜를 훈련시키기는커녕 지혜를 죽이는 교육을 해. 프리스쿨은 계몽교육을 한다고 할 수 없어. 그저 사전 학습을 시키는 거야."

내 친척은 무슨 생각을 하는지 잠시 침묵했다가 말했다.

"처음 들은 분석이라서 이해하려면 시간이 조금 필요하겠다. 그런데 문제가 또 있어."

그녀는 잠시 망설이다가 말했다.

"다른 사람에게 들은 것도 있지만 내가 직접 봐도 프리스쿨에 다닌 아이들이 안 다닌 아이들보다 학교에 들어간 뒤에 더 잘하던데."

친척은 마침 내가 말하려고 했던 내용을 말했다.

"아마 한자를 조금 더 알고 계산을 잘하고 시험을 잘 보겠지. 하지만 이것은 너무 단편적으로 판단한 거야. 지금 초등교육의 가장 큰 문제는 잘못된 교육 방식과 가치야. 학교, 교사, 학부모 모두 교육의 방향을 잃는 바람에 수단과 목적이 엉망이 됐어. 이들은 겉으로 교육문제를 이해하는 척하지만 기형적이고 얄팍한 가치판단을 하고 있어. 프리스쿨의 수업은 잘못된 가치 경향에 부합하고 일찍이 아이가 숙제, 시험, 규칙 등에서 훈련이 잘된 모습을 보이게 해. 이게 강한 거니?

훈련이 잘된 모습은 반교육적인 행위를 포함하고 있고 아이에게 숨은 폐해를 남겨서 아이가 일시적으로 공부를 잘할 수 있지만 결코 이 상태가 오래 유지되지 않아. 인생은 전략이 필요해. 마라톤 선수들을 봐. 처음에 선두에 나선 선수가 항상 우승하니? 못 믿겠으면 초등학교 3, 4학년 학생들을 조사해봐. 초등학교에 들어오기 전에 프리스쿨을 다닌 것과 학교 성적은 별로 관계가 없어."

내 말에 친척이 동요하기 시작했다.

"그렇구나. 왜 그럴까?"

"아이가 스스로 문제를 해결해서 어려움을 극복하는 즐거움을 못 느끼고 익숙한 것만 반복해서 접하면 지식을 냉담하게 대하고 무시하는 태도를 가져. 프리스쿨을 다닌 아이는 안 다닌 아이보다 먼저 교과 과정 지식을 더 많이 알아. 하지만 나중에 공부할 때 신선함, 발견의 즐거움, 어려움을 극복하는 흥미가 없어서 공부를 열심히 안 해. 부모들은 이미 배운 내용을 다시 한 번 더 배우면 기초가 튼튼해질 것이라고 생각하지만 그렇지 않아.

더욱이 프리스쿨은 교사의 수준과 소질이 낮고 수업 방식도 적합하지 않아서 아이의 학습 정서에 부정적인 영향을 줘. 그 결과 아이가 공부에 흥미를 잃고 싫어하고 심하게는 두려워하게 돼. '흥미는 천재'라는 말이 있어. 공부할 때 '똑똑함'이나 '출발선에서 한 발 앞에 나와 있는 것'이 흥미를 이길 수 있을 것 같아? 학습 태도와 학습 흥미는 가장 소중하고 중요한 기초야. 아이의 학습 잠재력과 재능도 모두 이 기초에서 생겨. 과학적이고 좋은 교육은 아이의 작은 몸에 핵탄두 같은 거대한 에너지를 저장하지만 눈앞의 성과에 급급한 교육은 아이를 폭죽처럼 잠깐 반짝이다가 사라지게 만들어."

내 말은 확실히 친척에게 영향을 줬다.

"내가 너무 간단하게 생각했구나. 난 프리스쿨에서 뭘 배울 수 있다는 것만 생각했어. 어차피 유아원도 놀고 프리스쿨도 노는데 프리스쿨은 뭐라도 배우니까 더 낫잖아. 그런데 상황이 이렇다면 굳이 프리스쿨에 보낼 필요가 없겠다."

애초에 아이가 프리스쿨에서 얼마나 배울 수 있을지 생각하지 않았던 친척의 생각은 대표성이 있다. 실제로 많은 부모는 '프리스쿨은 뭐라도 배우니까'라고 생각하는데 이것은 아이의 놀이권을 무시하는 잘못된 생각이다. 또한 놀이는 가치가 없고 지식을 배우는 것은 가치가 있으며 배우는 것이 안 배우는 것보다 좋다고 생각한다. 이런 생각을 가진 부모는 어린아이의 지능이 책상 앞에서만 발달하는 것이 아니라 놀이를 하는 중에도 발달한다는 것을 모른다.

루소는 자신의 교육 서적인 『에밀』에서 '아이의 조기학습은 시간을 다퉈야 하고 시간을 헛되이 보내면 안 된다'는 가장 대담하고 중요하고 유용한 교육 법칙을 제시했다. 루소는 아이는 실컷 놀아야 한다고 강조했고 교과과정이 아이의 오락 시간을 차지하는 것을 반대했다. 지금의 프리스쿨 상황으로 볼 때 아이는 부모가 공부하라고 강요하건 안 하건 간에 일단 프리스쿨을 다니면 놀이권을 빼앗긴다.

아이가 어릴수록 계몽교육과 지능발달이 일어나는 좋은 환경이 필요하다. 아이는 심리 발달이 일어나는 황금기를 1년만 빼앗겨도 큰 손실을 입는다. 심리학은 아이의 지능 발달이 6세 이전에 가장 활발하게 일어난다고 말한다. 이런 의미에서 보면 정말로 시간은 금인데 부모가 황금 같은 시간을 고철로 만들면 되는가? 이럴 바에는 아무것도 학습하지 않고 단순하게 노는 것이 아이의 천성에 반하는 사전학습을 하는 것보다 낫다.

최근에 사람들은 프리스쿨의 문제점을 인식하기 시작했고, 전국 각지의 초등학교는 프리스쿨 과정을 취소하고 있다. 베이징 시는 이미 2010년부터 점진적으로 프리스쿨을 취소하기로 결정했다. 정말 훌륭한 결정이다. 하지만 이렇게 천천히 시행하는 것을 보면 관련 이익이 매우 많은 것 같다.

2008년 초에 베이징의 어느 신문사와 저명한 인터넷 교육방송이 공동으로 실시한 조사에 따르면 18%의 부모만 아이를 프리스쿨에 보낼 필요가 없다고 생각했고 절반 이상의 부모는 아이를 프리스쿨에 보내야 한다고 생각한 것으로 나타났다. 이 거대한 숫자는 이 분야에 비옥한 시장이 있다는 것을 설명한다.

교육은 멀리 보고 바로 보는 눈이 필요하다

계몽교육은 아이를 인재로 만들지만 부적합한 조기교육은 아이를 범재(凡才)로 만든다. 프리스쿨을 반대하는 것은 사실상 비과학적이고 눈앞의 성과에 급급한 취학전 교육에 반대하는 것이다. 아이를 프리스쿨에 보내지 않는 목적은 아이에게 좋은 교육을 시키기 위해서다.

장시간 통화한 끝에 친척은 마침내 아이를 프리스쿨에 안 보내는 것이 더 좋다는것을 믿게 됐다. 그녀가 만족하고 좋아하자 나도 즐거웠다.

통화를 마치고 막 전화를 끊었을 때 또 다른 친척 언니에게 전화가 왔다. 언니는 날 원망했다. 애초에 언니가 프리스쿨 문제를 상담했을 때 난 아이를 프리스쿨에 보낼 필요가 없고 아이에게 책을 많이 사주고 책을 읽는 재미를 키워주라고 말했다. 지금 언니의 아이는 초등학교 3학년이다. 언니의 말에 따르면 여전히 한자를 잘 못 쓰고 숙제도 열심히 하지 않고 그저 온종일 책만 읽는다고 한다. 이것은 아이가 프리스쿨에서 한자를 안 배워서 그런 것이라며 이웃집 아이는 프리스쿨에서 기초를 탄탄하게 다져서 자신의 아이보다 한자를 잘 쓰고 공부도 더 잘한다고 투덜거렸다.

난 아이의 자세한 상황과 언니가 평소에 아이와 어떻게 소통하는지 물었다. 부모는 다급하면 실수로 물에 빠진 사람이 양말을 짝짝이로 신어서 물에 빠졌다고 하는 것처럼 막무가내로 문제의 원인을 찾는다. 언니의 초조함을 이해하고 진심으로 돕고 싶어서 어쩔 수 없이 싫은 소리를 했다.

"아이가 공부와 숙제를 열심히 안 하는 것은 프리스쿨을 안 다녀서가 아니라 아이가 1학년 때부터 언니가 숙제와 시험을 너무 중요하게 생각했기 때문이에요. 언니가 엄하게 꾸짖는 바람에 아이가 정신적으로 부담을 많이 느껴서 반항하는 거라고요. 언니는 이 점을 반드시 고쳐야 해요."

언니는 여전히 볼멘소리로 말했다.

"아이가 기초가 튼튼하지 않아서 공부를 열심히 안 하고 아침부터 저녁까지 책과 신문만 읽는 것 같아. 네가 책을 많이 읽는 아이는 글을 잘 쓴다고 말했지? 하지만 우리 애는 글을 쓰는 것을 싫어하고 일기도 안 쓰고 여하튼 글자를 쓰는 것을 싫어해."

"책을 읽는 흥미와 기초가 있는 아이는 원래 글을 쓰는 것을 좋아하고 글을 잘 써요. 지금은 단지 언니가 자주 꾸짖어서 놀랐을 뿐이에요. 독서의 가치를 이해하지 않는 상태에서 아이가 책을 읽는 것만 좋아한다고 말할 때 아이는 언니의 말투에서 짜증과 무기력함을 느꼈을 거예요. 언니, 아이가 책을 읽는 것을 좋아하는 것은 프리스쿨을 세 곳이나 다닌 것보다 좋은 거예요. 언니는 행운인지 아세요."

"내 아들이 프리스쿨을 다닌 아이보다 성적이 낮은 것은 분명한 사실이야."

"반 아이들 중에 몇 명이 프리스쿨을 다녔는지 언니가 조사해봤어요? 프리스쿨을 다닌 아이들이 안 다닌 아이들보다 모두 공부를 잘해요? 프리스쿨을 다녔는데 공부를 못하고 프리스쿨을 안 다녔는데 공부를 잘하는 것은 왜 그럴까요?"

언니는 선뜻 대답하지 못했다.

"성적이 좋고 나쁜 것은 복잡한 일이라서 단 하나의 요소가 어떤 결과를 초래했다고 말할 수 없어요. 아들이 초등학교 3학년이라고 했죠? 교육 환경이 똑같으면 아들이 프리스쿨을 다녔어도 상황은 똑같았을 거예요. 다행히도 아이가 책을 읽는 것을 좋아하니까 부모와 교사가 아이의 자존심을 상하게 하지 않고 책을 못 읽게 하지 않으면 서서히 훌륭한 면모를 보일 거예요. 지금 언니 아들은 학습 흥미와 자신감이 부족해요. 따라서 아이의 상태를 바꾸려면 흥미와 자신감을 키워야 해요. 가장 중요한 방법은 부모가 온종일 나무라거나 잔소리하거나 간섭하지 않고 아이를 지켜보고 격려하는 거예요."

언니는 내 말을 듣고 앞으로 아이를 교육할 때 거칠게 대하지 않고 방법과 방식에 주의하겠다고 말했다. 하지만 목소리에서 자기 자신과 아이에 대한 자신감이 떨어진 것을 알 수 있었다.

교육 방식을 개선하려면 사소하고 구체적인 일부터 시작해야 한다. 난 언니에게 문제가 생겨서 어떻게 해야 할지 모를 땐 전화해서 같이 상의하자고 다시 한 번 당부했다. 내가 생각할 때 이것이 도울 수 있는 가장 직접적인 방법이었다.

난 다른 부모님께도 몇 가지 조언을 해드리고 싶다. 하지만 아이를 프리스쿨에 보내는 문제 등은 부모 스스로 깨달아야 한다.

"

공부에 좋은 습관을 키우기 위해
상이나 벌을 주면 나쁜 습관이 생긴다.
좋은 공부 습관은 물 흐르는 곳에 도랑이 생기는 것처럼
상과 벌을 주지 않아도 자연스럽게 형성된다.

3장

공부에 조건을
달지 않는다

학습 의지와 학습 태도는 잡아주는 방법

아이의 숙제를
도와주지 않는다

지금 아이의 숙제를 도와주는 것은 많은 부모들의 공공연한 '숙제'가 됐다. 아이가 초등학교에 들어가면 온 가족의 생활 방식에 변화가 생긴다. 아이의 생활은 '숙제'가 생긴 다음부터 도미노처럼 일련의 변화가 일어난다. 요컨대 숙제는 아이의 학교 성적에 영향을 주고 성적은 학교 진학에 영향을 주고 학교 진학은 직업의 전망을 결정한다. 때문에 아이를 책임져야 하는 모든 부모는 숙제에 신경을 안 쓸 수가 없어 자신의 활동을 포기한 채 아이에게 공부를 잘하고 숙제를 열심히 하는 좋은 습관을 키워주기 위해서 날마다 숙제를 도와준다.

숙제를 도와주는 방식은 부모마다 조금씩 다르다. 어떤 부모는 아이가 숙제할 때 옆에 앉아서 눈을 부릅뜨고 지켜보는가 하면 또 어떤 부모는 먼저 숙제 내용을 파악한 뒤에 아이가 어떻게 하는지 가끔씩 와서 보고 마지막에 자세하게 검토한다. 어떤 방식이건 간에 아이의 학습에 부모가 처음부터 끝까지 참여한다. 그럼 아이의 숙제를 도와줘야 할까? 난 도와줄 필요가 없다고 생각한다.

위엔위엔이 초등학교에 입학하고 신입생 학부모회의에 참석했을 때 학교 측은 부모가 아이의 숙제를 도와주고 검사할 것을 요구했다. 하지만 난 학교의 요구를 따르지 않았다. 처음에 아이가 학교 생활과 숙제에 적응하지 못한 며칠 동안만 기본적인 규칙과 방법에 익숙해지게 지도했을 뿐이다. 이 기간도 딱 일주일이었고 그 뒤부터 숙제를 도와주지도, 검사하지도 않고 그저 "숙제 해야지"라고 알려주기만 했다. 부모로서 마땅히 해야 할 일을 안 하기 위해서가 아니라 아이에게 숙제를 하는 좋은 습관을 키워주기 위해서였다.

초등학교에 들어간 초기에 위엔위엔은 숙제를 새로 산 바비인형처럼 매우 신기해해서 집에 돌아오면 바로 숙제부터 했다. 하지만 시간이 조금 흐르자 숙제에 대한 신기함을 잃고 집에 오면 밥 먼저 먹고 밖에서 놀고 TV를 실컷 본 뒤에도 숙제를 하지 않았다. 며칠간 숙제를 하라고 말하기 전까지 숙제를 안 하고 놀기에 나중에는 숙제하라는 말도 안 했다. 우리 부부는 일부러 숙제를 신경 쓰지 않는 척하고 각자 바쁘게 일했고 위엔위엔이 실컷 논 뒤에 숙제를 해도 잔소리를 하지 않았다.

그러자 위엔위엔의 생활은 금세 엉망이 됐다. 위엔위엔은 집에 돌아오면 먼저 만화를 보고 밥을 먹은 뒤에 장난감을 갖고 놀고 책을 읽고 또다시 TV를 봤다. 그러다가 씻고 잠잘 때가 되서야 숙제를 안 한 것을 떠올리고 마음이 급해서 울었다. 우리 부부는 진즉에 위엔위엔이 숙제를 안 한 것을 알았지만 끝까지 모르는 척하고 다급하게 "뭐? 숙제를 아직도 안 했어?"라고 말했다.

우리 부부는 그저 놀라움만 표현하고 아이를 꾸짖지 않았다. 꾸짖을 필요가 없는 것이 아이가 우는 것은 이미 자신이 잘못했다는 것을 안다는 뜻이기 때문이다. 부모가 원망하고 꾸짖는 말투로 "어떻게 숙제 하는 걸 까먹어. 지금 이 시간에 어떻게 할 거야!"라고 말하면 아이는 "말도 안 돼" "꼬시다"는 의미로 받아들여 반성하지 않고 도리어 부모의 비판에 반항한다. 우리 부부는 위엔위엔의 볼에 입을 맞추고 온화한 말투로 말했다.

"울지 마. 누구나 해야 할 일을 잊어버릴 때가 있어. 지금 숙제할 수 있는 방법을 생각해보자."

그러자 위엔위엔이 울음을 그쳤다. 우리 부부가 이해하고 위로했더니 금세 안정을 되찾았다.

남편은 위엔위엔이 조는 것을 보고 다급해져 잠은 조금 있다가 자고 숙제부터 얼른 하자고 말했다. 위엔위엔은 하기 싫은지 약간 짜증을 냈다. 부모가 조급해하며 아이 대신에 결정하는 것은 잘못이다. 사람은 천성적으로 자신의 생각을 따르고 다른 사람의 명령을 배척한다. 따라서 아이에게 자각의식과 결정을 잘하는 능력을 키워주려면 최대한 스스로 생각하고 선택하게 해야 한다. 똑같은 결정도 부모가 아니라 자신의 뜻에 따라서 내리면 아이는 행동으로 더 잘 옮긴다. 난 재빨리 위엔위엔에게 말했다.

"오늘 하고 싶으면 숙제한 다음에 조금 늦게 자고 내일 아침 일찍 하고 싶으면 엄마가 한 시간 일찍 깨워줄게. 만약에 내일 아침에도 하기 싫으면 선생님께 숙제를 잊어버려서 못했다고 말씀드려."

당시에 위엔위엔은 여러 개의 선택 앞에서 잠시 생각하다가 마지막 선택은 옳지 않다고 바로 부정했다. 만약에 위엔위엔이 초등학교에 들어가기 전에 유아원에서 숙제를 안 해서 자존심에 상처를 입은 적이 없으면 숙제를 안 하는 것에 동의했을지도 모른다. 하지만 모든 학령기 아이는 숙제에 대한 책임의식과 선생님의 비판에 대한 두려움이 있어서 숙제를 쉽게 포기하지 않는다.

위엔위엔은 자고 싶지만 숙제 때문에 마음이 불편하다며 숙제를 하겠다고 말했다. 우리 부부는 "그래. 그럼 지금 숙제하자"고 입을 모아 말했다. 위엔위엔은 침대에서 겨우 일어나 책가방에서 공책을 꺼내곤 자기 방에서 하면 졸까봐 숙제를 하러 거실에 나갔다. 우리 부부는 아무 말도 하지 않고 위엔위엔이 테이블에서 숙제를 할 수 있게 작은 탁자를 찾아주고 각자 자기 일을 했다.

한참 뒤에 우리도 자야 할 때가 돼서 씻고 위엔위엔에게 가봤더니 국어와 영어 숙제를 끝내고 수학 숙제를 하고 있었다. 난 위엔위엔에게 말했다.

"엄마, 아빠는 그만 잘게. 위엔위엔도 숙제 다 하면 방에 가서 자."

평소 같으면 위엔위엔이 일찍 자서 우리 부부가 위엔위엔을 방에 데려다줬는데 이날은 반대여서 위엔위엔이 고개를 들고 우리를 질투

했다.

"왜 어른은 숙제가 없고 아이들만 있어요?"

난 웃으며 말했다.

"어른이 왜 숙제가 없어? 아빠는 그림을 그리고 엄마는 글을 써야 하는데. 엄마, 아빠는 그게 숙제야. 숙제를 내는 시간도 반드시 지켜야 하는 걸. 엄마, 아빠는 숙제 없는 게 싫어. 그럼 일거리가 없거든."

어린아이도 숙제를 해야 하는 이유를 안다. 때문에 위엔위엔에게 일일이 설명하지 않았다. 우리는 위엔위엔에게 뽀뽀하고 평소처럼 즐겁게 인사하고 숙제를 하는 위엔위엔을 거실에 혼자 남겨둔 채 안방에 들어갔다.

우리는 불을 끄고 자는 척하고 위엔위엔의 동정을 살폈다. 위엔위엔은 약 10분간 숙제를 더 하더니 책가방을 싸고 잠이 들었다. 그제야 우리 부부도 안심하고 잠을 잤다. 이튿날 우리 부부는 마치 아무 일도 없었던 것처럼 이 일을 언급하지 않았다.

여기서 부모님들께 아이가 가끔 작은 실수를 하면 크게 놀라지 마시라는 말씀을 드리고 싶다. 실수는 '작은 일'이지 '잘못된 일'이 아니다. 아이가 자라는 데 '작은 일'을 경험하는 것은 숙제를 하는 것보다 더 필요하고 중요하다. 따라서 아이가 죄책감을 느끼게 자꾸 꾸짖거나 실수를 언급하면 안 되고 고치게 격려해야 한다. 그렇지 않으면 단순한 실수가 진짜 고치기 어려운 단점으로 굳어진다.

그날 이후 위엔위엔은 집에 돌아오면 숙제를 가장 먼저 했다. 우리 부부는 기뻤지만 과장해서 칭찬하지 않고 숙제를 일찍 하는 것은 좋은 습관이니까 앞으로도 계속해서 숙제를 일찍 하라고 말하고 만족스러운 표정을 지었다.

숙제를 일찍 했을 때의 편리함과 즐거움은 아이 본인이 더 잘 안다. 때문에 아이에게 숙제를 일찍 해야 하는 이유를 설명할 필요가 없다. 하지만 위엔위엔은 어린지라 시간이 지나자 다시 숙제를 게을리 하기 시작했다. 처음으로 숙제를 깜빡 잊은 날에서 열흘 뒤에 위엔위엔은 또다시 숙제하는 것을 잊어버렸다. 그날따라 위엔위엔은 늦은 시간에 잠자리에 들었다. 그런데 갑자기 숙제를 다 안 했다고 벌떡 일어나더니 숙제도 많고 시간도 오래 걸릴 것이라고 걱정하며 울먹였다. 우리 부부는 예전처럼 위엔위엔을 위로하고 책상 앞에 앉힌 뒤에 방에 가서 잤다.

이런 경우에 많은 부모는 아이가 안쓰러워서 아이도 위로하고 시간도 줄이기 위해서 옆에서 숙제를 도와준다. 하지만 이렇게 하면 몇 가지 안 좋은 점이 있다.

첫째는 아이가 부모의 동정심을 얻기 위해서 일부러 힘든 척을 한다. 이렇게 되면 숙제를 하는 집중력과 속도가 떨어진다.

둘째는 부모가 도와주면 아이의 책임의식 형성에 부정적인 영향을 미친다. 숙제를 자신의 일로 여기지 않고 부모와 함께하는 일로 여겨 부모에게 심리적으로 의존한다. 심리적으로 의존하는 것은 아이의 책임의식 형성에 매우 좋지 않다.

셋째는 불만 섞인 말투로 잔소리를 늘어놓아 아이의 머리를 복잡하게 만든다. "얼른 해. 누가 숙제하는 것 잊어버리래?"라고 말하거나 선의의 경각심을 주기 위해서 "앞으로 집에 오면 오늘 숙제가 뭐 있나 곰곰이 생각해. 잊어버리지 말고"라고 말하거나 독촉하기 위해서 "빨리 해. 지금이 도대체 몇 시니?"라고 말하는 등 부모가 아이 옆에서 끝없이 잔소리를 하는 것이다. 잔소리는 아이에게 의미가 없고 외려 머리만 복잡하게 만든다.

부모는 시간이 있어도 아이의 숙제를 도와주면 안 된다. 설령 잠이 안 와도 자는 척하고 마음이 조급해도 아이를 질책하지 않고 평온하게 대해야 한다.

이렇게 말하는 부모도 있을 수 있다.

"전 당신처럼 성격이 좋지 못해서 아이가 숙제를 안 하면 화부터 내요."

그럼 난 이렇게 대답할 것이다.

"아이의 문제를 처리할 때 세심하게 이성적으로 생각하지 않고 그저 기분에 따라서 급하다고 화를 내는 것은 스스로 제멋대로인 부모라고 인정하는 것이나 마찬가지예요. 자신은 제멋대로 행동하면서 아이에게 제멋대로 굴지 말라고 하면 아이가 말을 듣겠어요?"

그날 위엔위엔은 늦은 시각까지 숙제를 했다. 우리 부부는 귀를 쫑긋 세우고 위엔위엔의 동정을 살폈는데 12시가 다 돼 잠이 들었다. 위엔위엔이 늦게 잠들고 이튿날 일찍 일어나야 하는 것이 가슴 아팠지만 이것은 자라면서 반드시 체험해야 하는 '수업'이고 이 과정에서 위엔위엔은 많은 것을 배웠을 것이다. 우리 부부는 위엔위엔이 밤늦게 숙제를 하는 것을 나쁘게 보지 않고 자각의식과 학습 습관을 키울 수 있는 교육의 기회로 봤다.

확실히 그날 이후 위엔위엔은 더 이상 잘 시간이 다 돼서 뒤늦게 숙제를 부랴부랴 하지 않았다. 또한 시간을 안배하는 법을 배워서 가끔은 학교에서도 쉬는 시간에 숙제를 하고 집에 오면 숙제부터 빨리 마쳤다.

부모님들께서 이 점을 꼭 기억하시길 바란다. 어떤 일을 할 때 아이가 적극적으로 참여하고 성취감을 느끼면 그 일과 관련해서 좋은 습관을 가지지만 자유롭지 못하고 죄책감을 느끼면 나쁜 습관을 가진다.

아이는 아직 어려서 때때로 일을 제대로 처리하지 못하고 스스로 불편함을 자초한다. 스스로 불편하고 손해본 것을 알면 갈증이 나서 물을 마시는 것처럼 알아서 잘못을 고치려고 마음을 먹는다. 아이는 모두 잘못을 고치려는 욕구가 있어서 부모가 화내며 지나치게 지도하지 않아도 기회가 있으면 스스로 잘못을 고친다. 만약에 아이가 잘못했을 때 부모가 혼내며 언제까지 고치라고 강제로 약속하거나 직접 해결 방안을 제시하면 아이는 스스로 잘못을 고칠 수 있는 기회와 조절 능력을 서서히 잃는다. 아이에게 나쁜 습관을 키워주는 최악의 방법은 명령, 잔소리, 꾸지람이다. 따라서 부모는 아이의 나쁜 습관을 지적할 때 먼저 자신의 교육 방법을 반성해야 한다.

아이가 고집을 부리는 나쁜 습관이 있으면 작은 문제가 제때 합리적으로 해결되지 않아 장기적으로 부모나 교사와 마찰을 일으킨다. 아이의 숙제를 도와주는 것은 특히 아이에게 나쁜 습관을 쉽게 키워주는 방법이다.

부모가 아이를 도와주는 목적은 효율성과 수준을 높이기 위해서다. 따라서 아이가 숙제할 때 늑장을 부리거나 진지하지 않으면 시간을 아껴서 열심히 하라고 말해야 한다. 아이가 장시간 얌전히 앉아 있지 못하고 숙제를 완벽하게 못한다는 이유로 부모가 날마다 도와주면 처음에는 아이가 부모의 말을 잘 듣지만 나중에는 안 들어 부모도 화를 내고 아이도 정서적으로 부모와 대립하는 악순환이 일어난다.

사람의 천성은 자유를 추구한다. 아이는 좋아하는 일을 할 때 감시와 억압을 받으면 그 일에 흥미를 잃는다. 아이의 공부를 도와주는 시간이 길어지면 부모의 역할은 감시관에 가까워진다. 아이는 감시라는 것을 뼛속까지 싫어한다. 겉으로 잠시 복종하는 척하지만 내면은 결코 말을 안 듣는다. 아이의 숙제를 도와주는 것은 아이에게 좋은 습관을 키워주는 것이 아니라 아이의 좋은 습관을 망치고 아이의 자제력을 닳게 만든다.

부모는 반드시 무엇이 좋은 습관인지 이해해야 한다. 제때 책상 앞에 앉는다고 해서 제때 공부하는 습관을 가졌다고 할 수 없다.

"습관의 중요성은 습관의 실행과 동작에 그치지 않는다. 습관은 이지적인 화목함을 키우고 동작의 여유와 경제와 효율을 높인다."

누가 도와줘서 생긴 습관은 몸에만 남지만 도움을 안 받고 혼자 키운 습관은 정신에 남는다. 아이를 도와주는 것은 아이에게 폐를 끼치는 것이나 마찬가지다.

많은 언론 매체, 교사, 교육 전문가들은 부모에게 날마다 아이의 숙제를 도와주라고 말하는데 어떻게 이렇게 말할 수 있는지 모르겠다. 사람은 자유로워야 스스로 생각할 수 있다.

난 부모가 도와줘야만 숙제를 할 수 있는 아이들을 많이 봤다. 그 아이들은 부모가 곁에 없으면 한시도 가만히 앉아 있지 못하고 심하게는 부모에게 숙제를 도와달라고 직접 요구한다. 이것은 단순한 문제가 아니다. 숙제할 때 부모에게 도움을 요청하는 것은 결코 아이의 천성에 맞는 정상적인 요구가 아니고 이미 나쁜 습관이 형성됐다는 뜻이다. 이런 아이들은 학습 과정에 문제가 생기면 스스로 처리하지 못하고 무력감과 좌절을 느끼고, 자신감이 부족해서 어쩔 수 없이 외부의 힘으로 자신을 속박한다. 또한 독립심을 훼손하는 '도움'에 대한 반항심이 내면에 있어서 부모가 옆에서 도와줘도 진심으로 공부에 전념하지 않는다.

아이의 숙제를 도와주는 부모는 반드시 방법을 찾아서 그 생활에서 벗어나야 한다. 그렇지 않으면 아이의 독립심이 자라지 않아서 아이가 스스로 깨닫지 못하고 괴로워지고 '도움'의 효과도 작아진다. 동시에 부모는 반드시 자신의 교육 방법에서 잘못된 점을 찾아서 반성해야 한다. 반성하면 아이의 숙제를 도와주는 생활에서 어떻게 벗어날 것인지 결정할 수 있고 아이에게 긍정적인 도움을 줄 수 있다.

아이의 숙제를 도와주는 생활에서 벗어날 수 있는 첫 번째 원칙은 서두르지 않고 인내심을 갖는 것이고 두 번째 원칙은 아이가 숙제할 때 즐거움과 성취감을 느끼게 하는 것이다. 아이가 숙제를 처음 혼자 해서 잘 못할 때 결코 죄책감과 실망감을 안겨주면 안 된다. 아이는 부모가 숙제를 도와주는 생활을 벗어나기 전에 먼저 혼자서 숙제하는 법을 배워야 한다. 안 그러면 또다시 비참하게 좌절한다.

수호믈린스키는 말했다.

"유년기에 자신의 약점을 극복하는 만족감을 체험한 사람은 비판적인 태도로 자신을 대하고 자아를 인식한다. 자아를 인식하지 못하면 자아를 교육할 수도 없고 내면에 질서를 잡을 수도 없다."

어린아이가 게으름을 피우는 것은 나쁜 것이라는 사실을 잘 알면서도 실생활에서 자신의 행동을 잘 관리하지 못하면 실제로 의지가 강한 사람이 될 수 없다. 아이가 늘 어른이 시켜서 약점을 극복하는 것은 극복이 아니라 굴복이고 허황된 것이다. 아이의 자아는 굴복을 인정하지 않아 기회만 있으면 굴복과 속박에서 벗어나려고 한다.

아이의 숙제를 도와주면 부모에게는 아이의 숙제를 도와주느라 시간을 할애하고 고생한 것에 대한 보상심리가 생긴다. 그래서 아이의 성적이 나쁘거나 버릇이 안 좋을 때 "네가 공부할 때 내가 얼마나 많은 공을 들여 도와줬는데 겨우 이것밖에 못해!"라고 말해 아이가 자신감을 잃고 죄책감을 느끼게 만든다. 하지만 이렇게 하는 것은 아이의 도덕심을 키우는 데 전혀 도움이 안 된다.

마지막으로 '도와주는 것'과 '안 도와주는 것'에 대한 이해를 간단화하고 절대화하지 말라고 말하고 싶다. 부모는 아이가 공부할 때나 다른 일을 할 때 자각심과 독립적인 의식을 키워줘야지 부모에게 의지하거나 스스로 깨닫지 못하는 나쁜 습관을 키워주면 안 된다. '도와주는 것'과 '안 도와주는 것'은 행동 방식이 아니라 교육 이념이라서 형식적으로 간단하게 경계지을 수 없다.

예컨대 어떤 부모는 온종일 술을 마시고 도박을 하느라 아이와 놀아주지도 않고 아이가 뭘 해도 신경 쓰지 않는데, 이렇게 '도와주지 않는 것'은 내가 여기서 말하는 '도와주지 않는 것'과 완전히 다른 개념이다.

시험 성적에
상을 주지 않는다

우리 부부는 여러 방면으로 위엔위엔을 격려했지만 단지 정신적으로 힘을 주기 위해서 상을 주지 않았다. 외려 공부에 관해선 상을 주지 않는 방침을 세웠다.

인성 편의 「'실수 기록장'이 아닌 '칭찬 기록장'을 만든다」라는 글에서 밝힌 것처럼 우리 부부가 위엔위엔에게 상을 준 것은 작은 공책에 칭찬할 일을 적고 빨간 꽃을 한 송이 그려준 것이 전부다. 우리는 위엔위엔이 열심히 공부하게 격려할 때 칭찬 기록장의 빨간 꽃을 이용하지 않았다. 그도 그럴 것이 칭찬 기록장은 성적이 좋아도 빨간 꽃을 그려준다는 지침이 없다.

시험을 잘 봐도 상을 주지 않는 방침이 있으면 당연히 시험을 못 봐도 혼내지 않는 방침이 있어야 한다. 우리 부부는 위엔위엔이 시험을 잘 보거나 못 본 것 모두 정상으로 받아들여 시험을 잘 봤다고 해서 기뻐서 의기양양해하거나 시험을 못 봤다고 해서 화를 내거나 실망하지 않았다. 상과 벌을 주는 일은 더더욱 없었다.

그럼 진짜로 위엔위엔의 성적에 연연하지 않았느냐, 그건 아니다. 우리도 부모로서 위엔위엔이 좋은 성적을 얻기를 간절히 바랐다. 하지만 이런 바람을 말이나 표정으로 드러내지 않고 마음에 꼭꼭 숨긴 채 일상생활의 사소한 일을 처리하고 생각할 때 말과 행동에 주의했다.

어떤 부모는 아이에게 공부하라고 말하지 않거나 자극을 안 주면 아이가 공부를 열심히 안 할까봐 걱정한다. 하지만 이런 걱정은 할 필요가 없다. 지금 사회는 모든 일에서 시험의 중요성을 지나치게 과장하여 여기는 분위기가 형성돼 있다. 아이도 이런 분위기를 저도 모르게 느낀다. 아이는 학교에 입학하는 순간부터 좋은 성적을 얻는 것의 중요함을 인식해서 부모가 말하지 않아도 최선을 다해서 좋은 성적을 얻으려고 노력한다. 부모가 상을 주지 않아도 좋은 성적은 그 자체로써 아이에게 커다란 즐거움을 주고 공부를 장려하는 작용이 있다.

부모가 시험을 과장해서 묘사하지 않고 점수를 강조하지 않으면 아이가 시험을 담담하게 여겨 집중해서 공부하고, 스트레스가 성적에 영향을 안 미친다. 또한 장기적으로 학습의 발전이 촉진된다.

위엔위엔은 늘 만족할 만한 수준의 성적을 거둬서 기말고사 성적표를 받을 때마다 즐거웠다. 방학을 하면 우리는 위엔위엔에게 예쁜 옷을 사줬지만, 옷이 예쁘고 마침 필요해서 사준 것이지 결코 시험 성적과 옷을 연결시키지 않았다.

시험 성적은 그 자체로도 하나의 상이다. 부모가 성적표를 보고 나서 "잘했어"라고 말하고 즐거운 눈빛을 보내는 것만으로도 아이는 충분하게 격려를 받고 한층 더 분발한다.

어떤 엄마는 내게 여러 가지 방법으로 아이를 격려한다고 말했다. 그녀는 아이가 시험을 잘 보면 놀이동산에 데려가는가 하면 브랜드 운동화를 사주고 레스토랑에서 외식을 했다. 시험을 어느 정도로 잘 보면 해외여행도 가려고 한다. 하지만 어떤 방법도 한두 번 이용하면 효과가 없어서 지금까지 아이의 성적이 그저 그렇다.

그녀는 스스로 여러 가지 방법을 이용했다고 말했지만 분석해보면 물질로 격려하고 그때그때 다른 상품을 주는 한 가지 방법밖에 이용하지 않았다. 상품을 바라는 정도는 상품이 부족하고 필요한 정도에 따라서 다르다. 물질적으로 가난한 시대를 살았던 부모는 아이를 물질로 격려하려는 경향이 있는데 이것은 공급이 부족했던 시대가 남긴 고정관념이다.

요즘 아이들은 물질적으로 크게 부족한 것이 없어서 물질로 아이들의 열정을 자극하기가 어렵다. 설령 동기를 불어넣는다고 해도 한계가 있어서 열심히 하는 상태가 오래가지 않는다. 하지만 공부할 때 필요한 것은 꾸준히 공부하는 태도이다.

물질로 격려하는 방법은 문제를 근본적으로 해결하기는커녕 부작용만 많이 낳는다.

첫째, 아이의 학습 목표를 바꾼다. 만약에 아이가 인라인 스케이트를 얻기 위해서 공부하면 공부가 공적과 이익으로 변해서 짧은 시간 안에 좋은 성적을 거둔다. 하지만 일단 인라인 스케이트를 손에 넣으면 공부에 게을러진다. 저속한 격려는 저속한 동기를 부여해 아이가 자신을 위해서 공부하는 것이 아니라 상을 얻기 위해서 공부한다. 공부가 수단으로 전락하면 공부의 진정한 목표를 잃게 된다.

둘째, 실사구시(實事求是)[8]의 학습 정신을 파괴한다. 학습에 가장 필요한 것은 지식을 연구하는 흥미와 성실한 학습 태도다. 흥미와 성실한 학습 태도는 좋은 성적을 유지하는 근본적인 원동력이요, 방법이다. 상을 학습의 미끼로 삼는 것은 어른이 아이에게 좋은 성적을 요구할 때 이용하는 일종의 뇌물 수단이다. 부모가 상을 준다고 하면 아이는 열심히 공부하려는 마음을 접고 '어떻게 하면 부모의 환심을 사고 상을 받을 수 있을까'에 모든 신경을 집중한다. 또한 허영심에 들뜨고 자신의 이해득실을 따지느라 성실한 태도로 공부하지 않는다.

셋째, 아이가 공부에 적대적 감정을 가진다. 모든 시험은 변수가 있어서 누구도 시험 때마다 좋은 성적을 얻는다고 장담할 수 없다. 만약에 아이가 인라인 스케이트를 갖고 싶어 한다고 하자. 부모는 반에서 10등 안에 들면 사주겠다고 약속했는데 아이가 12등을 했다. 부모는 자신이 격려하면 아이가 계속해서 노력할 줄 알고 다음 시험에서 10등 안에 들

---

8 사실에 바탕을 두어 진리를 탐구한다는 말로, 즉 현실의 일들에서 뜻이나 원리를 구한다는 사상이다. 중국 청나라 때 공리공론을 떠나 정확한 고증을 바탕으로 과학적·객관적으로 학문을 탐구했던 고증학의 학문 태도가 대표적인 예다.

면 꼭 사주겠다고 다시 약속했다. 아이는 부모의 기대에 부응하기 위해서 다음에는 꼭 10등 안에 들겠다고 약속했지만 속으로는 걱정이 태산이다. 설령 아이가 10등 안에 들어도 부모가 기뻐할 수 있는 시간은 잠시뿐이고 오래지 않아 새로운 조건을 걸어야 한다. 모든 시험은 저마다 넘어야 할 난관이 있는데, 아이는 기대만큼 시험을 못 보면 좌절해서 자기도 모르게 공부에 반감을 갖고 시험을 증오하게 된다.

아이에게 상을 주는 수단을 이용할 땐 방식과 학습 사이의 내재 관계를 고려해서 두 가지가 서로 충돌하지 않게 조심해야 한다. 똑같이 인라인 스케이트를 사주더라도 방식을 바꾸면 효과가 달라진다.

아이가 인라인 스케이트를 갖고 싶어 하는 것을 알고 사주려고 마음을 먹었더라도 시험을 보기 전에 몇 등을 하면 사주겠다는 식으로 말하지 말아야 한다. 아이가 12등을 했으면 "잘했어. 곧 10등 안에 들겠네"라고 칭찬하고 화제를 바꿔 방학해서 시간도 많은데 인라인 스케이트를 타고 싶지 않느냐고 묻는다. 이렇게 하면 12등이라는 '약세'가 곧 10등 안에 들 수 있는 '우세'로 바뀌고 아이도 평소에 갖고 싶었던 인라인 스케이트를 손에 넣을 수 있다. 또한 시험 성적과 인라인 스케이트를 사는 두 가지 일이 서로 충돌하지 않아 아이가 두 가지 일 사이에서 좋은 조건반사를 일으키고 '학습'을 생각할 때 즐거운 정서를 체험한다.

아이는 부모의 생각에 관계없이 반드시 간단하고 유쾌한 감정을 느껴야 한다. 부모는 아이가 10등 안에 들어서가 아니라 인라인 스케이트를 타는 것을 좋아해서 인라인 스케이트를 사주고, 수학을 100점 받아서가 아니라 좋아하는 가수의 앨범을 사야 해서 돈을 줘야 한다. 상은 무조건 거부하거나 남발하면 안 되고, 아이의 정상적인 요구에 학습과 관련된 조건을 걸면 안 된다.

이런 상황도 주의해야 한다. 내가 만난 어떤 엄마는 돈과 관련된 물질이 아니라 '시간'으로 아이를 격려했다. 그녀의 열두 살짜리 아들은 인터넷하는 것을 좋아하는데 그녀는 아들이 좀 더 열심히 공부하기를 바랐다. 그래서 좋은 방법을 생각하다가 시험에서 한 과목이라도 85점 이상을 받으면 상으로 두 시간 동안 인터넷을 할 수 있는 규정을 만들었다.

이 방법은 아이가 열심히 공부하게 만드는 동시에 인터넷을 하고 싶은 아이의 요구를 만족시켜서 얼핏 일리가 있어 보인다. 과연 그녀의 방법은 효과가 있어서 아들은 몇 과목이나 85점 이상을 받았다. 그녀가 약속대로 '시간'이라는 상을 주자 아이가 매우 기뻐했다. 하지만 그녀의 바람과 달리 시간이 흐를수록 아들은 85점 이상 받는 과목의 수가 줄어드는 것에 비해 인터넷을 하고 싶은 소망은 더 커졌다. 이 일로 그녀는 아들과 자주 충돌했고 그녀의 방법은 실패로 끝났다.

분석해보면 그 방법은 물질로 상을 주는 방법과 마찬가지로 적대적인 구매 관계가 존재한다. 그녀는 아이에게 인터넷할 시간이 가장 부족하자 시간을 물질로 변화시켜 좋은 성적으로 그 시간을 살 수 있게 했다. 하지만 이런 구매 관계는 '학습'이라는 원인 때문에 실현되지 않거나 실현되더라도 결과가 만족스럽지 않다. 또한 아이는 충분한 놀이 시간을 확보하지 못해서 '학습'에 적대적인 감정을 가진다. 적대적인 감정은 아이를 열심히 공부하지 않게 만들어 시간을 적게 확보하고 성적을 떨어뜨리는 악순환을 일으킨다.

그녀는 내게 어떻게 하면 좋으냐고 물었다. 난 곰곰이 생각하다가 말했다.

"아이는 노는 시간이 필요해요. 아이가 놀고 싶어 하면 마음대로 아이의 취미를 빼앗지 말고 실컷 놀게 두세요. 만약에 아이가 학업에 영향을 줄 정도로 지나치게 놀면 그땐 아이가 갖고 싶어 하는 것과 노는 것을 서로 대립시키세요. 노는 시간을 줄이는 것이 갖고 싶은 물건을 얻기 위해서 반드시 이행해야 하는 '임무'가 되면 자연히 노는 것에 대한 흥미가 떨어질 거예요.

예컨대 아이가 8백 위안짜리 산악자전거를 갖고 싶어 하면 아이가 인터넷을 한 번 할 때마다 10위안씩 주고 그 돈을 모아서 사라고 하세요.

여기서 주의할 점은 말투에 인터넷에 대한 혐오감이 묻어나면 안 되고 인터넷을 하는 것을 아이의 정상적인 취미로 봐야 해요. 이렇게 하면 하루에 한 번 네 시간씩 인터넷을 하던 것을 한 번에 한 시간씩 네 번 하려고 할 거예요. 8백 위안을 모으려면 인터넷을 총 80번 해야 하는데 하루 이틀 해서 되는 게 아니죠. 규칙은 난이도가 조금 있어서 어떤 상품도 쉽게 못 얻게 해야 돼요. 80번을 채우려면 못해도 20일이 걸려요. 이 기간 동안 어머님은 수시로 산악자전거로 아이를 자극해서 아이가 이 기간을 길게 느끼고 인터넷을 하나의 임무로 생각하게 만들어야 해요.

아이는 어떤 일을 임무라고 생각하면 그 일을 고생스럽게 생각해요. 그래서 마침내 산악자전거를 살 때가 되면 인터넷에 대한 흥미가 뚝 떨어지죠. 만약에 시간이 조금 흐른 뒤에 아이가 다시 인터넷에 흥미를 보이기 시작하면 같은 방법으로 다른 '상'을 거세요. 단 아이에게 어머님의 의도를 들키지 않게 꼭 주의하셔야 해요."

아이에게 이 방법을 들키면 아이가 상을 미끼라고 생각하지만 모르면 즐겁게 받아들여서 고통 없이 인터넷중독을 완화하고 큰 충돌 없이 성장에 해가 되는 요소를 줄일 수 있다. 문제점을 고치는 것은 아이의 현재와 미래를 위해서 모두 중요하다. 아이의 문제점과 얻고 싶어 하는 것을 서로 대립시키는 것은 문제를 해결하고 문제가 발생하는 것을 미리 막을 수 있는 좋은 방법이다.

또 한 가지 주의할 점은 순수한 의미의 칭찬도 지나치면 안 된다는 것이다. 아이는 자신의 능력에 확신이 없을 때 외부의 칭찬과 긍정으로 자신감을 채운다. 때문에 어떤 일에 확실한 능력이 있으면 수시로 칭찬할 필요가 없다. 그렇지 않으면 아이가 부모의 칭찬을 가식으로 여겨 자신을 안 믿는다.

예컨대 위엔위엔이 처음으로 인형 옷을 만들었을 때 난 진심으로 칭찬했다. 하지만 인형 옷을 네 벌이나 만들었을 땐 더 이상 "와, 정말 잘 만들었다"고 칭찬할 필요가 없었다. 대신에 난 "바늘땀을 촘촘하게 잘 떴네. 선도 저번보다 비뚤하지 않게 바느질을 잘했어"라고 말했다. 이렇게 칭찬하는 것이 위엔위엔에게 더 진실하게 들리고 성취감을 안

겨준다.

　지나친 칭찬은 안 하는 것보다 못하다. 부모가 아이를 칭찬할 수 있는 통로는 여러 가지가 있는데 직접 말하는 것 외에 일상생활의 사소한 일을 통해서도 할 수 있다. 아이를 공격하지 않는 것과 지나치게 칭찬하지 않는 것은 아이가 자아를 인식하는 것을 부모가 방해하지 않는다는 점에서 의미가 서로 비슷하다.

　각종 인격과 습관을 형성할 때 칭찬을 남발하는 것은 아이가 비상하는 데 도움이 되기는커녕 날개에 돌을 얹어놓는 것이나 마찬가지다. 시험을 잘 봐도 상을 안 주면 아이를 돕는 것이 외려 독이 되는 상황을 막을 수 있다.

강한 엄마의 '관리'와
좋은 엄마의 '관리'

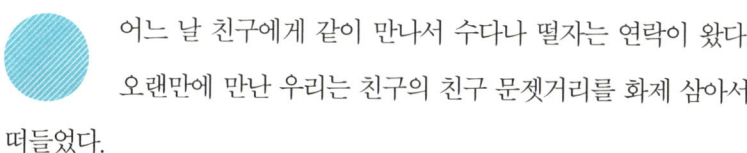어느 날 친구에게 같이 만나서 수다나 떨자는 연락이 왔다. 오랜만에 만난 우리는 친구의 친구 문젯거리를 화제 삼아서 떠들었다.

친구의 친구는 자녀교육에 문제가 있어서 속을 끓였다. 내 친구 역시 비슷한 고민이 있어서 나와 자녀교육 문제에 관해서 허심탄회하게 대화를 나누고 싶어 했다. 우리는 먼저 친구의 친구 얘기부터 시작했다.

그녀는 명문 대학교를 졸업하고 좋은 직장에 입사했다. 얼굴도 예쁘고 사람 됨됨이까지 갖춘 거의 완벽에 가까운 아름다운 여자지만 이상이 높아서 아무 남자나 만나지 않겠다는 원칙을 지키다가 서른여섯 살에 결혼해 아들을 낳았다. 중년에 얻는 자식인지라 사랑을 아낌없이 줬다. 그녀의 친구들은 대부분 벌써 아이를 초등학교나 중학교에 입학시켰는데 어쩌다가 다 같이 모이면 자녀교육의 어려움을 토로했다. 당시에 옆에서 듣기만 했던 그녀는 '설마 아이를 교육시키는 것이 그렇게 어려우랴'하고 생각했다.

그녀는 여러 권의 자녀교육서를 읽은 뒤에 조기교육이 매우 중요하다는 사실을 깨닫고 아이를 포대기에 업은 채 고시를 읽어줬다. 아이가 막 말을 배우기 시작할 땐 날마다 중국어와 영어로 아이에게 말을 걸었다. 그녀의 아들은 확실히 머리가 좋았다. 어느 심리연구소가 아들이 다니는 유치원에서 교육용 자료를 수집하기 위해서 아이들에게 지능검사를 실시했다. 비록 결과는 비밀에 붙여졌지만 나중에 원장선생님이 유치원에서 지능이 가장 높다고 몰래 가르쳐줬다. 그녀는 스스로 성공한 부모라고 생각하고 최선을 다하면 아들이 반드시 뛰어난 아이, 즉 신동이 될 수 있을 것이라고 믿었다.

그녀는 혼신을 다해서 자녀교육에 몰입했다. 크게는 말할 때 정확하게 발음하는 것부터 작게는 젓가락질을 하는 것까지 진지하게 지도하고 만에 하나 아이가 잘못하면 바로 지적하고 이렇게 저렇게 하라고 가르쳤다. 또한 아이가 어떤 일을 반복해서 세 번 틀리면 혼내고, 세 번 이상 틀리면 한 번 틀릴 때마다 손등을 한 대씩 때렸다. 아이는 밥을 쏟거나 우유를 다 마시지 않고 놀거나 이모에게 인사하지 않거나 전날 공부한 단어를 잘 기억하지 못한다는 이유로 날마다 손등을 맞았다. 그녀는 손등을 맞으면 아픈 것에 비해서 기억력이 좋아지고 이렇게 엄격하게 지도하면 아이가 완벽해질 것이라고 자신했다.

내 친구가 말했다.

"내가 그 친구 집에 몇 번 가봤는데 아이에게 진짜 신경 많이 쓰더라. 나와 대화를 나눌 때도 신경은 온통 아들에게 가 있어서 수시로 '숙제할 시간이야' '손에 물기가 있잖아. 다시 닦고 와' '그 신발 신지 마. 옷이랑 안 어울려'라고 말하더라고. 친구가 그렇게 지극정성인데 아이가 왜 갈수록 공부를 못하는지 모르겠어. 처음에 초등학교에 입학했을 땐 반에서 3등을 하더니 6학년 졸업할 땐 뒤에서 3등을 하지 뭐야. 중학생이 된 지금도 뭐 하나 썩 잘하는 게 없나봐. 어려서부터 영어를 배웠어도 성적이 낮고, 과연 지능지수가 높은 게 맞는지 의심스러워. 게다가 너무 내성적이라서 말도 잘 안 듣고 야무지지 못해. 친구는 자기가 교육에 얼마나 많은 공을 들였는데 아이가 왜 저 모양인지 모르겠다면서 신세 한탄만 하고 있어."

친구가 내게 물었다.

"네가 보기에 뭐가 문제니? 친구 아들이 왜 그러는 거야?"

난 잠시 생각한 뒤에 말했다.

"네 친구가 문제네. 개선할 수 있는 방법은 간단해. 하지만 네 친구가 잘해낼 수 있을지 모르겠다. 아예 안 할 것도 같기도 하고."

친구가 의심의 눈초리를 보내기에 말했다.

"네 친구는 강한 엄마이고 아이를 너무 엄격하게 관리해서 문제야. 치료 방법은 이와 반대로 아이를 관리하지 않는 거야."

"관리하지 말라고?"

"주변에서 이런 상황을 많이 봤을 거야. 아이를 지나치게 엄격하게 관리하는 부모는 대부분 직장생활이나 일상생활을 열심히 해. 또 성공하려는 동기가 강해서 자신을 철저하게 관리하고 어떤 일을 해도 잘해서 꼭 성과를 이뤄. 아이를 교육할 때도 마찬가지야. 아이를 잘 가르치고 싶은 마음이 간절하고 잘 교육시킬 자신이 있어서 자기관리를 할 때와 똑같은 방법으로 아이를 관리해. 하지만 결국 실망하고 말아.”

“그래, 맞아. 왜 그럴까?”

“문제는 아이는 돌이 아닌데 어른은 아이를 돌이라고 생각하고 자신의 생각대로 조각하려는 데 있어. 부모가 조각가, 교육이 조각이라고 했을 때 조각은 조각가와 돌의 상호작용에 의해서 만들어져. 하지만 조각가인 부모가 이런 상호작용을 이해하지 못하고 교육을 받는 입장인 아이를 탄성이 없는 돌이라고 생각하고 아이의 감각을 무시한 채 조각하고 싶은 대로 조각하면 결국은 옥석도 잡석이나 돌 부스러기가 되고 말아. 상호작용을 모르면 아이를 존중한다고 할 수 없어. 아이를 존중하지 않고 지나치게 관리하고 간섭하면 아이의 정상적인 성장 질서가 흐트러져.

네 말을 들으면 네 친구가 얼마나 열심히 노력하는지 알 수 있어. 하지만 그녀의 행동은 교육의 요소가 적고 명령과 감시가 대부분이야. 명령과 감시가 교육이니? 아니잖아. 만약에 교육이 이렇게 간단하면 모든 부모가 원하는 대로 아이를 교육해서 세상에 신세 한탄하는 부모가 없게? 명령과 감시의 주요 성분은 통제야. 요즘은 아이가 한 명인 집이 많아서 부모들이 아이를 관리하는 데 많은 시간과 정성을 들여. 더욱이 가정교육에 따라서 아동교육의 효과가 달라진다는 인식이 널리 퍼져서 모든 부모가 최선을 다해서 아이를 교육하려고 해. 하지만 아동교육은 고된 노동이 아니라 예술이고, 예술이라고 생각한 부모만 아이를 잘 교육할 수 있어. 맹목적으로 최선을 다하고 힘을 남용하면 상황만 더 나빠져. 네 친구의 아들이 실망스럽게 변한 것도 다 이 때문이야.

사실 네 친구는 지금까지 아들 앞에서 권위적으로 행동했어. 권위가 있어야 다른 사람에게 끊임없이 명령과 감시를 할 수 있는 자격이 생긴다고 생각했나봐. 사람은 천성적으로 누가 자기에게 권위를 내세우는 것을 싫어해. 그래서 권위에 굴복한 사람은 압박감과 불쾌함을 느끼고 속으로 반항하지. 비록 아이는 권위에 대해서 분명하게 모르지만 뭘 해도 불편하고 자유롭지 않고 만족스럽지 않아서 혼자 고민하다가 자제력과 자신감을 잃고 점점 부모의 말도 안 듣고 어리석게 변했을 거야. 부모는 반드시 '지나침은 미치지 못함과 같다'는 말을 명심하고 아이 앞에서 권위를 내세우지 않고 아이를 온화한 사랑으로 대해야 돼. 간섭을 지나치게 받는 아이는 권위적인 부모의 '심부름꾼'이 되고 나쁜 습관의 '노예'가 돼 손발이 묶이는 것 같은 고통을 당해. 하지만 고통에서 벗어나고 싶어도 능력이 없어서 못 벗어나. 어른인 우리도 이런 감정을 느낄 때가 많잖아."

"네 분석이 맞는 것 같아. 앞으로는 아이를 덜 간섭해야겠다."

"그래. 지금까지 한 말을 이렇게 종합할 수 있어. '관리하지 않는 것'이 가장 좋은 '관리'다."

"좋은 결론이야. 나도 이 말을 명심해서 아이를 교육하고 친구에게도 꼭 말해줘야겠어."

"그렇게 해. 하지만 네 친구가 반드시 받아들일 거라고 기대하지 마. 내가 이렇게 말하면 무슨 이유에선지 많은 부모들이 관리하지 말라는 말에 반감을 갖더라."

친구가 놀라는 것을 보고 다음 이야기를 해줬다.

"며칠 전에 어떤 아빠가 아이를 혼내는 것을 들었는데, '할머니, 할아버지는 바쁘시고 집에 형제자매는 많은데 누가 날 신경 썼겠니? 하지만 아빠는 혼자 힘으로 여기까지 왔어. 엄마, 아빠가 네게 신경을 많이 쓰고 날마다 공부하는 것을 도와주는데 넌 왜 노력을 안 하고 이 모양이야!'라고 말하는 거야. 내가 그 아빠를 잘 알거든. 그래서 솔직하게 말했어. '옳은 말이에요. 당신은 어려서부터 아무런 도움을 못 받아서 스스로 하는 법을 배웠어요. 하지만 아들은 누가 관리해주기 때문에 스스로 하지 못해요. 본인이 생각해야 하는 것을 부모가 대신 생각하고 자신이 느껴야 할 것을 부모가 깨우쳐주는데 뭐하러 정신을 차리고 스스로 자기관리를 하겠어요?' 그랬더니 이 아빠가 불만에 차서 반박하는 거야. '당신 말대로 아이를 관리하지 않아야 좋은 부모면 노력하는 나는 나쁜 부모요?' 그러곤 한동안 날 아는 척을 안 했어.

이 아빠가 이렇게 반응하는 건 놀랄 일도 아니야. 난 아이를 지나치게 관리하는 부모를 만날 때마다 아이에게 자유와 실수할 수 있는 기회를 많이 주고 아이를 덜 관리하라고 설득해. 문제를 개선하려면 반드시 이렇게 해야 하니까. 하지만 내가 이렇게 제안하면 부모들은 대부분 아이를 관리하지 말라는 말을 아이의 양육권을 포기하라는 말로 듣고 반감을 가져. 사실 이런 부모는 처음부터 아이를 관리하지 말라는 내 말을 이해할 생각이 없었어. 아이를 덜 관리하는 것은 부모의 책임을 약화시키는 것이 아니라 문제를 해결하는 방식이고 부모가 진심으로 아이를 존중하는 사고방식인데도 말이야."

친구는 고개를 끄덕였다. 부모는 늘 아이에게 이런저런 단점을 고치라고 요구한다. 하지만 누가 자신의 단점을 지적하면 겸허히 받아들이기는커녕 인정조차 안 하려고 한다. 이것은 부모님들을 상대로 일하기가 어렵고 많은 아이들의 문제가 잘 해결되지 않는 근본 원인이다.

잠깐의 침묵을 깨고 친구가 말했다.

"네 말을 이해하지만 난 지금 현실적인 문제가 있어. 만약에 아이가 곧 시험을 봐야 한다고 치자. 예컨대 고등학교나 대학교 입학시험이 코앞에 다가왔는데 아이가 공부를 안 하거나 피아노 시험이 있는데도 피아노를 열심히 연습하지 않으면 어떡해? 이때도 아무 말 않고 가만히 있어야 돼?"

"중요한 시험이 있는데 열심히 공부하지 않는 건 확실히 심각한 문제야. 하지만 스스로 알아서 안 하는 것은 겉모습에 불과하고 진짜 문제는 따로 있어. 요컨대 아이가 이성, 의지, 자제력이 떨어지고 가치관이 미숙하고 자존심이 부족해서 열등감을 느낄 수 있어. 아이에게 이런 문제가 있는 것은 부모의 잘못된 관리 방식과 반드시 관계가 있어. 따라서 아이를 관리하려면 기존의 방법을 고수하면 안 되고 반드시 방법을 바꿔야 해. 아이의 현재의 모습은 부모가 지금까지 관리한 것에 대한 결과야. 지금 당장은 어떤 방법을 쓰면 바로 효과를 볼 수 있을지 몰라서 그저 아이의 구체적인 상황에 따라서 작은 병은 작은 기술로, 큰 병은 큰 기술로 치료하라는 말밖에 못하겠어. 아이의 문제가 심각하면 부모는 교육 방법을 근본적으로 바꾸고 인내심을 갖고 아이가 스스로 알아서 하는 의식을 키우게 해야 돼. 내 경험이 도움이 될 것 같아서 말할게.

위엔위엔이 고등학교 1학년 때 크리스마스 선물로 공부하다가 지칠 때 음악을 들으라고 휴대용 CD플레이어를 줬어. 그런데 애가 허구한 날 음악을 틀고 숙제를 하는가 하면, 얼마나 CD를 많이 샀는지 당시에 유행하는 가요와 가수에 대해서 손바닥 들여다보듯이 훤히 다 아는 거야. 너도 알다시피 노래를 들으면서 공부를 하면 집중이 안 되잖아. 위엔위엔이 초등학생이면 괜찮지만 고등학생은 시간이 금이고 경쟁이 치열해서 조금만 게으름을 피워도 금방 뒤처져. 나랑 애 아빠는 안되겠다 싶어서 위엔위엔에게 공부할 땐 음악을 안 듣는 게 좋다고 말했어. 고등학교 숙제는 초등학교 숙제와 달리 완성하는 것이 중요한 게 아니라 숙제를 하는 과정에서 생각하고 이해하는 것이 중요하니까.

위엔위엔은 '저도 잘 알아요. 하지만 전 음악을 들어도 공부가 잘 되요'라고 대답하고 며칠이 지나도 여전히 이어폰을 끼고 숙제를 하더라. 그래서 내가 다시 말했어. 그랬더니 더는 못 참겠다는 듯이 자기도 어떻게 하는 것이 좋은지 다 아니까 더 이상 간섭하지 말라고 짜증을 내는 거야.

한동안 서로 말도 안 하고 지냈지만 얼마나 마음을 졸였는지 몰라. 음악을 들으면서 공부하는 것도 문제지만 전체적으로 공부하는 태도가 많이 해이하더라고. 이때 '관리'하고 싶은 충동이 목 끝까지 올라오는 걸 꾹 참고 남편과 상의 끝에 더 이상 이 일에 관여하지 않고 위엔위엔이 마음대로 하게 뒀어.

아직 CD플레이어를 산 지 얼마 안 돼서 신기하고 아직 대입시험을 보려면 멀어서 그렇지 고등학교 2학년이 돼서 공부하기 바쁘고 더 이상 CD플레이어가 신기하지 않으면 열심히 공부할 거라고 생각했거든. 음악을 들으면서 공부하는 것으로 스트레스를 푸는 것은 조금 해이한 방식이지만 스스로 알아서 하는 방법을 익히기 위해서 반드시 거쳐야 할 과정이야. 또 위엔위엔은 단지 음악에 심취했을 뿐인데, 사춘기 청소년이 어떤 일에 깊게 빠졌을 때 강제로 못하게 하는 것은 결코 좋지 않아.

공부는 신체와 심리라는 두 가지 체계로 이뤄져 있어. 압박하는 방법은 아이를 책상 앞에 앉혀 책을 보고 연필을 쥐게 하는 등 신체를 공부하도록 움직일 수 있지만 심리를 움직이지 못해. 때문에 위엔위엔이 원하지 않는 상황에서 우리 부부가 강제로 음악을 못 듣게 하면 공부에 집중하지 못할뿐더러 외려 공부만 더 하기 싫어져. 위엔위엔이 음악을 들어도 공부에 지장이 없고 어떻게 하는 것이 가장 좋은지 본인이 안다고 하니까 그냥 위엔위엔의 말을 믿을 수밖에.

우리 부부는 더 이상 이 일을 언급하지 않기 위해서 서로 조심했는데, 말하는 것보다 말 안 하는 것이 더 어렵더라. 아이가 부모의 심리에 도전하는 행동을 할 때 충분한 이성과 인내심을 갖고 문제를 처리해야 해. 이렇게 시간이 길어지면 자기도 모르게 아이를 관리하지 않게 돼.

위엔위엔이 공부할 때 음악을 듣건 말건 신경 쓰지 않다가 어느 날 보니까 책꽂이에 CD플레이어가 먼지가 수북이 쌓인 상태로 있더라.

위엔위엔이 대학에 간 뒤에 이 일에 대해서 물으니까 그러더라고. 음악을 들으면서 숙제를 하니까 확실히 집중이 안 된대. 처음에 선물 받았을 땐 노래를 너무 듣고 싶어서 늘 이용했지만 고3 땐 긴장이 된 나머지 공부할 때나 숙제할 때나 음악을 듣는 게 방해가 되니까 더 이상 안 듣고 싶더래. 아이도 저마다 생각이 있고 발전하고 싶으니까 책임 있는 태도로 자신을 관리하더라.”

내 친구가 말했다.

“네 얘기를 들을수록 노자의 ‘무위이치(無爲而治)’[9]가 생각나.”

“비슷한 개념이지.”

난 친구가 대화에 싫증을 안 내기에 계속해서 웃으며 이야기를 이어갔다.

“사람은 다른 사람의 ‘관리’를 받기 위해서 태어나지 않아. 모든 사람은 자유를 원해. 아이는 구속받지 않고 자신의 천성을 마음껏 펼치며 자라야 해. 아이는 아름답게 독립적으로 존재하는 세계고, 무한한 활력과 자아를 형성하는 잠재력이 있어. 마치 하나의 씨앗에 뿌리, 줄기, 잎, 꽃이 숨어 있다가 적합한 요건이 조성되면 자연스럽게 자라는 것처럼. 부모가 농부의 마음을 갖고 적당히 관리하면 아이는 반드시 잘 자랄 수 있어.”

---

9 성인의 덕이 너무 커서 아무 일을 하지 않아도 유능한 인재를 얻어 천하가 저절로 잘 다스려짐을 이르는 말이다.

"평소에 학부모회의에 가면 교장선생님이나 담임선생님은 아이들의 문제를 말하면서 아이에게 좀 더 신경 쓰고 함께하는 시간을 많이 갖고 아이를 잘 관리하라고 강조하셨어. 하지만 오늘 너와 대화를 나누고 아이의 문제는 부모가 관리하지 않아서가 아니라 지나치게 관리해서 생긴다는 것을 알았어."

난 웃으며 말했다.

"네가 핵심을 짚었어. 부모는 자신의 한계를 알아야 해. 아이가 어떤 발달 단계에 있을 때 부모가 할 수 없는 일이 있고 할 필요가 없는 일이 있어. 그 친구에게 밉보이는 것이 두렵지 않으면 지금 상황에서는 아무것도 안 하는 것이 아이에게 가장 좋은 것을 해주는 것이고 관리하지 않는 것이 가장 좋은 관리라고 말해줘."

어떤 상황에서나 공부하는
집중력을 길러준다

방금 막 아기를 낳은 친척, 친구, 동료들을 보면 아기를 매우 조심스럽게 재운다. 행여 아이가 깰까봐 목소리도 최대한 낮추고 전화선도 뽑는다. 아기를 사랑해서 이렇게 하는 것은 이해하지만 이것은 잘못된 방법이라서 아이가 잠을 자는 데 도움이 안 된다.

난 위엔위엔을 낳기 전에 미국의 저명한 소아과 의사이자 아동심리학자 벤자민 스포크가 쓴 『아이를 낳고 기르는 엄마가 알아야 할 아이 돌보기』[10]를 읽은 것을 행운이라고 생각한다. 당시에 '중국산' 육아관련 도서를 몇 권 읽은 뒤에 이 책을 읽었는데, '자연스러움'을 추구하

---

10 어린아이의 욕구, 질병 등 육아에 대한 상식을 알려주는 책이다. 부모가 아이에게 갖게 되는 걱정과 불만의 원인과 그 해결책, 어린 아이를 다루는 방법과 아이에게도 시켜야 할 일, 학교에 다니는 목적 등을 설명했다. 엄마의 세심한 주의가 아이를 훌륭하게 성장시키는 바탕임을 강조했다.

는 '수입'된 책의 육아관이 더 과학적이고 합리적이고 내 구미에 맞았다. 예컨대 아기를 재울 때 '중국산' 책은 아이가 숙면을 취할 수 있게 주변 환경을 최대한 조용하게 만들라고 했다. 하지만 이 책이 제시한 방법은 달랐다.

"집안에서 나는 소리는 아이의 수면에 영향을 주지 않는다. 따라서 집에서 뒤꿈치를 들고 다니거나 모기만한 소리로 말할 필요가 없다. 안 그러면 아이가 조용한 환경에 있는 것이 습관이 돼서 갑자기 작은 소리만 나도 잠에서 쉽게 깬다. 갓난아이건 유아건 평소에 집안에서 나는 소음이나 말하는 소리에 익숙해지면 손님이 와서 웃고 떠들거나 라디오, TV를 켜거나 잠잘 때 누가 방에 들어와도 달콤한 잠에서 깨지 않는다."

부모님들께 도움이 될 사례가 있다.

아이는 어른이 정상적으로 활동해도 아무런 방해를 받지 않고 곤히 잘 수 있을 뿐더러 약간의 소음이 있는 환경은 오히려 좋은 수면 습관을 키우는 데 도움이 된다. 난 위엔위엔을 낳은 뒤에도 할 일이 있으면 다 하고 평소와 다름없는 크기로 말하고 TV를 봤다. 그래도 위엔위엔은 아무 소리도 못 들은 것처럼 잘 잤다. 위엔위엔이 태어나고 만 한 달 만에 사진을 찍었을 때 나의 이런 생각은 더욱 확실해졌다.

위엔위엔이 생후 1개월 때 집에 사진기가 없어서 사진사를 불러서 사진을 찍기로 결정했다. 사진사가 도착했을 때 위엔위엔은 한창 자는 중이었다. 하지만 사진사는 다른 집에도 예약이 있는 상태라 깰 때까지 마냥 기다릴 수 없어 결국 위엔위엔을 깨웠다. 난 위엔위엔의 얼굴을 부드럽게 쓰다듬고 평상시 목소리로 깨웠다. 하지만 위엔위엔은 아무런 반응을 보이지 않았다. 그래서 이불을 걷고 위엔위엔의 손발을 주무르며 좀 더 큰 소리로 깨웠지만 여전히 일어나지 않았다. 옆에 있던 남편이 안아서 깨우라는 말에 위엔위엔을 안고 엉덩이와 등을 토닥거렸지만 마치 내가 잠재우기 위해서 아기의 몸을 토닥거린 것처럼 내 품에 안겨 더더욱 달콤하게 잤다. 우리 부부는 이 상황이 너무 신기하고 웃겼고, 사진사도 깨워도 안 일어나는 위엔위엔을 신기하게 여겼다. 손가락으로 목을 살살 간질여도 얼굴에 엷은 미소를 띤 채 잠깐 뒤척일 뿐 잠에서 깨어날 줄 몰랐다.

이때 친정엄마가 수건으로 얼굴을 닦아보자는 아이디어를 냈다. 차가운 수건을 여린 볼에 대자 코를 찡긋거리다가 이내 편한 표정을 짓고 계속해서 잤다. 위엔위엔을 깨우기 위해서 30분을 매달렸지만 깨어나지 않아서 어쩔 수 없이 사진사를 다른 집부터 찍고 오라고 돌려보냈다. 그런데 사진사가 떠나고 채 10분도 안돼 위엔위엔이 뒤척이다가 갑자기 눈을 뜨고 젖을 달라고 울기 시작했다. 우리 부부는 화가 나면서도 한편으로 어이가 없어서 웃음이 나왔다.

이 일을 겪은 뒤에 우리 부부는 아이는 방해를 받아도 매우 잘 잘 수 있다는 사실을 발견했다. 아마 다른 사람들은 단잠을 자는 아기를 일부러 깨울 필요가 없어서 이 현상을 쉽게 발견하지 못했을 것이다. 이후 우리 부부는 집안에서 소리가 나더라도 위엔위엔이 깰까봐 걱정하지 않았다. 위엔위엔은 집안에서 소리가 나도 잘 잤기 때문이다.

좀 더 자란 뒤에 위엔위엔은 잠에서 쉽게 깼다. 위엔위엔이 한 살 때부터 우리 가족은 기차 시간에 맞추기 위해서 종종 한밤중에 일어났는데 내가 깨우면 착하게도 안 울고 잘 일어났다. 하지만 평소에는 아주 깊게 잠들어서 일부러 깨우지 않으면 시끄러워도 잘 안 일어났다. 위엔위엔의 귀는 마치 특별한 기능이 있어서 필요 없는 소리를 걸러서 듣는 것 같았다.

위엔위엔이 두 살 때인 어느 날 저녁, 우리 부부는 잠들기 전에 어떤 일 때문에 언성을 높였다. 당시에 위엔위엔은 우리 부부가 있는 방에서 자고 있었다. 행여 깨면 어떡하나 걱정했지만 뒤척이지도 않고 잘 자서 남편과 목청껏 소리치며 시원하게 다퉜다. 우리 부부가 폭풍우가 몰아치는 것처럼 싸워도 위엔위엔은 자장가를 듣는 것처럼 달콤하게 잤다.

태어난 지 몇 개월 안된 아기가 특별하게 민감하지도 않은데 조금만 시끄러워도 잠을 못 자는 것은 태어나고 몇 개월 사이에 나쁜 습관을 익혀서다. 또한 어떤 아기는 태어난 지 얼마 되지 않아 심한 복통에 갑자기 놀라서 깨어 우는데 이 사실을 잘 모르는 부모는 그저 주변이 시끄러워서 깬 줄 안다. 상황이 어떻든 간에 부모는 아기에게 주변이 조용해야 잠을 자는 습관을 키우면 안 되고 생활의 소음에 서서히 적응해서 소리가 나도 잠을 자게 가르쳐야 한다.

간단한 생리문제를 잘못 해결하면 결국 심리문제가 된다.

내가 아는 여자 대학원생의 룸메이트는 조금만 시끄러워도 잠을 못 잔다. 그녀의 룸메이트는 같은 방을 쓰는 나머지 세 학생이 조심해도 늘 시끄러워서 잠을 못 잔다고 투덜대는가 하면 세 학생이 방에 없을 땐 복도에서 사람들이 떠든다고 불평하고, 한밤중에 복도에서 떠드는 사람이 없을 땐 창밖에서 들리는 소리 때문에 깊은 잠을 못 잤다. 그녀가 깊은 잠을 자려면 무인도가 필요했다. 같은 방을 쓰는 학생들에게 얼마나 민폐를 끼쳤을지 짐작이 된다. 하지만 이들 중에서 가장 괴로운 사람은 자신이다. 듣자하니, 그녀의 어머니가 시끄러우면 잠을 못 자서 어려서부터 특별히 '보호'했다. 하지만 이 보호는 그녀에게 복이 되지 않고 평생 따라다니는 불편함이 됐다.

사람들은 잘 때 조용한 환경을 찾는 것처럼 공부할 때도 습관적으로 조용한 환경을 찾는다. 하지만 좋은 수면 습관을 키울 때 적당한 소음이 도움이 되는 것처럼 공부할 때도 적당한 소음이 집중력을 키우는 데 도움이 된다. 따라서 아이의 학습 환경을 조성할 때 지나치게 조용함을 추구하면 안 된다. 그렇지 않으면 부작용에 시달릴 수 있다.

요즘에 가장 골치 아픈 경향은 학교나 가정에서 조용한 학습 환경을 조성하기 위해서 최선의 노력을 다하는 것이다. 교실에서 조용하게 있는 것은 아름다움의 기준이고 시끄럽게 구는 것은 나쁜 현상이라고 보는 것도 모자라 어떤 초등학교는 학생들이 학습 활동을 할 때도 소리를 못 내게 한다. 하지만 이렇게 하는 것은 너무 지나친 처사다.

베이징의 어느 초등학교는 날마다 마지막 수업을 마치기 전에 '관리반'이라는 시간을 가진다. 이 시간은 원래 학생들에게 자유롭게 활동할 수 있는 시간을 주자는 취지에서 만들었지만 사실상 자율학습을 하는 시간으로 변질됐다. 관리반 시간은 반마다 감독하는 선생님이 있어서 누가 떠들기라도 하면 바로 혼난다. 어떤 반은 학급 질서가 엉망이라서 선생님이 교탁을 두드리며 큰소리로 '질서'를 외치기도 했다. 사실 학교에서 아침부터 저녁까지 조용함을 추구하는 현상은 비단 어제 오늘의 일이 아니다. 내가 초등학교에 다닐 때도 이랬는데 어째 지금이 더 심해졌다.

위엔위엔의 초등학교는 2학년 때부터 자율학습을 실시했다. 반마다 선생님이 따로 감독하지 않고 반장, 부반장이 대신 감독했는데 담임 선생님은 당시에 반장이었던 위엔위엔에게 반 아이들을 데리고 조용히 공부하라고 시켰다. 하지만 자습 첫날에 선생님도 없는데 누가 반장의 말을 듣겠는가? 한쪽을 조용히 시키면 다른 쪽에서 떠들고, 교실은 자습시간 내내 시끄러웠다. 특히 위엔위엔이 숙제 하나를 마치고 나니까 교실이 온통 시장판처럼 시끄러워서 일어나서 조용히 시킬 수밖에 없었다. 하지만 조용히 하라는 소리마저 아이들이 떠드는 소리에 묻혀서 크게 소리를 질러서야 겨우 교실을 조용하게 만들었다.

이 방법은 근본적으로 위엔위엔의 천성과 안 맞았다. 또한 선생님이 위엔위엔에게 무조건 자율학습을 책임지라고 해서 위엔위엔이 많은 어려움을 겪다가 결국 스스로 '사퇴서'를 쓰고 반장에서 물러나 문예부 회원이 됐다. 내가 왜 그랬냐고 묻자 위엔위엔은 자율학습을 관리하기 싫어서 반장을 그만뒀다고 대답했다. 상황이 얼마나 심각했으면 위엔위엔이 스스로 '관직'을 뿌리쳤을까!

초등학교는 아이가 활동하는 장소이고, 아이의 천성은 활발하게 활동하고 싶어 한다. 소리가 얼마나 시끄러우면 아이가 공부를 못할까?

이미 많은 교육 관련 종사자들은 아이를 해칠 정도로 조용함의 신경증에 걸렸다고 해도 과언이 아니다.

내 친구의 아들은 초등학교 때 소음이 없는 복도를 만들기 위해서 스스로 '문화 학교'를 만들겠다고 다짐하고 아이들이 쉬는 시간에 복도에서 시끄럽게 못 떠들게 했다. 마침 학교도 학급 임원들을 배치해서 복도에서 아이들이 큰소리를 못 내게 단속하는가 하면 떠드는 학생이 있으면 바로 기록해서 점수를 깎았다. 그 결과 더 이상 점수를 안 깎이게 하기 위해서 담임선생님이 수업이 끝난 뒤에 아이들을 복도에 마음대로 못 돌아다니게 하고 교실에 줄을 세운 채 차례대로 화장실에 다녀오게 했다. 소문에 따르면 위앤위앤의 초등학교 복도는 매우 조용해서 다른 학교가 벤치마킹의 목표로 삼았다고 한다.

소음이 없는 복도에서 자란 아이가 학교교육에서 실질적으로 느낄 수 있는 감정은 '야만'뿐이다. 문화를 억지로 만드는 학교에서 과연 아이가 어떤 문화를 느낄 수 있겠는가?

교육은 아이가 좋은 습관을 키우는 밑거름이 돼야 하고 겉으로 보이는 단정함과 부정적인 현상을 추구하면 안 된다. 학습 환경은 일부러 소란을 피우거나 지나치게 조용함을 추구할 필요가 없고 자연스러움을 따르는 것이 가장 좋다. 학습 환경이 아이의 천성에 맞으면 아이는 놀라울 정도로 집중력을 발휘한다. 사실 시끄러워도 공부를 잘하는 것과 잠을 잘 자는 것은 서로 같은 문제라서 같은 방법으로 해결할 수 있다.

다음의 초등학교는 어떻게 했는지 살펴보자.

이 초등학교는 아이들이 날마다 자유롭게 활동하고 원하는 수업을 골라서 들을 수 있다. 또한 학교 자체적으로 아이들이 하고 싶어 하는 일을 안 막아서 저마다 하고 싶어 하는 일을 한다. 예컨대 도서실에서 책을 보고 싶은 학생은 책을 보고, 노래하고 싶은 학생은 노래하며, 그림을 그리고 싶은 학생은 그림을 그린다. 다른 사람이 보기에 이 초등학교는 매우 시끄러운 것 같지만 아이들은 서로 간섭하지도 않고 방해하지도 않으며 즐겁게 생활한다. 이 초등학교가 이렇게 하는 목적은 주변에서 어떤 소음이 나도 아이들이 방해받지 않고 집중할 수 있는 능력을 키우기 위해서다.

이 초등학교는 생활하기가 얼마나 즐거운지 아이들이 수업을 다 마친 뒤에도 집에 가려고 하지 않고 아침에도 학교에 일찍 온다. 이 초등학교에 다니는 학생들은 대부분 평범하다. 몇몇 장애인과 다른 학교에서 쫓겨온 아이들도 있었지만 이 초등학교에서 교육을 받은 뒤에 거의 다 인재가 됐다. 과연 이 학교는 어떤 학교일까? 『창가의 토토』[11]라는 책에 나오는 일본의 유명한 학교 '도모에 학원'이다. 도모에 학원은 일본의 교육가인 소사쿠 고바야시 선생이 70여 년 전에 세웠는데 시대에 앞선 그의 교육 사상은 매우 본받을만하다.

가정에서 부모는 아이에게 방해받지 않고 조용히 공부할 수 있는 환경을 제공해야 한다. 하지만 이런 환경을 조성하는 것도 정도껏 해야지 지나치면 독이 된다. 만약에 부모가 너무 신경 쓰거나 초조해하면 좋

---

11 일본의 방송인 구로야나기 테쓰코가 자신의 어린 시절을 쓴 자전소설이다. 출간 첫해 500만 부가 팔리는 등 신드롬을 불러일으켰고, 전 세계적으로 자유주의교육, 이른바 대안교육 열풍을 불게 했다.

은 효과를 거두기는커녕 부작용만 생긴다.

위엔위엔이 중학교에 다닐 때 우리 아랫집에 고3 수험생을 둔 가족이 살았다. 당시에 위엔위엔은 얼후 시험에 참가하기 위해서 기숙형 학교에 다녔고 주말에 집에 와서도 얼후를 연습했다. 그런데 위엔위엔이 얼후를 켜기만 하면 아파트 전체에 연결된 라디에이터에서 '탁탁' 소리가 났다. 처음에는 이 소리가 우리 가족에게 내는 소리인지 몰랐다. 그도 그럴 것이 비록 아파트의 방음시설이 안 좋지만 어느 집에서 소리를 내도 이웃집에 방해가 될 정도로 크게 들리지 않았다. 하지만 이런 일이 몇 번 있은 뒤에 우리 가족은 그 소리가 위엔위엔이 얼후를 연습하지 못하게 하기 위해서 내는 소리라는 것을 알아차렸다.

훗날 엘리베이터에서 '탁탁' 소리를 낸 집의 주인을 만났을 때 그녀는 옆 사람에게 이웃집이 시끄럽게 구는 바람에 딸아이가 공부를 못해서 일부러 라디에이터를 '탁탁' 쳤고 너무 시끄러운 집은 직접 찾아가서 항의했다고 말했다. 난 그녀가 지나치다고 생각했지만 딸이 고3이라는 말에 되도록 집안에서 큰 소리가 안 나게 조심했다.

위엔위엔은 저녁 때 얼후를 연습하지 못하고 토요일 오전에 아랫집 고3 학생이 학교에 갈 때만 연습했다. 다들 얼마나 이 집의 눈치를 보는지 옆집은 피아노조차 마음대로 못 쳤다. 수시로 라디에이터에서 '탁탁' 소리가 나는 것을 보면 아랫집 주인은 자기네 아이들이 공부할 때 아예 아무 소리도 안 나게 하려는 것 같았다. 당시에 난 아랫집에 사는 고3 학생이 걱정됐다. 부모가 라디에이터를 '탁탁' 치는 것은 어디서 소음이 난다고 수시로 알려주는 것이나 마찬가지인데 아이가 온종일 라디에이터에서 나는 '탁탁' 소리를 들으면 공부에 집중할 수 있을까? 그런데 아니나 다를까, 아랫집 고3 학생은 대학에 떨어져서 결국 재수를 했다.

아이가 공부하기 싫은 나머지 시끄러워서 공부가 안 된다고 변명할 때 부모는 아이의 나쁜 버릇을 키우는 데 일조하면 안 된다. 무균실에서 건장한 체격을 가진 사람이 나지 않는 것처럼 주변이 조용해야 공부가 잘된다는 것은 근거 없는 소리다. 정상적인 환경에서 방해를 받는 아이는 조용한 환경에서도 쉽게 방해를 받는다. 아이를 방해하는 진짜 요인은 주변에서 나는 소리가 아니라 스스로 소리를 찾는 습관이다.

아이가 자라면서 문제를 겪을 때마다 부모가 일일이 쫓아다니며 항상 이상적인 성장 조건을 제공할 수 없는 노릇이다. 따라서 아이에게 환경에 적응하는 능력을 키우는 것은 좋은 환경을 휴대하고 다닐 수 있게 하는 것이나 마찬가지다.

위엔위엔이 고등학교에 다닐 때 친정 엄마가 우리집에 오셨는데 당신께서 TV를 보시면 손녀딸이 공부를 못할까봐 걱정하셨다. 우리 부부는 마음껏 TV를 봐도 괜찮으니까 보시고 싶을 때 언제든지 보시라고 몇 번이나 말씀드렸다.

우리 부부가 한 말은 진심이었다. 위엔위엔의 방에 TV가 없기 때문에 위엔위엔이 방문을 닫으면 공부에 방해받을 일이 없었다. 위엔위엔은 그간 알게 모르게 소음이 나도 집중하는 능력을 키웠다. 초등학교 땐 내가 일부러 TV를 보면서 숙제를 하게 시키기도 했다.

대입시험을 두 달 앞두고 우리 집에서 채 100미터도 안 되는 곳에서 고층건물을 짓는 공사가 시작됐다. 규정상 낮에는 트럭이 시내에 진입하지 못하고 밤에만 다닐 수 있어서 날마다 밤 열한두 시에서 이튿날 새벽 서너 시까지 끊이지 않고 트럭의 클랙슨 소리, 지게차 움직이는 소리, 일하는 사람들이 말하는 소리가 났다. 같은 아파트에 사는 두 명의 다른 수험생 부모가 공사장을 찾아가서 항의했지만 공사장은 하루도 쉬지 않고 소음을 냈다. 공사장 측은 아파트에 사과문을 붙이고 계속해서 양해해달라는 말만 되풀이했다.

　　우리 부부도 공사장에서 나는 소리가 너무 커서 불만이었지만 시공사도 그들 나름대로 어려움이 있어서 찾아가서 항의해도 효과가 없을 것 같았다. 우리 가족이 할 수 있는 것은 소리를 신경 쓰지 않거나 찾아가서 항의하는 것밖에 없었다. 우리 부부는 위엔위엔 앞에서 공사장 소음에 관한 말을 꺼내지 않았다. 그리고 관찰한 결과 위엔위엔은 공사장 소음을 전혀 신경 쓰지 않고 날마다 편안하게 공부했다. 그래서 우리 부부도 아무 일 없는 것처럼 공사장 소음을 신경 쓰지 않았다.

　　위엔위엔은 어려서부터 시끄러워도 잘 자는 습관을 키운지라 밖에서 공사를 하건 말건 신경 쓰지 않고 잘 잤다. 대입시험을 보기 전에도 긴장이 전혀 안 돼서 자신이 시험을 보는지도 모르겠다고 말했는가 하면 대입시험이 끝난 뒤에는 시험을 앞두고 잠을 못 이룬 적이 한 번도 없었다고 말했다.

　　대입시험을 마친 뒤에 위엔위엔에게 공사장 소음이 공부를 방해하지 않았냐고 조심스럽게 물었다. 그러자 위엔위엔은 그제야 밖에서 공사를 하고 있다는 것을 떠올리고 대답했다. "가끔 공사하는 소리가 들릴 때도 있었지만 신경 쓰일 정도로 그렇게 시끄럽지 않았어요."

부모는 아이에게 긍정적인 영향을 주는 동시에 주위 환경을 불평하지 않고 자신이 처한 환경과 화목하게 지내는 법을 가르쳐야 한다.

주위 환경에 적응하면 옆집의 TV 소리, 사람들이 싸우는 소리, 달리는 차에서 나는 소리와 클랙슨 소리, 공사장의 기계 소리와 같은 '소음'이 더 이상 시끄러운 잡소리처럼 안 들린다. 소음은 이미 온 도시를 뒤덮어서 혼자 신경 쓴다고 해서 달라지지 않는다.

소음처럼 작은 문제는 담담한 태도로 대하면 해결의 가능성이 커진다. 주변이 시끄러워도 잠을 잘 자는 것은 생리에 관한 문제가 아니라 교육에 관한 문제다.

어떡하면 스스로 TV를
조금 볼까

 타이완의 문화학자 리아오는 날카롭게 말했다.
"TV는 바보를 대량으로 생산하는 기계다."

리아오의 말은 일리가 있다. 연구 자료에 따르면 사람이 TV를 볼 때의 뇌파와 잠을 잘 때의 뇌파는 매우 비슷하다. TV 앞에 앉으면 사람의 대뇌는 모든 문제에 적극적으로 반응하지 않고 몸도 긴장이 풀린다. 이 상태는 대뇌와 신체가 한창 발달 중인 아동과 청소년에게 이롭지 않다. 초등학교에 들어가기 전에 TV를 많이 본 아이와 책을 많이 읽은 아이는 초등학교에 들어간 뒤에 지적 능력 면에서 큰 차이가 난다.

아동기는 지능이 발달하기에 가장 좋은 시기고, 지능이 발달하려면 끊임없는 정보의 자극이 필요하다. TV는 수동적이고 일상적인 활동이라서 아이가 정보를 조금 얻을 수 있지만 독서에 비하면 대뇌를 자극하고 발달시키는 효과가 매우 작다. 주구장창 TV만 보고 책을 안 읽는 것은 작은 것을 얻고 큰 것을 잃는 것이나 마찬가지다.

또한 습관의 문제도 있다. 어려서부터 넋을 잃고 장시간 TV를 본 아이는 TV가 없으면 어쩔 줄 몰라 할뿐더러 의지를 불태우며 일하고 노력하는 것을 어려워하고 재미없어 한다. 공부처럼 적극적인 의식과 노력이 필요한 활동도 타성에 젖어서 꽁무니만 뺀다.

우리 부부는 위엔위엔이 뭘 하고 싶어 하면 말리지 않았지만 TV를 보는 일만큼은 엄격하게 통제했다. 하지만 위엔위엔은 자신이 '통제'를 당한다는 사실을 알아차리지 못했다. 우리 부부는 위엔위엔에게 단 한 번도 TV를 보지 말라고 말하거나 날마다 TV를 볼 수 있는 시간을 정하고 강제로 TV를 끈 적이 없다. 때문에 위엔위엔은 우리가 TV를 보는 것을 간섭하지 않는다고 생각했다. 우리 부부의 행동은 겉으로 보기에 TV를 보는 것을 마냥 허락하는 것처럼 보였다.

예를 들어 위엔위엔이 초등학교에 다닐 때 「황제의 딸」이라는 드라마가 한창 인기를 끌었다. 원래 우리 가족은 드라마를 보는 것은 시간을 낭비하는 것이라고 생각해서 잘 안 본다. 위엔위엔은 어려서부터 가족 분위기의 영향을 받아서 웬만하면 드라마를 챙겨보지 않는다. 「황제의 딸」이 처음 방영을 시작했을 때 우리 가족은 TV에서 이런 드라마를 하는지도 몰랐다. 그런데 어느 날 위엔위엔이 학교에서 친구들이 이 드라마가 재밌다고 말하는 것을 듣고 와서 한 번 봤다가 푹 빠지고 말았다. 위엔위엔은 주인공을 가장 좋아했다.

「황제의 딸」은 날마다 저녁 일곱 시부터 열 시까지 연속 세 편이 방송됐다. 원래 이 시간은 위엔위엔이 숙제를 하고 얼후를 연습하고 소설을 읽는 시간이다. 습관에 따르면 위엔위엔은 학교에서 돌아오면 먼저 숙제부터 하고 얼후를 연습한 뒤에 소설을 읽거나 놀다가 아홉 시 반쯤에 잠들었다. 하지만 드라마에 재미를 느낀 다음부터 숙제를 마친 뒤에 「황제의 딸」을 봤고 드라마가 모두 끝나면 잠잘 시간이 훌쩍 지나서 얼후를 연습했고, 소설을 읽는 것은 꿈도 못 꿨다.

소설은 며칠 안 읽어도 큰일 나지 않는다. 하지만 얼후는 배우기 시작한 지 얼마 되지 않아서 날마다 연습해야 했다. 난 속으로 초조해하다가 위엔위엔에게 날마다 한 회씩 덜 보는 것을 제안하려고 했지만 이내 생각을 접었다. 위엔위엔이 매우 좋아하는데다가 드라마는 회마다 내용이 서로 연결돼서 전 회를 안 보면 다음 회를 이해할 수 없는데 어떻게 날마다 한 회씩 덜 보게 하는가? 더욱이 내가 강제로 한 회씩 덜 보게 하면 위엔위엔이 그 시간에 집중해서 얼후를 연습하겠는가?

사실 드라마를 봐서 가장 조급한 사람은 위엔위엔이었다. 드라마를 볼 땐 푹 빠져서 재밌게 봤지만 끝난 뒤에는 얼후를 연습할 시간을 놓친 것에 죄책감을 느꼈다. 하지만 당시의 의지력으로 위엔위엔이 스스로 한 회씩 덜 보기는 어려웠다. 결국 난 머리를 굴려서 해결 방법을 생각하기 시작했다.

한참을 생각한 끝에 위엔위엔에게 집에 돌아오면 얼후부터 연습한 뒤에 숙제를 하라고 제안했다. 이렇게 해서 위엔위엔은 드라마를 보기 전에 얼후를 연습하고, 얼후 연습이 막 끝날 즈음에 드라마가 시작되니까 드라마를 보면서 숙제를 했다. 사람들은 내 제안을 미친 짓이라고 생각할 것이다. 아이에게 숙제를 하면서 TV를 보라고 가르치다니, 아이가 가장 하면 안 될 것이 딴짓을 하면서 공부하는 것 아닌가? 아이는 마땅히 어려서부터 좋은 학습 태도를 키워야 한다.

하지만 난 이렇게 생각했다. 초등학생의 숙제는 대부분 체력 활동이라서 머리를 많이 쓰거나 깊게 생각할 필요 없이 조금만 집중하면 다 할 수 있다. 또한 TV는 특별하게 노력하지 않아도 얼마든지 볼 수 있다. 다시 말해서 숙제를 하는 것과 TV를 보는 것은 매우 간단한 일이라서 동시에 진행해도 괜찮다. 물론 이렇게 하면 한 가지에 집중할 수 없지만 숙제하거나 TV를 보는 데 지장이 없다. 설령 지장이 있어도 정도가 심각하지 않아서 전체적으로 균형이 맞는 좋은 방법이라고 할 수 있다.

위엔위엔은 내 제안을 듣고 솔깃했다. 자신에게 가장 중요한 일인 숙제와 얼후 연습도 하고 TV도 볼 수 있지 않은가? 모름지기 부모가 믿고 맡기면 아이의 마음은 편안해지기 마련이다. 과연 위엔위엔은 이 몇 가지 일을 야무지게 잘해서 먼저 얼후 연습을 끝마치고 드라마가 시작되면 드라마를 보면서 숙제했다.

사실 위엔위엔은 때때로 숙제하는 것을 잊고 드라마에 몰입하다가 중간에 광고가 나올 때나 드라마 시작과 끝부분에 노래가 나올 때 재빨리 숙제했다. 하지만 이렇게 하는 바람에 위엔위엔이 숙제하는 속도는 빨라지고 학교에서 남는 시간을 활용할 줄 알게 됐다. 위엔위엔은 저녁 때 드라마를 편하게 보기 위해서 학교에서 각종 자투리 시간을 최대한 이용해서 숙제를 하고 집에 와서도 틈만 나면 숙제를 했다.

몇 달 뒤인지 1년 만인지 「황제의 딸 Ⅱ」가 방영되자 위엔위엔은 또다시 TV 시청의 '황금기'를 맞았다. 이땐 내가 간섭하거나 신경을 쓰지 않아서 위엔위엔이 날마다 집에 돌아오면 시간을 어떻게 안배했는지 또렷이 기억나지 않는다. 단지 기억나는 것은 위엔위엔이 한 회도 빼놓지 않고 드라마를 모두 봤을 뿐더러 날마다 숙제와 얼후 연습을 하고, 드라마 내용과 똑같은 소설 『황제의 딸』을 사서 드라마의 마지막 회가 끝날 때까지 총 20여 권을 모두 읽은 것이다.

어떤 부모는 이렇게 반문한다.

"제 아이는 말을 잘 안 들어서 이렇게 풀어주면 고삐 풀린 망아지처럼 되고, 드라마를 보며 숙제를 하라고 하면 한 회 보고 난 뒤에 다음 회를 보고 또 그 다음 회를 보려고 해서 성적이 떨어질 거예요."

난 부모들이 스스로 알아서 하는 능력이 부족하고 철이 없는 자녀를 걱정하는 것을 이해한다. 이들에게 해주고 싶은 말은 하나의 사건과 하나의 현상을 따로 떼놓고 보지 말라는 것이다. 아이가 스스로 알아서 하는 능력이 떨어지는 이유는 다양한데 가정에 이미 쌓인 지 오래된 교육문제가 있는 경우가 대부분이다. 오래된 교육문제 중에서도 가장 큰 부분을 차지하는 것은 일이 생겼을 때 부모가 아이의 정서, 체면, 능력, 소망 등을 고려하지 않은 채 권위를 내세우며 강제로 처리하거나 직설적으로 아이를 나무란 것이다. 예를 들어 강제로 TV를 끄며 아이에게 TV를 너무 많이 본다고 잔소리하고 방에 가서 공부하라고 강요하는 것이다.

이와 같은 처리 방법을 이용할 때 부모는 TV를 끄면 아이가 TV를 보고 싶어 하는 마음도 같이 끌 수 있을지, TV를 그만 보고 방에 들어가서 공부하라고 하면 아이가 공부할지 잠시 생각해야 한다. 아이는 스스로 원해서 하는 것이 아니면 당장은 물론이거니와 앞으로도 열심히 공부하지 않고, 외려 TV를 보고 싶은 마음만 더 커져서 계속해서 TV를 볼까 말까를 놓고 고민하며 괴로워한다. 이렇게 하는 것은 아이를 교육하는 것이 아니라 아이의 자발성과 자신감에 상처를 주는 것이다.

아이는 새싹이라서 큰 소리를 내지 않고 부드럽게 교육하는 것이 가장 좋다. 아이는 원래 자아를 적극적으로 형성하려는 천성이 있다. 때문에 부모가 아이의 개성과 의지를 '통제'하지 않고 많은 일에 잘 적응할 수 있게 도와주면 아이는 자신의 천성을 건강하게 발전시키고 자아를 통제하는 힘을 키운다. 자아를 통제하는 힘은 다시 철이 들고 스스로 알아서 하는 능력을 키우는 근원이 된다. 따라서 나의 '방임'은 위엔위엔과 소통한 것이나 다름없다. 소통은 아이가 잘 받아들일 수 있는 방식의 통제다. 위엔위엔은 TV를 못 봐서 괴로워한 적이 없고 우리 부부는 TV를 보는 일을 놓고 위엔위엔과 단 한 번도 충돌하지 않았다.

위엔위엔이 중학생일 때 TV에서 「아프리카에 시집갔어요」라는 드라마를 했다. 이 드라마는 상하이 여자가 아프리카에서 온 유학생과 사랑에 빠져 각종 난관을 헤치고 남자를 따라서 아프리카에 가서 적응하는 과정을 그렸다. 내용이 매우 독특한지라 우리 모녀는 주말에 우연히 이 드라마를 한 번 보고 푹 빠지고 말았다. 이 드라마는 하루에 두 편씩 연속 방송을 했는데 기숙사에 살았던 위엔위엔은 주말에 집에 왔을 때만 볼 수 있는 것을 아쉬워했다. 그렇다고 집에 녹화 장비가 있는 것도 아니고, 난 방법을 곰곰이 생각하다가 위엔위엔이 주말에만 봐도 드라마의 앞뒤 상황을 이해할 수 있게 평일에 방송한 부분의 주요 내용을 모두 적었다.

사실 위엔위엔이 이 드라마를 안 봤으면 좋겠지만 이미 푹 빠져서 어쩔 수가 없었다. 또 한편으로 위엔위엔이 이 드라마를 계속해서 보고 싶어 하는 마음도 이해가 되는 것이 어른도 연속극을 보다가 중간에 못 보면 궁금한데 아이라고 다르겠는가? 그래서 난 날마다 TV를 보며 매회 줄거리, 인물들의 대화, 배경까지 최대한 다 기록했다. 위엔위엔은 집에 와서 5일치 '드라마'를 단숨에 다 보고 나와 함께 본방송을 기다렸다. 드라마를 TV로 보고 노트로 본 덕에 위엔위엔은 한 회도 빼놓지 않고 이 드라마를 다 봤다.

위엔위엔은 이미 나의 갖가지 '방임'에 익숙해져서 내가 이렇게 하는 것을 당연하게 여겼다. 하지만 그렇다고 '방임'을 이용하지 않았다. 위엔위엔은 몇 시까지 TV를 보면 더 이상 안 보는 것을 스스로 알아서 잘 조절했다. 또한 학년이 높아질수록 시간이 소중하다는 것을 깨닫고 TV 앞에 멍하니 앉아서 시간을 낭비하지 않았다.

TV를 조금 보는 행동은 아이가 어려서부터 교육하는 것이 좋고 반드시 부모가 모범을 보여야 한다. 어린 자녀가 온종일 TV를 봐도 가만히 내버려두는 것은 아이에게 큰 해를 입히는 것이나 마찬가지다.

우리 가족은 날마다 TV를 보지만 시청하는 시간은 그리 길지 않다. TV를 봐도 대부분 저녁식사 시간 전후에 보고, 식사를 마친 뒤에는 TV를 끄고 각자 할 일을 한다. 물론 저녁 때 무조건 TV를 꺼야 하는 것은 아니고 가끔 TV를 보고 싶으면 잠깐씩 보되 온종일 TV 앞에 앉아 있는 일은 없었다. 워낙에 우리 가족이 다른 가족에 비해 TV를 많이 보는 편이 아니라서 사람들이 어떤 드라마가 재밌다고 말해도 그런 드라마를 하는지조차 모른다. 위엔위엔은 어려서부터 우리 부부의 영향을 받아서 TV를 절제하며 보는 습관을 형성했고 특별히 좋아하는 프로그램이 아니면 TV를 안 봤다.

많은 부모는 어린 자녀가 하루에 TV를 몇 시간 시청하는지 신경 쓰지 않고 할머니, 할아버지를 따라서 아침부터 저녁까지 TV를 봐도 가만히 내버려둔다. 심하게는 아이의 방해를 안 받기 위해서 일부러 TV를 켜놓기도 한다. 그러다가 아이가 학교에 들어간 뒤에 숙제를 하고 시험 공부를 해야 하면 뒤늦게 TV를 못 보게 하려고 애를 쓴다.

학교에 들어가기 전에 다른 것에 대한 흥미를 안 키우고 오직 TV만 보던 아이가 학교에 들어간 뒤에 갑자기 TV 보는 것을 제지당하면 그 상황에 적응하지 못한다. 그동안 키워온 습관과 누리던 생활이 졸지에 나쁜 일이 됐기 때문이다. 날마다 자유롭게 TV를 보다가 부모가 갑자기 TV를 못 보게 하고 반성과 노력을 요구하면 아이는 TV를 안 보는 생활을 해본 적이 없어서 계속해서 TV를 보겠다고 고집을 부리고 내면의 고통을 겪는다. 하지만 내가 이렇게 말하면 많은 부모는 그렇지 않다는 반응을 보인다.

"우리 집 아이는 TV를 못 봐서 괴로워하는 일은 없어요. 어떡하든지 핑계를 대며 공부하던 방에서 뛰어나와 단 몇 분 몇 초라도 TV를 보거든요. 예를 들어 사과를 먹으러 나와서 껍질을 세월아 네월아 깎으며 TV를 보다가 제가 방에 가서 먹으라고 하면 다시 어기적거리며 자리에서 일어나 방으로 들어갈 때까지 한시도 TV에서 눈을 떼지 않아요. 괴로워한다고요? 어쩌다가 TV를 조금이라도 더 보면 좋아서 아주 난리던데요."

이 부모는 문제의 겉만 보고 아이가 방에 들어갈 때 속으로 괴로워하는 것을 몰랐다. 또한 아이가 왜 고통스러워하는지도 모르고 아이가 고통을 해결할 수 있게 도우려면 어떻게 해야 하는지 알아보지도 않았다. 정말 안타까운 일이다. 부모는 왜 아이의 마음을 전략적으로 공략하기 위해서 방법을 바꾸지 않을까?

이 책을 한창 집필할 때 친구에게 메일을 받았는데 내용은 이렇다. 어느 날 저녁에 친구의 아들이 밥을 다 먹고 숙제도 안 한 채 계속 TV를 봤다. 친구는 평소처럼 빨리 숙제하라고 명령을 하려다가 문득 더 큰 물고기를 잡으려면 일부러 작은 물고기를 놓아주라는 내 말을 떠올리고 하고 싶은 말을 꾹 참은 채 아들에게 리모컨을 주며 온화하게 말했다.

"엄마는 TV 그만 봐야겠다. 이따가 방에 들어갈 때 네가 TV 끄고 들어가."

그러곤 아들에게 리모컨을 주고 안방에 가서 책을 읽었다. 친구의 아들은 순간적으로 놀랐다가 이내 기쁘게 "네"라고 대답했다. 친구가 아들에게 리모컨을 주기는 이번이 처음이었다. 친구는 안방에 들어간 뒤에 조금 걱정했지만 5분도 안돼 아들이 TV를 끄는 소리를 들었다.

친구의 아들은 안방 문을 빠끔히 열었다가 엄마가 화를 내지 않고 책을 읽는 것을 보고 장난스럽게 말했다.

"엄마, 이제 숙제할게요."

친구는 지금까지 아들이 TV를 많이 보면 화를 냈는데 방법을 조금 바꾼 것만으로 아이가 이렇게 달라질지 몰랐다며 화를 내는 것은 잘못된 방법이라고 말했다.

아이의 TV 시청 시간을 통제할 수 있는 가장 정확한 방법은 아이가 죄책감을 느끼지 않고 마음 편하게 TV를 보게 하는 것이다. 하지만 평소에 TV를 조금 보게 하려면 부모가 몸소 TV를 조금 보는 모범을 보여서 말이 아니라 행동으로 아이를 설득해야 한다. 최악의 상황은 부모는 온종일 거실에 앉아 TV를 보면서 아이가 공부하다가 잠깐 TV를 보기 위해서 방에서 나오면 이렇게 나무라는 것이다.

"난 어른인데다가 날마다 힘들게 일하고 공부할 필요가 없어서 저녁에 TV를 봐도 되지만 넌 열심히 공부하고 숙제해야 하는 학생이니까 TV를 보면 안 돼."

가만히 들어보면 부모가 맞는 말을 하니 아이가 딱히 반박할 수도 없다. 하지만 같은 말도 이렇게 하면 효과가 없다. 이것은 사실상 아이에게 "TV를 즐겨보려면 특별한 자격이 필요한데, 난 있지만 넌 없어. 네가 이 자격을 가지려면 열심히 공부하는 수밖에 없어"라고 말한 것이나 마찬가지다.

이렇게 말하면 아이는 불공평함과 어른의 강한 권력을 느끼는 한

편 학습과 즐기는 것을 서로 반대의 개념으로 생각한다. 아이는 스스로 자신이 공부해야 한다는 것을 알지만 TV를 보며 놀고 싶은 욕망 또한 커서 둘 사이의 모순 때문에 불쾌해한다. 이때 부모가 아이를 자주 자극하면 아이의 불쾌함은 TV를 보고 싶은 욕망과 학습에 대한 혐오감으로 발전한다.

난 아이가 TV를 너무 많이 봐서 골머리를 앓는 부모에게 솔선수범해서 TV를 조금 보거나 아예 안 보는 것이 어떻겠냐고 제의했다. 그러자 대부분의 부모가 그렇게 못하겠다고 손사래를 쳤다. 자신은 물론이거니와 배우자도 통제할 수 없고 집안에 어른들도 계신데 TV를 못 보게 하면 너무 죄송스러워서 안 된다는 것이 이유였다. 그렇다면 부모 자신도 하기 싫고 또 할 수 없는 일을 왜 아이에게 강요할까?

덕을 갖추면 저절로 사람들이 따르는 것처럼 부모의 행동은 말보다 더 설득력이 있다. 주변 환경의 유혹을 최대한 줄이려면 아이에게 유혹을 이기라고 말하거나 신처럼 되기를 강요할 것이 아니라 '인성'을 이용해서 아이를 자상하게 돌봐야 한다. 모든 아이는 부모의 은혜에 감사할 줄 알아서 부모가 세심하게 보살피면 의젓하고 말을 잘 듣는 모습으로 보답한다.

TV는 자체적으로 잘못이 없지만 제대로 이용하려면 절제가 필요하다. 이것은 맛있는 음식을 먹는 것과 같은데, 아이를 교육할 때 스스로 음식을 절제해서 먹게 가르쳐야지 아이가 온종일 '어떡하면 한 입 먹을 수 있을까?'라는 생각밖에 안 하게 맛있는 음식을 냉장고에 꼭꼭 숨겨놓고 안 주면 안 된다.

가정에서는 어떤 일이 있어도 부모와 자식은 고양이와 쥐의 관계가 되면 안 된다. 부모는 아이가 자신의 말에 '복종'하거나 자신을 무서워해서 TV를 안 보게 하면 안 되고 이성과 진취심을 키우고 스스로 선택해서 TV를 덜 보게 지도해야 한다.

위엔위엔이 대학에 간 뒤 어느 날 위엔위엔에게 네가 TV를 보는 것을 엄마, 아빠가 제한했다고 생각하느냐고 물었다. 위엔위엔은 "아니요. 엄마, 아빠는 지금까지 제게 TV를 못 보게 하신 적이 한 번도 없어요"라고 말했다. 심지어 위엔위엔은 우리 부부가 '방임'의 끝을 보여줬다고 생각했다. 실제로 난 잔소리를 하지 않고 위엔위엔과 함께 「미키마우스와 도날드덕」 「도라에몽」 등과 같은 만화를 자주 봤다.

난 또 어떻게 TV를 절제해서 볼 수 있게 되었냐고 묻자 위엔위엔은 "글쎄요. 일부러 TV를 조금 봐야겠다고 생각한 적은 없는데, 어떻게 하다 보니까 절제하며 볼 수 있게 됐어요. TV를 보는 것은 나쁘지 않지만 TV를 보는 것에 너무 많은 시간을 할애하는 것은 나쁘다고 생각해요. 전 TV를 보는 것보다 소설을 읽는 것이 더 재밌어서 만약에 시간이 있으면 차라리 소설이나 잡지를 읽겠어요"라고 답했다.

유아기 때부터 책을 읽는 습관을 키우는 것은 TV중독에 빠지는 것을 막을 수 있는 좋은 방법이다. 아이가 어려서부터 책을 많이 읽으면 지능이 발달해서 다른 흥밋거리를 쉽게 발견하고, 또래 아이들보다 성숙하고 이성적으로 생각해서 일의 경중을 알고 TV를 보는 것에 시간을 낭비하지 않는다.

어떤 부모는 아이가 어려서부터 책을 읽는 것에 반대한다. 어린아이는 활발하게 뛰어놀아야 하고, 책은 너무 일찍 읽기 시작하면 피곤하니까 나중에 커서 읽어야 한다는 것이다. 하지만 이렇게 생각하는 부모는 본인이 책을 읽기 싫어하고 독서를 피곤한 일이라고 생각하는 경우가 대부분이고 아이가 책의 유혹에 쉽게 빠진다는 사실을 잘 모른다. 사고력이 싹트기 시작하는 아이는 책을 홀린 것처럼 읽고 심하게는 TV보다 더 집중해서 본다. 또한 책을 읽고 자란 아이와 TV 앞에서 자란 아이의 지능과 지혜는 큰 차이가 난다.

난 TV 시청에 관한 문제를 '통제'보다 '키운다'는 생각으로 해결했다. 요컨대 위엔위엔이 TV 앞에 못 앉게 통제하는 대신에 마음을 움직였고, 겉으로 복종하는 척하는 것에 만족하지 않고 좋은 습관이 생활의 일부가 되게 지도했다. 이렇게 하는 것이 교육이고 문제를 해결하는 방법이 아닐까?

컴퓨터 게임도
하나의 놀이다

위엔위엔은 열 살에 중학교에 입학하고 그때 처음으로 컴퓨터 게임을 시작해서 종종 잠을 자고 밥을 먹는 것도 잊고 게임을 했다. 주말에 한 번 게임을 시작하면 기본이 네다섯 시간이고 방학 땐 앉은 자리에서 꼬박 일고여덟 시간을 게임을 하며 놀았다. 2년 동안 위엔위엔이 산 잡지는 대부분 컴퓨터 게임에 관한 것이고, 친구들과 전화로 수다를 떠는 내용도 대개 컴퓨터 게임에 관한 것이었다.

사실 위엔위엔은 내 부추김에 컴퓨터 게임을 시작했다. 옌타이에서 초등학교를 다닐 때 다들 집에 컴퓨터가 없어서인지 너무 어려서인지 학교 친구들 중에 컴퓨터 게임을 하는 아이가 아무도 없었다. 위엔위엔도 컴퓨터 게임이 있다는 것을 알았지만 별로 흥미를 보이지 않았다.

그러다가 베이징에서 중학교를 다닐 때 갑자기 컴퓨터 게임이 초·중학생 사이에서 유행하기 시작했다. 위엔위엔은 친구들을 통해서 컴퓨터 게임이 매우 재밌다는 것을 알았지만 한편으로 언론매체, 다른 학부모, 학교 측으로부터 컴퓨터 게임에 대한 비판도 많이 들었다. 위엔위엔은 여러 가지 상황을 고려하고 흥미와 비판 사이에서 갈등하느라 줄곧 먼저 컴퓨터 게임을 하겠다고 말하지 않았다. 중학교 1학년 2학기 때 난 위엔위엔에게 반 친구들 중에 컴퓨터 게임을 하는 친구가 있느냐고 묻고 만약에 게임을 하고 싶으면 해도 좋다고 말했다. 위엔위엔은 뜻밖이라고 생각했지만 흔쾌히 받아들이고 그 길로 게임CD를 사왔다.

아이가 컴퓨터 게임에 중독되는 것은 여기에 거대한 즐거움이 있기 때문이다. 아이는 결국 무엇이든 하면서 놀기 마련인데, 난 위엔위엔이 성장 단계마다 마땅히 누려야 하는 즐거움을 누리며 즐겁게 놀길 바랐다. 요즘 아이들은 같이 놀 친구가 부족하고, 놀이도 매우 단조롭고 부족하다. 그래서 재밌는 일이 없으면 TV 앞에서 대부분의 시간을 소모한다. 난 위엔위엔이 컴퓨터 게임을 하며 시간을 낭비하는 것이 낫지 TV 앞에 멍하게 앉아 있는 것을 원하지 않았다. 위엔위엔이 보기에 적합한 프로그램이 너무 적거니와 TV를 보는 것은 완전히 수동적인 활동이라서 사람의 뇌를 둔하게 만든다. 이에 비해서 게임은 자발적으로 참여하고 머리를 써야 하며 컴퓨터에 익숙해지게 돕는다. 또한 또래 친구들이 모두 컴퓨터 게임을 하는데 위엔위엔만 안 하면 대화에 낄 수 없어서 컴퓨터 게임을 할 필요가 있었다.

나도 위엔위엔이 게임에 중독될까봐 걱정했지만 그렇다고 못하게 막지 않았다. 난 자신이 있었고, 이 자신감은 게임에 대한 인식과 위엔위엔에 대한 이해에서 나왔다.

컴퓨터 게임은 마약이 아니다. 조금 더 재밌고 복잡해서 그렇지 내가 어릴 때 했던 놀이와 본질적으로 큰 차이가 없다. 상상해보시라. 아이가 어떻게 게임에 중독이 안 되겠는가? 내가 어릴 때 아이들은 밥을 굶고 졸음을 쫓아가며 전쟁놀이나 술래잡기를 하다가 어른이 찾으러 오면 어쩔 수 없이 집에 들어갔다. 당시에 아이들은 항상 집에 가는 것을 아쉬워해서 심하게는 한 대씩 맞고 집에 돌아갔다. 하지만 요즘 아이들은 밖에서 같이 놀 친구들을 찾을 수 없는지라 컴퓨터에서 허구의 대상과 놀 수밖에 없다. 또한 시간 가는 줄 모르고 게임을 해도 항상 충분히 못했다고 생각하는데, 이런 점에서 두 종류의 '놀이'는 별로 차이가 없다.

게임에 강한 흥미가 있는 것과 병적으로 중독된 것은 서로 다르다. 난 절대다수의 아이들이 전자에 해당하고 소수의 아이만이 후자로 발전한다고 믿는다. 야오밍(중국의 농구 선수)도 컴퓨터 게임을 좋아하고, 사업이나 학업으로 크게 성공한 젊은이들도 게임을 좋아한다. 문제는 컴퓨터 게임이 아니라 아이의 자제력이 부족해서 생긴다. 이것은 부모가 가장 먼저 확립해야 할 관념이다.

사실 게임중독은 아이의 다른 문제가 반영돼 있다. 아이가 장기간 게임에 빠져서 헤어나지 못하고 병적인 상태에 이르는 이유는 게임 밖의 세계에서 지루하고 불쾌하고 열등감을 느끼기 때문이다.

컴퓨터 게임 때문에 장래를 그르친 아이는 설령 컴퓨터가 없는 시대에 살았어도 다른 일로 수렁에 빠졌을 것이다. 나는 사람이 게임 때문이 아니라 영혼이 공허하고 교양이 부족해서 타락한다고 믿는다. 게임에 빠져서 타락한 사람은 컴퓨터 게임을 안 했어도 또 다른 뭔가에 빠져서 허우적댔을 것이다.

컴퓨터 게임은 이미 아이 생활에 없어서는 안 될 부분이 됐다. 아이는 부모가 좋아하건 싫어하건 간에 결국은 게임을 한다. 때문에 아이가 컴퓨터 게임을 하고 안 하고의 문제를 부모가 결정할 필요가 없다. 대세는 막으려고 해도 막을 수 없기 마련이다. 생각해봐야 할 것은 어떻게 하면 아이가 자아를 통제하면서 게임을 하느냐다. 과연 어떻게 하면 게임과 성장의 두 마리 토끼를 잡을 수 있을까?

모든 일은 시작이 어렵다. 위엔위엔은 컴퓨터 게임을 시작한 뒤에 다른 아이들처럼 게임에 푹 빠져서 책도 안 읽고 얼후를 연습할 시간이 돼도 게임을 끝내지 않았다. 밥을 먹으라고 불러도 우리 부부가 식사를 마치고 밥이 다 식을 때까지 안 왔다. 위엔위엔의 행동에 걱정이 돼 잔소리를 몇 마디 했지만 소용이 없어 시간을 잘 안배해서 마땅히 해야 할 일부터 하라고 말하고 더 이상 잔소리를 하지 않았다. 위엔위엔이 우리 부부가 밥을 다 먹고 식탁을 치운 뒤에 밥을 먹으러 오면 나무라지 않고 상냥한 말투로 주방에 남은 밥이 있으니까 먹고 싶으면 스스로 데워 먹으라고 말했다.

조급해도 얼굴을 찌푸리고 아이를 꾸짖으면 안 된다. 이럴 때일수록 아이와 대립하지 않고 아이 편에 서야 한다. 난 자주 위엔위엔에게 즐거운 말투로 게임에 관해서 물었다. 또한 진심으로 위엔위엔과 게임의 즐거움을 나누고 크리스마스 땐 새로운 게임CD를 선물하기도 했다. 간섭은 아이가 게임을 무절제하게 부추기기만 한다. 아이에게 필요한 것은 스스로 절제하는 법을 배우는 것이다. 난 위엔위엔이 스스로 시간을 안배해서 다양한 감정을 체험할 수 있게 인내심을 갖고 기다렸다.

위엔위엔은 평일에 학교 기숙사에서 생활하고 주말에 집에 오면 이틀간 얼후를 연습했다. 주말의 첫째 날 위엔위엔은 숙제를 마치고 곧바로 게임을 시작했는데, 이튿날 더 많이 연습하겠다며 얼후를 연습하는 시간을 훌쩍 넘겨서까지 게임을 했다. 둘째 날에도 실컷 게임을 하고 컴퓨터를 끌 때가 돼서야 뒤늦게 얼후를 연습하지 않은 것을 떠올리고 다음주부터 열심히 연습하겠다고 말했다. 이때 위엔위엔은 양심의 가책을 느꼈는데, 죄책감을 느끼는 것은 자아를 통제하기 시작한 것이다. 둘째 주에 과연 위엔위엔은 잊지 않고 얼후를 연습했다. 하지만 연습시간이 매우 짧았던지라 선생님 댁에서 엉망진창으로 연주하고 풀이 죽어 왔다. 난 위엔위엔을 나무라지 않고 위엔위엔의 말에 맞장구를 치며 열심히 연습하라고 말했다.

위엔위엔은 다시 예전처럼 시간을 안배해서 얼후를 연습했고 게임 시간을 확보하기 위해서 일의 효율성을 높였다. 물론 하루 이틀 시간표가 꼬일 때도 있었지만 난 시종일관 위엔위엔과 싸우지 않고 부드럽게 대화하며 내 바람을 전했다.

처음 컴퓨터 게임을 시작했을 때 위엔위엔은 성적이 조금 떨어졌다. 그래도 난 아이가 컴퓨터 게임을 하는 것이 마땅하다고 생각했다. 아이 스스로 공부와 게임 중에서 무엇이 더 중요한지 알고 내가 함부로 간섭하거나 잔소리만 안 하면 위엔위엔이 서서히 자신을 통제할 것이라고 믿었다. 더욱이 당장 대입시험을 볼 것도 아닌데 성적이 조금 떨어지면 어떤가? 그저 게임과 공부 사이에서 갈등하지 않고 공부에 흥미만 안 잃으면 된다. 난 위엔위엔이 마땅히 공부할 때가 되면 스스로 열심히 공부할 것이라고 믿었다.

위엔위엔은 게임을 처음 시작하고 1년이 지난 뒤에도 여전히 흥미를 갖고 게임을 했지만 스스로 조절하는 능력을 배워서 모든 일을 효율적으로 처리했다. 난 이것이 위엔위엔이 게임을 하면서 얻은 진정한 수확이고 단순히 시험에서 좋은 성적을 거두는 것보다 더 중요하다고 생각한다.

위엔위엔은 중학교 때 비록 컴퓨터로 게임을 했지만 온라인상에서 하지 않았다. 그러다가 3학년 때 공부할 내용이 많아지자 어느 날 모든 게임CD를 종이상자에 담더니 고입시험이 끝날 때까지 당분간 게임을 안 하겠다고 선언했다. 일찍이 바랐던 바지만 난 흥분하거나 칭찬하지 않고 그저 동의의 뜻만 표현한 채 기쁜 마음으로 위엔위엔과 함께 종이상자를 테이프로 칭칭 감아서 침대 밑에 놓았다.

원래 위엔위엔은 고입시험이 끝나면 소설책 읽기, 서예 배우기, 얼후 연습 등 많은 일을 할 계획이었다. 하지만 게임CD가 담긴 종이상자가 열리자 또다시 컴퓨터 게임을 하는 데 대부분의 시간을 할애해서 당초 계획했던 일들을 거의 못 이뤘다.

난 위엔위엔이 이렇게 시간을 '낭비'하는 것이 안타까웠지만 고입시험으로 스트레스를 많이 받았고 또 앞으로 고등학교에 가면 긴장되는 생활을 해야 하니까 이번 방학만큼은 마음껏 놀게 해주자는 생각에 아무 말도 하지 않았다. 내가 왜 방학 때도 아이에게 공부하라고 시켜야 하는가?

방학이 끝나갈 때 난 위엔위엔과 방학 초반에 세운 계획에 대해서 대화를 나누다가 게임이 계획을 완전히 망쳤는데 시간이 아깝지 않느냐고 물었다. 또한 해야 할 일과 하지 말아야 할 일에 대해서도 분석했다. 고등학교 3년은 인생에서 가장 중요한 시간이다. '좋은 쇠는 칼날을 만들 때 써야 한다'는 명언처럼 앞으로 더 나은 조건에서 놀려면 마땅히 이 3년을 잘 보내야 한다.

위엔위엔은 방학이 다 끝나가도록 제대로 실천한 계획이 거의 없는 것을 발견하고 스스로 많이 실망했다. 하지만 게임중독에서 어느 정도 빠져나온지라 내 말을 이해하고 더 이상 내게 맞서지 않았으며 고등학교에 가면 공부할 것이 많으니까 게임을 조금만 하겠다고 말했다. 위엔위엔은 정말로 자기가 말한 대로 고등학교 때 게임을 몇 번밖에 안 했고, 우리 부부는 이번에도 아무 말 없이 지켜만 봤다. 위엔위엔은 고2가 되자 다시 한 번 모든 게임CD를 종이상자에 넣고 대입시험을 마칠 때까지 2년 동안 게임을 하지 않았다.

대입시험을 마치고 위엔위엔은 독서, 영화감상, 인터넷 채팅을 하고 친구들과 놀러 다니며 시간을 보냈다. 가끔 친구에게 게임CD를 빌려서 새로운 게임을 하기도 했지만 종이상자를 열지 않았다. 위엔위엔에게 있는 게임CD가 너무 오래되었거나 유치해서 그런 것 같다. 위엔위엔은 대학교 때 열심히 공부하는 것 외에 두 개의 동아리에 가입해서 친구들과 채팅할 시간도 없을 정도로 알차게 생활했다. 가끔 게임을 하기도 했지만 위엔위엔 스스로 오래 하고 싶어 하지 않았다.

어떤 부모는 이렇게 말한다.

"당신 아이는 스스로 알아서 잘하니까 게임을 적당히 하지만 우리 아이는 가만히 내버려두면 아무것도 안 하고 계속 게임만 할 거예요."

이런 가설은 성립하지 않는다.

부모가 가만히 내버려뒀을 때 효과가 없는 이유는 두 가지다.

첫째, 평소에 부모가 습관적으로 아이를 간섭해서다. 부모가 계속해서 잔소리를 하고 아이와 번번이 싸우다가 갑자기 내버려두면 아이는 당연히 미친 듯이 게임을 할 수밖에 없다. 고양이가 갑자기 사라지면 생쥐가 제멋대로 소란을 피우고 경찰이 한꺼번에 퇴직하면 도둑이 활개치지 않겠는가? 부모와 아이는 서로 통제하지 않는 관계를 형성하는 것이 가장 바람직하다. 서로 통제하는 관계가 오래 지속되면 아이의 자발성이 떨어진다.

둘째, 부모의 인내심이 부족해서다. 부모는 자신이 변하면 아이가 며칠 만에 부처가 될 줄 알았다가 시간이 지나도 변하지 않으면 바로 실망한다. 나쁜 습관도 '병'이다. 병은 어느 날 느닷없이 찾아오지만 치료하려면 시간이 오래 걸린다. 하루 만에 생긴 나쁜 습관을 고치려고 해도 사흘의 시간이 필요한데 몇 년에 걸쳐 생긴 나쁜 습관이 사흘 만에 고쳐지겠는가?

타오싱즈의 비유처럼 어떤 사람은 새가 대자연 속에서 더 잘 자라는 것을 알아도 풀어주지 않고 도리어 새장에 꽃, 풀, 나뭇가지를 넣어 대자연과 같은 환경을 만든다. 왜 새장 문을 열 생각을 안 할까? 아이의 나쁜 습관을 고치려면 첫째로 성의를 다하고 둘째로 인내심을 가져야 한다.

또 어떤 부모는 평소에 아이를 엄격하게 관리해서 인터넷을 못하게 하다가 아이가 시험을 잘 보거나 다른 일을 잘하면 매우 기뻐하며 상으로 인터넷을 하게 허락한다. 다시 말해서 인터넷 게임을 증오하면서 한편으로 아이에게 상으로 준다. 그런데 어떻게 나쁜 것을 상으로 줄 수 있는가? 이런 혼란은 게임에 대한 흥미를 자극해서 아이가 게임에 더 깊게 빠지게 만든다.

인터넷을 아이에게 상으로 주지 않고 정반대로 임무나 처벌의 수단으로 삼으면 더 좋은 통제 효과를 얻을 수 있다. 예컨대 아이가 컴퓨터 게임을 너무 좋아하면 잘못할 때마다 벌로 인터넷을 시키는데, 지쳐서 용서를 빌 때까지 열 시간 연속으로 게임을 시키고 열 시간을 다 못 채우면 열 시간 더 연장해서 게임을 시키는 것이다. 이렇게 하면 아이가 인터넷을 해도 재밌지 않고 벌을 받는 것 같고, 여러 번 반복하면 인터넷에 거부 반응을 나타낸다.

인터넷 게임은 이미 사회적인 문제가 돼 도시 곳곳에 인터넷중독 치료센터가 우후죽순처럼 생겨나고 있다. 어떤 병원은 아이를 환자처럼 병원에 입원시켜 약을 먹이고 주사를 놓는가 하면 군사학교나 훈련 캠프는 별의별 수단을 다 사용한다. 하지만 인터넷중독을 이렇게 치료하는 것은 머리가 아픈데 발을 치료하고 철공소에 가서 고기를 사는 것이나 마찬가지다.

인터넷중독 치료센터가 광고하는 성공적인 치료의 기준은 뭘까? 게임은 마약이 아니다. 치료센터에서 오랫동안 치료를 받은 아이들은 어떻게 됐는가? 치료센터나 치료 약품은 작게는 부모가 돈을 헛되이 쓰게 하고 크게는 사태를 돌이킬 수 없게 만들고 아이에게 해를 입힌다.

2007년에 쓰촨에 있는 '따동팡 군사학교'의 실체가 언론에 폭로됐다. 이 군사학교는 학생을 모집할 때 인터넷중독 치료를 돕는다고 광고했지만 그곳은 학교가 아니라 그냥 '검은 벽돌집'이었다. 직원들의 자질이 떨어지는 것은 기본이고 이들의 '교육' 행위에 분노가 치솟았다. 교관은 아이들을 마음대로 때리고 욕했고 군사학교를 수용소처럼 만들어서 끝내 학생이 뛰어내려 자살하는 사건이 벌어졌다. 이 군사학교는 아이들의 몸과 마음에 상처를 남겼다. 이 사건은 당시에 언론에서 큰 화제가 됐던 '검은 벽돌집 사건(중국 산시성에서 일어난 광산 노동자 및 어린이 노동자 착취 사건)'과 성격이 완전히 똑같은데, 결국은 책임자의 처벌 없이 흐지부지 마무리됐다. 따동팡 군사학교 사건의 피해자는 이른바 문제 학생이라서 '검은 벽돌집 사건'의 불쌍한 노동자들처럼 동정을 못 받았다.

어떤 사람은 '검은 벽돌집 사건'을 국가의 안전을 위협하는 문제로 여긴다. 하지만 '따동팡 군사학교 사건'과 같은 문제가 진짜로 국가의 안전을 위협한다는 것을 아무도 모른다. 부모의 무지와 교관의 폭력은 아이들의 마음에 증오의 씨를 뿌리고 심리를 왜곡시켰다. 군사학교에서 나온 아이는 예전보다 더 심하게 인터넷 게임에 빠져들었고 또 다른 아이는 말끝마다 군사학교의 교장을 죽이겠다고 말했다. 이 아이의 경우는 언제 터질지 모르는 시한폭탄과 같아서 정말로 걱정이 된다.

부모는 결코 인터넷중독에 관한 각종 광고를 쉽게 믿으면 안 된다. 이른바 '인터넷중독'은 교육문제라서 표면적으로 해결할 수 없다.

청소년이 컴퓨터 게임에 심취하는 것은 더 이상 새로운 뉴스가 아니다. 겉만 보면 청소년과 게임에 문제가 있는 것 같지만 뉴스를 자세하게 보면 가정교육이 부족한 것이 진짜 문제라는 것을 알 수 있다. 많은 부모는 고심 끝에 각종 '적극적인 행동'을 취하지만 안타깝게도 대부분이 반교육적인 행동이다. 반교육적인 행동은 부모의 노력을 물거품으로 만들 뿐이다. 효과가 있어도 일시적이고 표면적인 효과밖에 없고 아이가 게임에 더 깊게 빠져들게 만든다.

아이들의 인터넷중독 문제를 근본적으로 해결하려면 가정에서 교육을 시작해야 한다. 부모는 스스로 교육 이념과 방법을 바꿀 필요가 있다. 부모가 변하지 않으면 아이의 상황은 개선되지 않는다.

첫째, 부모는 인터넷 게임에 대해서 정확한 태도를 가져야 할 뿐더러 인터넷 게임을 아이의 놀이요, 일종의 오락 방식으로 받아들여야 한다. 또한 아이가 게임을 할 때 죄책감을 느끼거나 부모의 태도에 반항하지 않게 해야 한다. 반항심은 게임을 하고 싶은 욕구만 더 부추긴다.

둘째, 아이가 책을 많이 읽게 해야 한다. 아이건 어른이건 스스로 자신을 통제하지 못하는 것은 내면의 공허함과 도덕심의 타락과 관계있다. 정신적으로 공허한 아이에게 인터넷 게임은 마약과 같다. 책을 많이 읽으면 정신세계가 풍부해지고 똑똑하고 이성적으로 변해서 더 좋은 도덕의식을 형성할 수 있다. 독서가 강한 힘을 발휘하면 아이가 컴퓨터 게임에 중독될 일이 없다. 어려서부터 책을 많이 읽는 습관을 키운 아이는 독서에 무궁무진한 매력을 느껴서 게임에 흥미를 느끼지 않는다.

셋째, 아이가 스스로 자신을 관리하는 법을 배우게 한다. 이것은 가장 중요하고 가장 어려운 것이다. 인터넷에 중독된 아이들의 부모는 대부분 수시로 아이를 간섭하고 아이에게 끊임없이 뭔가를 요구한다. 이들은 아이가 자신을 관리하는 법을 배우게 하기 위해서 이럴 땐 이렇게 해라 저럴 땐 저렇게 하라고 시킨다. 부모가 아이에게 제시한 계획만 보면 확실히 훌륭하고 합리적이다. 부모는 자신이 짠 계획을 아이가 따라 줄 것이라고 믿기 때문에 번거로워도 아이에게 이렇게 저렇게 지시한다. 하지만 부모가 지나치게 관리하면 아이가 스트레스를 받고 좀처럼 스스로 자신을 관리하는 법을 배울 수 있는 기회를 못 얻는다.

넷째, 역발상적인 말과 행동을 한다. 예를 들어 앞에서 이미 거론한 것처럼 인터넷을 상이 아니라 임무나 처벌의 수단으로 활용하는 것이다. 이것은 작은 기술이다.

이상의 네 가지 기술을 구체적으로 활용할 때 부모는 몇 가지 사항에 주의해야 한다.

먼저 부모는 자신의 말 한마디, 동작 하나하나가 목적을 달성하고 아이의 내면을 강화하는 데 효과가 있는지 고려해야 한다. 아이를 컴퓨터 앞에서 강제로 끌어내고 책 한 권을 들려준 뒤에 책을 많이 읽고 게임을 조금 하라고 이르면 아이의 독서 흥미가 떨어지고 게임을 하고 싶은 욕구만 커진다. 어떤 부모는 아이가 자신을 관리하는 법을 터득하게 하는 것에 급급해서 아이의 휴식 시간과 게임 시간을 엄격하게 정한다. 또한 아이가 시간을 잘못 안배하면 자기관리를 못한다고 나무라고 자신을 관리하는 법을 배울 수 있는 기회를 빼앗는다. 아이를 관리하려면 이렇게 해도 문제가 없지만 아이를 교육하고 스스로 자신을 관리하는 법을 배우게 하려면 부모가 머리를 많이 써야 한다.

부모는 미성년자인 자녀가 폭력적이고 선정적인 게임을 못하게 최대한 막는 동시에 건전한 게임을 선택하게 적극적으로 지도해야 한다. 어떤 책이 폭력적이고 선정적이어도 이것이 책의 본질이 아닌 것처럼 폭력과 선정성은 게임의 본질이 아니다. 이것은 어떤 책이 수준이 낮다고 해서 모든 책이 다 형편없는 것이 아닌 것과 같다.

"

아이가 공부하는 데 가장 중요한 것은

공부에 대한 흥미와 공부하고자 하는 의지다.

부모는 아이가 이 두 가지를 잃지 않도록 지켜줘야 한다.

흥미와 의지는 아이가 스스로 공부하게 하고

그 공부의 결과를 성공적으로 이끄는 조건이 된다.

4장

공부보다 아이를 위한
선택을 한다

학습 정서를 보호하는 방법

글쓰기의 '기술'을
가르치기 전에

어느 날 친구 집에 놀러갔더니 친구가 초등학교 2학년짜리 아들이 글쓰기를 너무 못해서 걱정이라며 어떻게 하면 글을 잘 쓰냐고 물었다. 난 먼저 아들의 글쓰기 노트를 보자고 했다. 친구의 아들은 다른 사람에게 글을 보여주기가 창피한지 노트를 선뜻 내주지 않았다. 우리는 아이가 친구들과 축구를 하러 나간 틈에 몰래 봤다.

첫 번째 글의 제목은 「재밌는 일을 기억하며」였다. 어린 남자 아이가 축구를 얼마나 좋아하는지 처음부터 축구가 세상에서 가장 재밌다고 쓰고 축구할 때의 즐거움과 경기장에서 벌어지는 갖가지 상황을 묘사하고 자기가 존경하는 축구 스타의 이야기도 썼다. 특히 축구 스타에 대해서는 손바닥 들여다보듯 자세하고 재밌게 설명했다.

친구 아들의 글은 비교적 길고 매끄럽고 정감과 생동감이 넘쳤다. 글만 읽어도 친구 아들이 자신의 감정에 얼마나 몰입했는지 알 수 있었다. 비록 내용과 제목이 안 맞는 부분이 있었지만 전체적으로 훌륭한 글이었다. 그런데 내가 막 "네 아들 글 참 잘 쓴다"고 말하려는 순간 뜻밖에도 선생님이 0점을 주며 다시 써오라고 한 메모를 발견했다. 난 글쓰기 점수로 0점을 준 것에 크게 놀랐다. 더욱이 이렇게 훌륭한 글에 말이다.

재빨리 다음장을 넘겼다. 이번에도 좀 전과 비슷한 제목의 글이었다. 친구는 옆에 있다가 선생님이 다시 쓰라고 해서 쓴 글이라고 알려줬다. 이번 글은 제목도 「재밌는 일」로 바뀌고 내용도 '축구를 하다가 친구가 넘어져 다리를 다쳤다. 난 축구를 하는 것을 멈추고 친구를 양호실에 데려가 상처를 치료하고 집에 데려다줬다. 좋은 일을 하는 것은 정말 재밌다'고 바뀌었다. 글도 짧고 거칠었으며, 진실함과 정감이 부족했다. 하지만 선생님은 72점을 줬다.

친구는 내게 이 내용은 아들이 도저히 무슨 내용을 써야할지 몰라서 지어서 쓴 것이라고 말했다. 그의 아들에게 재밌는 일은 축구 외에 친구들과 익살스러운 장난을 치는 것인데 선생님이 못 쓰게 하니 재밌는 일을 지어낸 것이다.

누가 망치로 반짝거리는 구슬을 산산조각 낸 뒤에 돌을 가리켜 진주라고 가르치는 것 같아서 가슴이 아팠다. 내가 학교에 가서 친구 아들의 담임선생님을 당장 쫓아내라고 건의할 수 있는 입장도 아니고, 그저 친구 아들이 운이 좋아서 앞으로 좋은 국어선생님을 만나길 빌었다. 좋은 선생님을 만나는 것은 아이에게 여간 좋은 일이 아니다.

어느 날 교육법 전문가인 베이징사범대학교 라오카이선 교수의 수업을 들었다. 그는 자신의 어릴 적 일을 우리에게 들려줬다. 그는 어릴 때 어머니를 따라서 항저우에 갈 때 기차를 처음 타보고 너무 신기해서 집에 돌아오자마자 글을 썼다. 하지만 자신이 느낀 대로 '기차가 뱀처럼 기어갔다'는 표현을 썼다가 선생님에게 비유가 적절하지 않다는 이유로 혼나고 좌절한 나머지 선생님이 바뀔 때까지 한동안 글을 쓰지 않았다. 새로 오신 선생님은 그의 시를 우연히 읽고 잘 썼다고 칭찬하며 친구들 앞에서 읽으라고 시키고 어떤 간행물에 추천해서 시가 실리게 했다. 그는 이 일로 자신감을 얻어 국어 수업과 글쓰기에 다시 흥미를 느끼게 됐다.

학자의 유년시절에도 이런 좌절이 있었던 것을 보면서 모든 아이는 정확한 교육의 보호를 받아야 할 필요가 있는 것을 절감했다. 만약에 라오카이선 교수의 새로 오신 선생님도 전과 같은 선생님이었으면 아마 중국 교육계는 전문가 한 명을 얻지 못했을 것이다.

친구의 아들도 라오카이선 교수처럼 운이 좋을까?

세상에서 가장 무서운 두 가지 일은 "돌팔이 의사가 생명을 다루고 무식한 사람 이 문장을 논하는 것이다"라는 말이 있다. 전자는 사람을 죽일 수 있고 후자는 열정과 창의력을 학살할 수 있다.

지금 많은 교사와 부모들이 아이가 글을 쓰기 두려워하거나 글을 잘 못 쓰는 문제로 걱정한다. 하지만 아이를 원망하고 비판하는 것 외에 자신의 글쓰기 지도 방식을 반성하고 자신에게서 문제의 근원을 찾는 사람은 얼마나 될까?

어떤 초등학교 3학년 여자 아이는 부모님이 일 때문에 바빠 학교가 끝나면 가정도우미 아줌마의 보살핌을 받는다. 어느 날 선생님이 엄마를 도와서 집안일을 한 것을 주제로 글을 써오라는 숙제를 냈다. 반드시 집에 가서 엄마를 도와준 뒤에 집안일을 체험한 소감을 적어야 했다.

아이는 선생님이 시킨 대로 집에 돌아간 뒤에 방을 닦고 설거지를 했다. 그리고 마침내 글을 쓰기 시작했다.

"집안일을 해보니 너무 피곤하고 재미없다. 난 평소에 엄마가 '공부 열심히 해. 안 그러면 취직도 못해'라고 말씀하실 때마다 크게 신경 쓰지 않았다. 하지만 집안일을 해보니 열심히 공부해야겠다는 생각이 절로 든다. 그렇지 않으면 취직을 못해서 다른 사람의 집에 가서 도우미를 해야 한다."

막 글쓰기 공부를 시작한 이 여자 아이의 글은 비록 '고상'하진 않지만 진심에서 우러나왔다. 하지만 이 글은 선생님에게 지적을 받았다. 도우미 아줌마를 무시하면 안 되고 내용에 문제가 있으니 다시 써오라는 것이다. 여자 아이는 어떻게 다시 써야 하는지 몰라 엄마와 의논했다.

"이렇게 쓰면 돼. 집안일을 통해서 엄마가 날마다 얼마나 힘들게 집안일을 하는지 알게 됐다. 앞으로 열심히 공부해서 엄마에게 보답하겠다."

"하지만 엄마는 집안일 안 하잖아요. 집안일은 아줌마가 다 하고 엄마는 날마다 집에 와서 밥 먹고 TV 보고 고생을 하나도 안 하잖아요."

"우리 집에 도우미 아줌마가 없고 엄마가 집안일을 다 한다고 가정해서 써. 글을 쓸 땐 상상과 허구가 필요해."

교사와 엄마의 말은 다르지 않다. 하지만 '진실'의 가치를 중요하게 여기지 않고 글쓰기의 '상상'과 '허구'의 뜻을 틀리게 해석했다. 이것은 사실상 아이에게 거짓말을 가르치는 것이나 마찬가지다. 비록 글은 아이가 주관적으로 쓰는 것이지만 아이를 올바르게 지도하지 않으면 글쓰기의 가장 중요한 '진심을 말하는 기술'을 가르칠 수 없다.

글을 쓰는 최고의 기술은 진심을 말하는 것이다. 진심을 말하면 글을 쓰고 싶은 흥미가 생기고 쓰고 싶은 내용도 많아진다. 흥미와 내용 없이 글을 쓰는 것은 상상할 수도 없는 일이다.

글을 쓰는 열정은 표현하고 싶은 염원에서 나온다. 진심으로 글을 쓰면 자신이 무엇을 표현하고 싶은지 분명하게 알 수 있고 표현하고 싶은 내용이 생기고 표현의 만족감을 느낄 수 있다. 거짓말로 글을 쓰고 싶어 하는 사람은 없다. 일상생활을 하건 글을 쓰건 거짓말을 하는 것은 진실을 말하는 것보다 더 힘들고 어렵다. 허구는 필요를 만족시킬 수 있지만 아름다움의 유쾌함을 선사하지 못한다.

아이가 글쓰기를 훈련할 때 교사나 부모의 요구에 따라서 진실이 아닌 거짓을 말하고 존재하지 않는 '생각의 감정'을 표현하면 혼란에 빠진다. 이렇게 되면 글을 쓸 때 어떻게 해야 할지 모르고 감각, 판단력, 소재를 찾는 능력을 잃는다. 즉 글을 지어서 쓸 때 맞닥뜨리게 되는 가장 큰 문제는 글을 어떻게 써야 할지 모르는 것이다.

거짓으로 글을 쓰면 어떤 글쓰기 주제를 받았을 때 가장 익숙한 사람과 일, 자신의 가장 진실한 정서와 체험을 포기하고 어쩔 수 없이 저속한 소재를 찾아서 감정도 없는 관점을 묘사하게 된다. 지금 많은 초·중학생들이 글을 쓸 때 소재와 관점을 못 찾고 원고지 칸만 채우려고 하는 병을 갖게 된 것도 다 이것으로 설명할 수 있다. 글을 지어서 쓰면 아이는 선생님의 요구를 만족시켜도 기분이 불쾌하고 글을 쓰는 것이 어렵고 피곤하고 글을 쓰고 싶은 열정과 자신감이 없어지는 부작용에 휩싸인다. 지금 많은 아이들이 글을 쓰기 싫어하는 것도 다 이 때문이다.

지금 초·중학교에서는 학생들에게 여러 가지 '글쓰기 기술'을 가르치기 위해서 다양한 수업을 진행한다. 하지만 교사들이 가르치는 '글쓰기 기술'은 모두 '잔기술'의 범위에 속하고 가장 큰 기술인 '진심을 말하는 것'은 무시당하고 심하게는 인위적으로 짓밟히고 있다. 사람이 어떤 일을 할 때 '큰 기술'이 없고 '잔기술'만 있으면 일도 제대로 못하거니와 흥미도 느낄 수 없다. 모름지기 '큰 기술'이 없으면 '잔기술'도 습득하기 어렵다.

교사는 '글쓰기 방법'을 가르칠 때 글은 진실한 감정이 묻어나게 써야 한다고 설명하지만 정작 학생들이 글을 쓸 땐 진실하게 쓰라고 격려하지 않는다. 교사, 부모, 사회가 강조하는 '도덕적인 설교'는 여전히 학교교육을 강하게 통제해 아이들은 자아를 표현하는 그날부터 주류가 하는 말을 따라 해야 하고 스스로 생각하고 표현할 수 있는 공간을 갖지 못한다. 아이들은 교사의 지도와 평가 때문에 진심을 말하는 것을 머뭉거리고 거짓으로 글을 쓰는 훈련을 받는데, 이런 상황에서 진실한 감정을 표현할 수 있을까?

글은 개인의 사상의 경지와 도덕의 지조를 반영한다. 따라서 글을 쓰는 훈련을 할 때도 부모와 교사는 책임지고 초·중학생에게 사상과 도덕을 심어줘야 한다. '글의 수준'이나 '사상의 수준'은 먼저 진심을 자유롭게 표현하는 훈련이 잘된 뒤에 따질 수 있는 문제다. 거짓으로 글을 쓰게 지도하면 아이가 좋은 글을 쓸 수 없거니와 사상을 교육하는 목적도 달성할 수 없다.

아이가 진심을 표현하지 못하고 꾸며낸 감정을 표현하면 마음에 없는 글을 쓰게 되고, 어른이 제시한 틀에 갇혀 자유롭게 표현하지 못하면 내면에 노예근성이 싹튼다. 글쓰기 점수를 잘 받으려고 자신의 원래 생각을 버리고 거짓으로 글을 쓰면 개성이 사라지고 평범해진다. 이렇게 진심을 말하지 못하고 어른이 제시한 틀에 갇혀 글을 쓰는 것은 아이가 사상과 도덕을 확립하는 데 매우 파괴적인 영향을 준다.

중국의 문학가이자 사상가인 루쉰이 말했다.

"불량배는 자신만의 확고한 견해가 없어서 오늘은 이렇게 하고 내일은 저렇게 하고 제대로 하는 것이 하나도 없다. 어려서부터 실시하는 불량배 같은 국어 훈련은 결국 불량배를 키워낸다."

정상적으로 글을 쓰려면 스스로 생각하는 과정, 다시 말해서 자아를 성장시키는 과정이 필요하다. 어떤 주제를 받았을 때 아이가 자유롭고 진실하게 생각하면 자신이 표현하고 싶은 내용을 찾을 수 있고 마음에 하고 싶은 말이 많아진다. 또한 글자 수를 채우느라 마음에 없는 말을 하지 않고 걱정 없이 글을 쓴다. 아이의 성장 환경에 타락의 요소가 없으면 글을 자유롭게 썼다고 해서 생각이 불량해지는 일은 결코 일어나지 않는다. 외려 생각이 성숙해져 글의 수준이 더 높아진다.

위엔위엔은 내게 글쓰기 지도를 받을 때 글을 진실하게 쓰라는 가르침을 받아서 진실함이 묻어나는 글을 쓴다.

위엔위엔이 중학교를 다닐 때였다. 어느 날 학교에서 어머니날 행사를 한다며 기숙사 아이들에게 주말에 집에 돌아갔을 때 엄마의 발을 닦아주고 느낀 점을 글로 써오라고 했다. 학교 측이 이 주제를 준 의도는 분명하고 뚜렷해서 사실상 아이들에게 어떤 글을 써오라고 요구한 것이나 마찬가지였다. 어떤 학교는 이미 이 행사를 진행했고 다른 학교는 준비 중이라는 소문이 들렸다.

학교 측은 왜 이렇게 '발 닦아주기'에 열중할까? 몇 년 전까지 '레이펑의 날'만 되면 어떤 사람이 큰길에서 사람들에게 구두를 공짜로 닦아줬던 일이 떠오른다. 그 덕에 사람들은 돈 한 푼 안 들이고 구두를 닦아서 좋았지만 진짜 길에서 구두를 닦으며 생계를 잇는 사람들은 손님을 빼앗기고 그저 불쌍하게 있을 수밖에 없었다. 그 행동은 레이펑 정신에 대한 모독이라고 생각한다.

난 발 닦아주기와 구두 닦기, 이 두 가지 '창의적인 행동'의 배후에 있는 공통점 때문에 마음이 편하지 않다. 위엔위엔도 집에 돌아와서 이 일을 얘기하며 조금 난처해했다. 평소에 학교에서 행사를 하면 잘 협조했지만 이번 일은 이상하게 협조하고 싶은 생각이 안 들었다. 내가 위엔위엔에게 말했다.

"엄마는 아직 젊고 건강한데 왜 네가 발을 닦아줘? 설령 엄마가 늙었어도 스스로 할 수 있으면 남에게 시키지 않을 거야. 사람은 서로 돕고 사랑하며 살아야 해. 하지만 그건 상대방이 도움을 필요로 할 때 얘기야. 사랑은 주는 방식이 적절해야 해. 그렇지 않으면 안 하는 것보다 못한 결과가 생겨."

위엔위엔이 계속해서 어찌할 바를 모르고 난처해하기에 설명을 더 보탰다.

"만약에 엄마가 늘 험한 길을 걸어다녀서 집에 돌아오면 피곤해서 두 발을 움직이지도 못할 만큼이라면 네가 엄마 발을 닦아주는 것이 의미가 있어. 하지만 지금 엄마는 날마다 차를 타고 사무실에 가고 대부분의 시간을 의자에 앉아서 보내. 두 발은 열심히 일하는 손과 비바람을 맞는 얼굴에 비하면 피곤한 축에도 못 끼지. 엄마는 발을 닦아주는 것보다 손이나 얼굴을 닦아주는 것이 더 의미가 있다고 생각하는데 네 생각은 어떠니?"

위엔위엔은 내 말에 일리가 있다고 생각하면서도 여전히 글을 어떻게 써야 할지 고민했다. 그래서 물었다.

"위엔위엔, 학교에서 왜 이런 행사를 하는 것 같니?"

위엔위엔은 "엄마를 이해하고 보살피고, 발을 닦아주며 엄마에게 사랑을 표현하라고요"라고 대답했다. 내가 "그럼 발을 닦아주면 엄마에게 사랑을 표현하는 거야?"라고 물었더니 고개를 끄덕였다.

난 웃으며 평소처럼 두 손으로 위엔위엔의 양 볼을 좌우에서 꾹 눌러 코가 삐죽이 튀어나온 살에 파묻히고 입이 돼지코처럼 쪽 벌어지게 만들었다. 그러곤 아기돼지 같은 위엔위엔의 입술에 입을 맞추고 말했다.

"오늘 저녁에 엄마, 아빠 모두 야근하지 않고 일찍 왔는데 오랜만에 셋이서 산책이나 할까? 위엔위엔도 엄마, 아빠와 함께 산책한 지 오래되었잖아."

위엔위엔은 좋다고 대답했고 우리 가족은 다 같이 밖에 나갔다. 각자 바쁘게 지냈던 우리 가족은 모처럼 한가한 시간을 보내며 산책도 하고 대화도 나눴다. 집에 돌아온 뒤에 위엔위엔에게 말했다.

"아이들이 모두 엄마의 발을 닦아주고 앞으로 열심히 효도하겠다고 글을 쓰는 건 의미가 없어. 위엔위엔이 아는지 모르겠지만 넌 오늘 저녁에 엄마에게 효도를 했어. 숙제할 시간도 부족한데 엄마, 아빠와 함께 걸었잖아. 산책은 오늘 저녁에 엄마가 가장 하고 싶었던 일이야. 엄마는 발을 닦아주는 것보다 우리 가족이 함께 산책한 것이 훨씬 좋아."

위엔위엔은 이 일로 엄마에게 효도하는 방식이 다양하고 중요한 것은 진심과 성의라는 것을 깨달았다.

난 평소에 위엔위엔에게 글을 쓸 때 특히 주제가 주어진 글을 쓸 때 성의를 다해서 써야 한다고 자주 말했다. 선생님이 제목을 정하면 감정이 잘 잡히지 않아 어떻게 써야 할지 막막할 때가 있는데 이럴 땐 글을 쓰기 전에 반드시 자신에게 다음과 같은 물음을 던져야 한다. 난 이 제목 또는 이 방면의 내용을 어떻게 이해했는가? 내가 가장 말하고 싶은 것은 무엇일까? 남과 다른 생각이 있는가? 나의 가장 진실한 생각은 무엇일까?

위엔위엔은 생각하는 습관을 통해서 재빨리 소재를 찾았다. 나중에 읽어 보니 위엔위엔은 주제에 대한 자신의 감정과 엄마와 나눈 대화, 엄마의 발을 닦아주는 것 대신에 온 가족이 함께 산책하고 그때 자신이 깨달은 내용에 대해서 진실하게 썼다. 또한 엄마에 대한 존경과 사랑에 관한 표현도 있었다. 위엔위엔의 글은 성실하고 막힘이 없었다.

훗날 학부모회의가 열렸을 때 담임선생님은 두 명의 말썽꾸러기가 이 행사를 하고 난 뒤에 많이 의젓해졌다고 흥분해서 행사의 효과를 설명했다. 그 두 아이는 모두 '엄마의 발을 닦으며 엄마의 발이 거칠고 굳은살이 두껍게 쌓인 것을 새삼스럽게 발견했다. 앞으로 엄마를 더 아끼고 사랑하고 열심히 공부해서 엄마의 은혜에 보답하겠다'고 썼다.

담임선생님이 아이가 쓴 글의 한 단락만 읽어서 전체 글의 내용이 어떤지 알 수 없다. 하지만 내 생각은 이렇다. 만약에 두 아이의 엄마가 직장 일이나 집안일 같은 특별한 이유로 크게 고생해서 발이 거칠고 굳은살이 박였으면 아이는 충분히 감동할 만하고 진심어린 글을 쓴 것이다. 하지만 두 아이의 엄마가 다른 엄마들과 상황이 크게 다르지 않고 그저 하이힐을 신는 것을 좋아하거나 운동을 좋아하거나 각질 관리를 소홀히 해서 발이 거친 것이라면 아이는 무엇 때문에 감동을 받았을까? 굳은살 박인 발과 어머니는 어떤 관계가 있고 발을 잘 관리한 엄마는 고생을 전혀 안 한 것일까? 아이들이 마음에 없는 말을 하고 거짓으로 글을 쓰는 것은 정말 걱정할 일이다.

베이징대학교 중문과 첸리췬 교수는 말하기, 쓰기 능력 훈련을 하기 전에 먼저 자신의 진실한 생각과 감정을 표현하는 태도를 키워야 한다고 말했다. 또한 여전히 고정관념이 학교에 만연하고 초·중학교 국어교육에 스며들어 아이에서 청소년까지 해를 입히고 적잖은 후유증을 남기는 것을 비판했다. 이것은 단지 글의 품격에 관한 문제가 아니고 개인 교양, 국민 정신, 도덕 상태에 관한 문제이다. 첸리췬 교수는 학생이 글을 엉망진창으로 쓰고 진심과 다르게 말하는 것이 오래되어 습관이 되면 영혼도 비뚤어진다고 수심에 잠겨 지적했다.

글을 쓸 때 허구와 거짓은 엄연히 다르다. 두 가지는 풍부한 상상력과 빈약한 상상력의 차이라고 할 수 있다. 진실에 기반을 둔 허구는 상상력의 아름다움이 있지만 거짓의 문자는 진실하지 않은 감정과 상상력이 억지로 엉켜 있어 결코 아름답지 않다. 수호믈린스키는 저서 『선생님들에게 드리는 100가지 제안』에서 말했다.

"아이에게 자신의 생각을 말하라고 요구할 땐 신중하고 세심한 태도를 유지하라. (……) 아이에게 자신의 감정을 소중하게 간직하라고 가르치고, 수식어를 찾아서 존재하지도 않는 감정을 말하게 가르치지 말라."

진실한 글을 쓰는 것은 의식의 문제지만 결국은 습관과 능력의 문제로 변한다. 아이가 어려서 거짓을 말하는 훈련을 받으면 진심을 말하는 습관과 능력을 잃게 된다. 결국 진심을 말하기 싫어서 안 하는 것이 아니라 말할 수 없어서 못하게 되는 것이다. 한 번 잃은 능력을 다시 찾으려면 노력을 많이 해야 한다. 중국의 차세대 소설가 비페이위는 "글쓰기는 먼저 용기를 키우고 그다음에 기술을 배워야 한다"고 말했다. 글을 쓸 때 진심을 말하는 용기는 어릴수록 쉽게 키울 수 있는데 늦어지면 평생 용기를 낼 수 없다.

부모와 교사는 글쓰기 기술을 힘들게 찾는데 사실 기술은 매우 간단하다. 글을 쓸 때 먼저 진심을 말하는 것을 기억하면 된다. 아이에게 이 점을 주입시키면 글의 의미가 글을 초월한다.

"글을 쓰는 아이를 키우는 것은 다른 의미에서 보면 됨됨이를 갖춘 사람을 키우는 것과 같다."

공부의 걸림돌,
숙제 스트레스 없애주기

위엔위엔이 초등학교에 들어간 뒤에 우리 부부는 기본적으로 위엔위엔의 숙제에 '관여'하지 않는 태도를 취했다. 날마다 선생님이 어떤 숙제를 내고 위엔위엔이 어떻게 하는지 우리 부부는 묻지도 않고 검사하지도 않고 모든 것을 위엔위엔에게 맡겼다. 다행히 위엔위엔은 우리가 걱정하지 않게 알아서 숙제를 잘했다. 하지만 얼마 지나지 않아 숙제에 싫증을 내기 시작했는데, 모르는 한자를 그저게 썼으면 됐지 왜 어제도 쓰고 오늘도 쓰고 세 번씩 쓰는지 모르겠다고 투덜거리면서부터다.

어느 날 위엔위엔이 또 투덜거려서 숙제 내용을 살펴보니 아예 쓸 필요가 없거나 그렇게 많이 쓸 필요가 없는 것이었다. 예컨대 선생님은 모르는 한자를 몇 번이 아니라 적게는 두 줄에서 많게는 다섯 줄까지 쓰게 했다.

난 모르는 글자를 기억하기 위해서 굳이 여러 번 쓸 필요가 없다고 생각한다. 그래서 위엔위엔에게 선생님께 자신의 상황에 따라서 한자를 몇 번 쓸지 결정하면 안 되냐고 여쭤보라고 시켰다. 만약에 말할 용기가 없으면 내가 직접 선생님께 말씀드리겠다고 했다. 위엔위엔은 선생님이 동의를 안 할 것 같다고 고개를 가로저었다.

많은 교사들이 초·중학생에게 개성 있는 숙제를 줘야 한다고 호소하지만 실제로 그렇게 하는 교사는 많지 않다. 번거롭거니와 많은 사람들의 머릿속에 그렇게 하면 안 된다는 생각이 단단히 뿌리내렸기 때문이다. 만약에 아이가 "선생님, 저 이 내용 잘 아니까 숙제 조금만 할게요"라고 말하면 교사는 분명히 "다 같이 숙제하는데 왜 너만 조금 하니?"라고 말할 것이다. 학습은 즐거운 일이 아니라 고통스러운 일이고 숙제를 남보다 적게 하는 것은 '부당한 이득'을 차지하는 것이라는 잘못된 관념은 이런 식으로 아이에게 주입된다. 만약에 교사가 어떤 아이의 숙제를 줄여주면 다른 학생들이 왜 그 아이만 봐주느냐고 반대할 것이다.

난 위엔위엔의 고충을 이해했다. 아무리 생각해도 위엔위엔의 숙제는 비현실적이고, 번거롭고 불편했다. 게다가 한 과목으로 끝날 일도 아니었다. 난 잠시 생각하고 위엔위엔에게 물었다.

"선생님이 숙제 낸 한자 혼자서 읽고 쓸 수 있어?"

위엔위엔은 그렇다고 대답했다. 내가 말했다.

"그럼 엄마가 불러줄 테니까 위엔위엔은 책 보지 말고 공책에 써. 정확하게 쓰면 한 번만 쓰고 틀리면 세 번씩 쓰는 거야. 나머지는 엄마가 대신 써줄게, 어때?"

날 보는 위엔위엔의 눈빛이 복잡해졌다. 좋아하는 것 같기도 하고 내 말을 의심하는 것 같기도 하고 내 말대로 해도 될지 망설이는 것 같았다.

난 위엔위엔의 마음을 읽고 긍정적으로 말했다.

"괜찮아. 공부는 알기 위해서 하는 거야. 선생님이 모르는 한자를 여러 번 쓰라고 숙제 내주신 것은 네가 한자를 알게 하기 위해서인데 이미 아는 한자를 여러 번씩 쓸 필요가 없잖아, 안 그래?"

위엔위엔은 내 말에 일리가 있다고 생각했지만 여전히 걱정했다.

"만약에 선생님이 엄마가 쓰신 걸 알고 혼내면 어떡해요?"

"엄마가 위엔위엔이 쓴 것처럼 똑같이 쓸게. 선생님이 절대 못 알아보실 거야. 엄마가 오늘 한 번 써볼까?"

위엔위엔은 기뻐하며 수줍게 고개를 끄덕였다.

그날의 국어 숙제는 여덟 개의 한자를 두 줄씩 쓰는 것이었다. 위엔위엔은 여덟 개의 한자 중에서 모르는 하나의 한자만 세 번씩 쓰고 나머지는 한 번만 썼다. 그러자 원래 총 160자를 써야 했던 한자가 열 자로 줄어들어 숙제하기가 한결 여유로웠다. 위엔위엔은 열 자의 한자는 매우 열심히 썼는데 특히 모르는 한자를 쓸 땐 매우 집중해서 세 번씩 썼다. 난 집중해서 쓰면 세 번만 써도 위엔위엔이 기억할 수 있을 것이라고 믿고 남은 글자를 선생님이 눈치 못 채게 위엔위엔의 필체를 흉내 내서 열심히 썼다.

어른처럼 흘려서 쓰면 한 쪽도 금방 쓸 수 있지만 아이처럼 한 획씩 쓰려니 매우 힘들었다. 게다가 아이가 쓴 것처럼 일부러 한자를 못 쓰는 것은 여간 어려운 일이 아니었다.

그날 이후 난 위엔위엔의 숙제를 자주 해줬고 어떤 한자를 쓸지는 내가 판단하지 않고 위엔위엔이 스스로 결정했다. 위엔위엔은 공부한 내용에 대해서 잘 알면 자신이 해야 하는 숙제의 양이 확 줄어든다는 것을 알고 스스로 점검한 뒤에 모르는 한자가 있으면 더 잘 기억하려고 애썼다.

남편은 내가 숙제를 대신해주면 위엔위엔의 학습 습관이 나빠지고 부모에게 의존하는 습관이 생길까봐 내 방법에 반대했다. 난 걱정하지 말라고 남편을 안심시켰다. 내가 아는 위엔위엔은 결코 모르는 숙제를 내게 맡길 아이가 아니었다. 위엔위엔은 자신이 쓸 필요가 없다고 생각되는 것만 내게 맡겼다. 아이는 선한 면과 악한 면을 모두 갖고 있는데 천성적으로 선을 좋아하고 악을 싫어한다. 순수하고 자존심이 있는 아이는 결코 다른 사람의 선한 마음을 이용해서 속임수를 쓰지 않는다.

내가 숙제를 대신해주자 위엔위엔은 더 이상 숙제에서 스트레스를 안 받았다. 외려 마음이 편해서 숙제를 더 열심히 했다. 자신이 할 수 있으면 도움을 청하지 않았고 하기 싫다고 숙제를 맡기지 않았다. 이 점은 내가 확실히 느낄 수 있었다. 난 위엔위엔이 중학교 1학년 때까지 숙제를 계속 도와줬는데 횟수는 그리 많지 않았다. 내 기억에 초등학교에 입학하고 처음에만 많았고 그다음부터는 한 학기에 서너 번이 전부였다.

이런 비효율적인 숙제를 대신해주는 것에는 단점이 없고 장점이 많다는 것을 발견했다. 먼저 아이가 숙제에 스트레스를 안 받고 학교에 가는 것을 고역으로 여기지 않아 학습 흥미가 유지된다. 다음으로 아이가 학습은 자신을 괴롭히거나 남에게 잘 보이기 위해서 하는 것이 아니라 실사구시의 태도로 충실하고 효과적으로 해야 한다는 것을 깨닫는다. 이밖에 아이가 숙제에서 해방돼 더 많은 자유시간을 가질 수 있다.

위엔위엔은 끊임없이 책을 읽었다. 중학교 때도 게임을 하는 틈틈이 소설을 읽고 고등학교 때 공부하느라 바쁜 와중에도 영문소설과 만화책을 봤다. 위엔위엔은 책을 읽는 데 많은 시간을 할애했지만 각 과목의 숙제를 정상적으로 하고 줄곧 좋은 성적을 유지했다. 어떤 사람은 위엔위엔에게 그 많은 시간이 어디서 났는지 궁금해하는데, 내 생각에 어려서부터 스스로 공부의 완급을 조절하고 자신의 상황에 따라서 공부 계획을 조정한 것과 관계가 있는 것 같다. 또한 독서로 지식을 쌓고 학습 능력을 강화해서 공부를 여유롭고 효과적으로 했다. 다시 말해서 위엔위엔은 적절하게 조화를 이루며 공부와 숙제를 병행하는 선순환을 일으켰다. 숙제 때문에 공부할 기분을 망치고 30분이면 할 숙제를 두 시간이나 하는 아이보다 위엔위엔은 더 행운이었다.

여기서 부모님들께 한말씀 드리자면 초·중학교 특히 초등학교 단계일 때 숙제, 피아노 연습, 학원 가기 등의 일로 아이의 시간을 채우면 안 되고 반드시 시간을 자유롭게 안배해야 한다. 수호믈린스키는 건강하려면 반드시 공기를 마셔야 하는 것처럼 학생은 반드시 자유시간을 가져야 한다고 생각했다. 학생은 온종일 공부에 매달리지 않고 시간을 자유롭게 지배할 때 순조롭게 공부할 수 있다. 또한 스케줄이 전 과목을 공부하는 것으로 꽉 차고 학습과 직접적으로 관계있는 것을 생각할 수 있는 시간이 부족하면 스트레스를 많이 받아서 학업이 뒤처질 가능성이 높다.

여기서 자유시간은 TV를 보는 시간을 가리키지 않는다. TV는 아이를 화면 앞에 묶어두고 시간을 헛되이 보내게 한다. 자유시간에는 책을 읽거나 친구들과 뛰어놀거나 부모와 조깅, 탁구, 바둑을 하는 등 아이의 신체건강과 정신건강에 도움이 되는 활동을 하는 것이 좋다.

부모가 아이의 숙제를 대신하는 것은 일반적인 일이 아니라서 많은 부모가 위엔위엔의 아빠처럼 걱정할 수 있다. 하지만 이것은 아이를 잘못 인식해서 생긴 오해다. 어떤 부모는 아이의 천성이 착하다는 것을 믿지 않고 아이는 자제력이 없어서 어른의 감시를 벗어나 자유로워지면 스스로 통제하지 못하고 타락할 것이라고 잘못 생각한다. 또 어떤 부모는 "우리 아이는 당신 아이와 달라요. 어린 애가 꾀가 많아서 내가 숙제를 대신해주면 틀림없이 이런저런 핑계로 내게 숙제를 다 시킬 거예요"라고 말한다.

만약에 당신의 아이가 이렇다면 문제는 부모가 숙제를 대신해주는 것이나 아이의 천성에 있는 것이 아니라 지금까지 부모와 아이가 함께 생활했던 것에 있다. 집집마다 자세한 속사정은 모두 다르지만 대부분 부모가 아이의 자존심과 자신감을 상하게 하고 죄책감을 들게 만들어서 아이가 자신을 사랑할 줄 모르고 무례하고 날마다 꾀를 부려 수고하지 않고 이익을 얻으려고 하는 데 문제가 있다.

부모에게 존중받는 아이는 자신을 존중하고 사랑할 줄 알아서 결코 부모의 선의를 부끄러운 일을 하는 데 이용하지 않는다.

교육은 사소한 부분에서 일어난다. 부모가 아이의 숙제를 대신하는 것은 부모와 아이가 함께 생활할 때 일어나는 수많은 사소한 일 중에 하나에 불과하고 잘못하면 역효과가 난다. 사소한 부분을 어떻게 처리하느냐는 부모의 교육 이념에 달려 있다.

어떤 아빠는 아들이 초등학교 4학년인데 평소에 숙제를 잘 안 하려고 해서 걱정이 태산이다. 그는 선생님이 숙제를 많이 내면 아이가 열심히 안 할까봐 날마다 엄격하게 검사한다. 난 그에게 아이의 숙제를 대신해주는 방법을 알려주고 집에 가서 해보길 권유했다. 그는 영어를 가장 싫어하는 아들을 위해서 영어 숙제부터 도와주기로 결심하고 아이에게 말했다.

"선생님이 숙제로 내주신 영어 단어 열 번씩 안 써도 돼. 네가 아는 것이면 한 번만 쓰고 모르는 것이면 세 번씩 써."

아이는 몇 개는 세 번씩 쓰고 나머지는 한 번씩만 썼다. 아이는 이렇게 하는 것에 매우 기뻐했다. 잠시 뒤에 그는 아이가 몰라서 세 번씩 쓴 영어 단어를 기억하는지 검사하기 위해서 아이를 불렀다. 그 결과 아이는 단어 두 개를 기억하지 못했다. 그가 조금 화가 나서 말했다.

"어떻게 방금 외운 걸 벌써 까먹어? 모르는 단어 열 번씩 써와."

기분이 나빠진 아이는 "아까는 세 번만 쓰라더니 왜 지금은 열 번이에요?"라고 말하고는 씩씩거리며 열 번씩 썼다. 잠시 후 그는 검사를 다시 했는데 아이가 방금 쓴 단어를 또 틀렸다. 그러자 화가 나서 소리 쳤다.

"열 번이나 넘게 썼으면서 아직도 기억 못해? 스무 번씩 더 써와."

아이가 골을 냈지만 그는 신경 쓰지 않고 '스무 번씩 쓰면 단어를 기억하겠지'라고 생각했다. 하지만 뜻밖에도 아이는 또 단어를 기억하지 못했다. 아이의 형편없는 실력에 화가 머리끝까지 치민 그는 50번씩 쓰고도 못 외우나 보자면서 아이에게 단어를 50번씩 써오게 시켰다.

원래 열 번씩 쓰는 것보다 숙제량이 몇 배나 더 늘어나자 아이는 안 쓰겠다고 버텼다. 이 일로 두 부자는 한바탕 소동을 벌였고 숙제를 안 해주는 것보다 못한 결과를 얻었다. 이 일이 있은 뒤에 그는 날 원망했다.

"선생님 방법은 제 아들에게 안 통해요. 선생님 딸은 철이 들었지만 우리 아들은 안 들었고 선생님 딸은 부모의 마음을 이해하지만 우리 아들은 아니에요."

정말 아이가 다를까? 결코 아니다!

난 그에게 솔직하게 말했다.

"일방적으로 아이를 탓하지 마세요. 사실 아버님이 먼저 이 방법에 자신을 가지셔야 돼요. 아버님은 성의가 부족해요. 아이를 도우려는 게 아니라 한 번 떠보려고 하시잖아요. 부모가 변하면 아이가 어떻게 달라질까 하시면서요. 숙제 검사도 그래서 하시는 거고요. 아버님은 무의식 중에 아이 대신에 숙제하는 것을 은혜를 베푼다고 생각하고 아이가 만족스러운 효과로 즉각 보답하길 바라세요. 하지만 아이가 아버님의 희망을 꺾고 단어를 기억하지 못하자 화를 내고 다시 써오라고 벌을 주셨죠. 아이의 숙제를 대신해주는 목적은 아이가 불합리한 숙제를 하는 고역에서 벗어나게 하기 위해서인데 아버님은 외려 숙제를 '벌'로 만드셨어요. 아버님의 행동이 앞뒤가 안 맞으면 아이는 혼란스럽고 공부에 대한 혐오감이 커지고 부모의 행동에 화가 나요. 그래서 공부도 하기 싫고 부모님 말씀도 듣기 싫어져요."

그는 내 분석과 비판을 선뜻 받아들이지 못하고 계속 같은 말만 반복했다.

"선생님 아이와 제 아들은 다르다니까요. 선생님 아이는 열심히 공부해서 이 방법이 맞지만 제 아이는 열심히 공부하지 않아서 이 방법이 안 통해요."

"그래요, 아버님 아이와 제 아이는 서로 다른 점이 있어요. 아버님 아이는 지금까지 숙제를 해야 하는 스트레스와 부모님의 감시 때문에 힘들어서 숙제를 거부하고 부모님과 대립하는 습관이 있어요. 부모님이 갑자기 변해도 마음의 공사를 튼튼하게 하지 않으면 아이가 지시를 잘 안 따르고 공부에 자신감을 잃고 부진한 모습을 보일 거예요. 아이가 변할 때까지 인내심을 갖고 기다리세요."

그는 여전히 화가 나서 말했다.

"아무리 그래도 그렇지 어떻게 그렇게 멍청할 수 있어요? 몇 번을 썼는데 그걸 기억 못하다니, 정신을 딴 데 팔고 쓴 게 틀림없어요."

"단어를 수십 번 써도 기억을 못하는 것은 두뇌가 아니라 정서와 관계있어요. 혐오감은 모든 기억을 통째로 죽여요. 똑똑해 보이는 아이들이 공부를 못하는 이유도 여기에 있죠. 겉보기에 아이가 공부를 열심히 안 하는 것 같다고 하셨는데 아이가 공부를 열심히 했는지 안 했는지는 알 수 없어요. 뭔가에 마음을 쓰려면 힘을 쓰는 것처럼 자라고 쌓이는 과정이 필요해요. 어른도 뭔가에 마음을 쓰려면 싫어하는 마음부터 없애야 하잖아요. 세상에 싫어하는 것을 열심히 할 수 있는 사람이 있나요?"

그가 더 이상 반박하지 않았다. 뭔가 깨달은 것 같아서 계속해서 말했다.

"먼저 아이가 숙제에 얼마나 스트레스를 받는지 대화를 나누시고 학습에 대한 자신감과 호감을 서서히 키워주고 열심히 하라고 말씀하세요. 아이가 초등학교 4학년이면 벌써 꽤 오랜 시간 학습에 혐오감을 가졌는데 이걸 다시 바꾸려면 시간이 필요해요. 학년이 높을수록 시간은 더 많이 필요해요. 아버님, 꼭 인내심을 가지세요. 4년 동안 형성된 나쁜 버릇을 나흘 만에 바꾸기는 불가능해요."

난 그에게 단순하게 학습 부담을 덜어주는 것에서 시작해 조건 없이 아이를 도우라고 조언했다. 부모가 도와줬다고 해서 그날 외운 단어를 전부 외우라고 요구하면 안 되고 아이가 더디 배우고 숙제를 잘 못해도 반드시 아이를 이해해야 한다. 사실 방금 쓴 단어를 기억하지 못할 때 가장 창피하고 비참한 사람은 아이 자신이다. 부모는 아이의 마음을 이해하고 아이에게 "조급해하지 마. 모르면 두 번 더 쓰면 되고 그래도 모르면 이틀 뒤에 다시 쓰면 돼. 천천히 해"라고 말해야 한다. 또한 아이의 행동과 숙제에 잘한 점이 있으면 예컨대 평소보다 글씨를 더 반듯하게 썼거나 숙제를 더 정확하게 했으면 칭찬해야 한다. 학습에서 즐거운 정서를 느끼면 숙제에 대한 혐오감이 서서히 사라진다.

아이의 숙제를 대신해주는 것은 아이에게 부정행위를 가르치는 것이 아니다. 학교교육의 일부 잘못된 부분에 이성적으로 대항하기 위해서 부득이한 방식으로 아이에게 더 많은 자유시간을 주고 아이가 더 즐겁게 생활하고 공부하게 도와주는 것이다. 숙제를 대신해주는 것은 아이의 학습 흥미를 보호하는 효과적인 방법 중 하나다.

따라서 부모는 이 일을 진심으로 받아들이고 덤덤한 마음으로 숙제를 대신해줘야 한다. 만약에 성의가 부족하고 속으로 목적과 효과를 의심하고 죄책감을 느끼면 아이가 나쁜 영향을 받아서 부모에게 부당하게 숙제를 시키고 죄책감을 느낀다. 사람은 정의감이 없으면 기존의 습성이나 규칙에 도전하지 못한다. 부모는 아이 앞에서 결코 의혹과 근심을 숨길 수 없다. 아이의 감각은 레이더보다 민감해서 부모의 눈빛과 말투에서 진실한 태도를 읽는다.

위엔위엔이 초등학교 때 어느 날 집에 와서 재밌는 이야기를 했다.

위엔위엔의 반에 어떤 아이가 자신의 공책은 한 줄에 열 칸이 있는데 친구의 공책은 여덟 칸밖에 없는 것을 발견하고 집에 가서 왜 공책을 살 때 한 줄에 몇 칸인지 안 보고 샀냐고 불만을 터트렸다. 그러자 아이의 엄마가 말했다.

"엄마는 일부러 열 칸짜리 샀는데? 살 때 점원이 '한 줄에 여덟 칸짜리로 드릴까요, 열 칸짜리로 드릴까요?'라고 물어서 내가 '열 칸짜리로 주세요'라고 했어. 두 번씩 더 쓰면 한자를 더 잘 기억할 수 있잖아."

똑같이 두 번을 더 쓰는 것에 대해서 부모는 이익이라고 생각했지만 아이는 손해라고 생각했다. 이후 어떤 아이가 선생님에게 이 일을 고자질하고 여덟 칸짜리 공책을 쓰는 아이도 열 번씩 써야 한다고 건의했다. 하지만 선생님은 그렇게 하면 나머지 두 글자를 아랫줄에 써서 복잡해지니까 기존대로 한 줄씩 쓰라고 했다. 그러자 반 아이들은 숙제를 잘하는 것보다 문구점을 돌아다니며 여덟 칸짜리 공책을 찾는데 더 많은 애를 썼다.

3천 년 전에 공자는 '인재시교(因材詩教)'[12]를 주장했다. 또한 동서고금의 거의 모든 위대한 교육가는 아이에게 개성 있고 차별화된 교육을 실시해야 한다는 사상을 가졌다. 하지만 실제 교육 현장 특히 초·중학교에서 개성 있는 숙제를 내는 교사를 찾아보기 어렵다. 획일화된 교육을 실시하면 교사는 가르치는 수고를 덜 수 있지만 아이들은 서로 특성이 다른데도 똑같은 교육을 받는 고통을 겪는다. 이것은 현재 중국의 초·중학교 교육 현장에 만연하는 가장 큰 문제지만 불합리한 부분을 개선하려는 교사와 부모는 그리 많지 않다.

사회가 모든 아이에게 완벽한 교육을 제공하는 것은 어렵다. 하지만 부모는 자녀에게 최대한 좋은 교육 환경을 조성할 책임이 있다. 만약에 부모에게 무거운 부담감에서 아이를 해방시킬 수 있는 좋은 방

---

12 사람마다 타고난 자질과 성품에 따라서 서로 다르게 가르친다.

법이 있으면 더할 나위 없이 좋다. 예컨대 학교가 교육을 개혁하거나 당국이 정책적으로 교육문제를 해결하게 영향력을 행사하는 것이다. 만약에 이렇게 할 수 없으면 아이의 숙제를 대신해주는 방법으로 즉각적인 효과를 볼 수 있다.

아이의 숙제를 대신하는 것은 무모한 행동 같지만 실은 중요한 교육의식이고 사고방식이다. 아이가 공부할 때 부모는 실사구시의 태도로 아이가 어려움을 극복할 수 있게 도와야 한다. 아이들은 저마다 서로 다른 학교에서 서로 다른 교사를 만나고 서로 다른 어려움을 겪는다. 보편적으로 적용할 수 있는 방법은 없지만 반드시 효과적인 방법은 있다. 부모가 실질적인 필요에 따라서 아이를 도우면 자연스레 많은 방법이 생기기 마련이다.

마지막으로 부모가 경계해야 할 점은 어떤 방법을 사용하건 간에 일을 경솔하게 처리해서 아이를 도우려다가 외려 '폐'만 끼치면 안 된다. 예컨대 숙제를 대신해줬다가 교사에게 발각되면 괜히 교사의 반감만 사고 아이가 교사의 눈치를 보게 돼 득보다 실이 많아진다.

숙제를 안 하게 해야 할 때도 있다

초등학교 때 다들 한 번쯤 벌로 숙제를 한 경험이 있을 것이다. 위엔위엔이 초등학교 4학년 때 어느 날 수학선생님이 갑자기 이틀 전에 배운 공식의 정의를 쓰는 쪽지시험을 쳤다. 수학선생님은 사전에 통보도 하지 않고 갑자기 시험을 치면서 약 서른 자 정도 되는 공식의 정의를 교과서와 한 자라도 다르게 쓰면 열 번씩 써오게 하겠다고 으름장을 놓았다. 시험 결과 반 아이들 전체가 몇 자씩 틀려서 집에 가서 공식의 정의를 열 번씩 써야 했다.

그날 저녁에 위엔위엔은 이 일을 얘기하며 공식의 정의를 언제 열 번씩 다 쓰느냐고 걱정했다. 위엔위엔이 시험지에 쓴 것과 교과서를 비교한 결과 몇 글자를 다르게 써서 그렇지 전체적인 내용은 별 차이가 없었다. 한눈에 봐도 위엔위엔이 공식의 정의를 이해하는 것을 알 수 있었다. 난 '수학선생님이 아이들에게 이렇게 벌을 줄 필요가 있을까?'라고 생각했다. 더욱이 교과서에는 정의를 반드시 통째로 외워야 한다는 문구도 없었다. 교과서를 쓴 사람도 초등학교 4학년 학생이 공식을 이해하고 응용하게 하기 위해서 이 정의를 썼을 것이다.

무턱대고 외우는 학습 방법은 단점이 매우 많다. 대표적으로 학생의 지적 능력이 손상되고 학습의 능률이 떨어진다. 수호믈린스키는 교사가 학생에게 기계적인 암기를 요구하는 것을 강하게 비판했다.

"끝없는 암송과 기계적인 암기 같은 기형적인 두뇌 노동은 학생의 사고를 타성에 젖게 만든다. 외우기만 한 학생은 많은 것을 기억할 수 있지만 기억에서 기본 원리를 찾아야 할 때 머릿속이 뒤죽박죽이 되고 기본적인 작업을 할 때 속수무책일 수밖에 없다. 만약에 자신에게 가장 필요한 것을 학생 스스로 선택해서 기억하지 못하면 점차 사고할 줄 모르게 된다."

반드시 외워야 하면 외운 뒤에 한 번만 쓰면 되지 굳이 열 번씩 쓸 필요가 있을까? 열 번씩 쓰려면 시간이 얼마나 많이 걸리는가? 그 시간이면 아이가 다른 일을 할 수 있다. 우리 부부는 위엔위엔에게 늘 시간을 소중히 여기라고 말했는데 의미 없는 숙제에 한두 시간씩 할애하는 것은 시간 낭비가 아닌가?

아이의 학습 흥미를 보호하고 학습과 관계있는 일 중에 불쾌한 요소를 제거하는 것은 매우 중요하다. '처벌'의 성격이 짙은 숙제는 할 필요가 없다고 생각했기 때문에 이 일이 위엔위엔에게 숙제에 대한 혐오감을 남기는 것을 가만히 두고 볼 수 없었다.

내가 위엔위엔에게 시험 본 공식의 정의를 외우냐고 묻자 외운다고 대답했다. 한 번 공책에 써보라고 했더니 과연 한 글자도 틀리지 않고 잘 썼다. 난 웃으며 위엔위엔에게 말했다.

"공식의 정의를 외워서 한 글자도 안 틀리게 쓸 수 있으면 한 번만 써도 돼. 이 숙제는 그만하자."

위엔위엔은 잠시 기뻐했지만 이내 수심에 찬 얼굴로 선생님이 열 번씩 쓰라고 했기 때문에 안 쓰면 안 된다고 말했다. 내가 말했다.

"선생님은 너희가 못 외우니까 열 번씩 쓰라고 하신 거야. 외웠으면 열 번씩 안 써도 돼."

위엔위엔은 여전히 걱정했다.

"다른 아이들은 다 열 번씩 썼는데 저만 안 쓰면 혼나잖아요."

위엔위엔은 이미 자기도 모르게 수학선생님을 위해서 숙제를 하고 있었다. 이 얼마나 끔찍한 상황인가!

"괜찮아. 뭐하러 열 번씩 써? 방금 전에 썼을 때 한 글자도 안 틀리게 썼는데 열 번씩 쓸 필요가 없잖아. 학습은 알기 위해서 하는 거야. 넌 이미 이 목적을 달성했는데 왜 시간을 낭비해야 하지?"

난 위엔위엔에게 필요에 따라서 공부하는 태도를 심어주기 위해서 '선생님'을 위해서 숙제하는 인식을 '학습'을 위해서 숙제하는 인식으로 바꿔놓았다.

위엔위엔은 계속해서 한 번만 썼다가 선생님에게 혼날까봐 걱정했다. 우리 모녀는 한 번만 썼을 때 선생님이 어떤 반응을 보일지 추측에 들어갔다. 먼저 선생님이 화를 내고 위엔위엔을 꾸짖을 수 있다. 만약에 이렇게 끝나면 다행이지만 어쩌면 위엔위엔이 벌을 서고 내가 학교에 불려갈 수도 있다. 난 위엔위엔에게 용기를 줬다.

"내일 선생님이 왜 한 번만 썼냐고 물으면 엄마가 한 번만 쓰게 했다고 엄마에게 책임을 미뤄. 만약에 선생님이 혼내면 아무 말도 하지 말고 조용히 듣고, 한 시간 동안 서서 수업을 들으라고 하면 서서 수업을 들어. 엄마를 학교에 모시고 오라고 하면 전화해. 엄마가 학교에 가서 선생님께 잘 말씀드릴 테니까. 넌 신경 쓰지 마. 잘못한 게 없으니까."

위엔위엔은 조금 망설였지만 더 좋은 방법이 없자 결국 내 말에 동의했다. 고통스럽게 숙제를 하느냐 선생님에게 혼나느냐 중에 우리는 후자를 선택했다. 난 선생님이 폭력적인 숙제를 낸 것을 알면서도 그저 원망만 하고 숙제를 안 했을 때 아이가 선생님에게 혼날까봐 빨리 숙제하라고 독촉하는 부모를 많이 봤다. 이렇게 되면 아이는 가치관의 혼란을 겪고 숙제할 때 선생님에게 혼나지 않는 것을 첫 번째로 고려하고 개인적인 체험과 실사구시의 정신을 그다음에 고려하게 된다.

아이의 체면을 생각하면 반 아이들 앞에서 선생님에게 안 혼나는 것이 중요하다. 하지만 목적이 훼손된 숙제는 아이가 흥미를 잃고 건성으로 공부하고 권위에 아첨하게 만들어 득보다 실이 더 많아진다.

물론 나도 위엔위엔이 선생님에게 혼나는 것은 싫지만 더 좋은 방법을 찾을 수 없었다. 내가 숙제를 대신해줄 수도 있지만 평소와 다르게

'처벌'의 성격이 짙어서 하기 싫었다. 난 이번 기회에 위엔위엔에게 벌로 숙제를 내는 것은 옳지 않고 이런 숙제는 '거부'할 줄 알아야 한다고 알려주고 싶었다.

위엔위엔은 여전히 불안해했지만 내가 단호하게 굴자 날 믿고 한 번만 썼다. 위엔위엔의 반 아이들이 조그마한 손으로 연필을 쥐고 공식의 정의를 열 번씩 쓸 것을 생각하니까 절로 안쓰러운 생각이 들었다. 어른은 2~3백 자를 쉽게 쓸 수 있다. 하지만 초등학교 4학년 어린아이는 두려움과 혐오감을 가진 채 공식의 정의를 열 번씩 쓰면 공식의 정의를 외우려고 해도 머리에 입력되지 않는다.

이튿날 회사에 출근했을 때 수학선생님에게 전화가 안 와서 '아무 일도 안 일어났구나'라고 생각했다. 하지만 퇴근해서 집에 갔을 때 위엔위엔이 울면서 말했다.

"선생님이 수업 시작하자마자 '공식의 정의를 열 번씩 안 쓴 사람 다 일어나!'라고 말씀하셨어요. 해명할 기회도 안 주시고요."

수학선생님은 위엔위엔을 포함해서 열 번씩 안 쓴 아홉 명의 아이들에게 수업 내내 서 있는 벌을 주고 수학 교과서에 나오는 모든 공식의 정의를 한 번씩 써오라는 숙제를 냈다. 만약에 한 번씩 안 써오면 두 번씩 쓰고 두 번씩 안 써오면 세 번씩 쓰게 하겠다고 엄포를 놓았다. 위엔위엔은 어제 열 번 썼으면 오늘 이렇게 많이 안 써도 됐다고 원망했다. 난 위엔위엔의 수학 교과서를 뒤적이다가 도로 덮고 차분하게 말했다.

"이 숙제는 안 해도 돼. 한 글자도 쓸 필요가 없어."

위엔위엔이 놀라서 눈을 동그랗게 떴다. 내가 이어서 말했다.

"개학한 지 얼마 안돼서 조금밖에 안 배운 데다 넌 이미 공식의 정의를 외워서 더 쓸 필요가 없어. 더욱이 뒷부분은 배우지도 않았는데 써서 뭐하니? 괜히 쓸데없는 짓 할 필요 없어."

위엔위엔은 오늘 안 쓰면 내일은 두 번씩 써야 된다며 절대로 안 된다고 말했다. 이 말을 할 때 위엔위엔의 두 눈은 걱정하는 기색이 역력했고 위엔위엔에게 수학 숙제는 이미 두려운 존재가 됐다. 이것은 내가 가장 걱정했던 일이다.

위엔위엔이 수학에 흥미를 잃지 않고, 수학을 생각하면 수학선생님과 무서운 숙제를 떠올리지 않고 즐거운 것을 연상하게 하려면 어떻게 해야 할까? 아이는 가치관이 미숙해서 선생님을 숭배한다. 때문에 내가 선생님의 말을 듣지 말라고 하면 위엔위엔은 죄책감을 느낄 것이 분명했다. 난 어떻게 하면 위엔위엔이 이 일을 정확하게 인식하고 상처를 가장 적게 받을지 고민했다. 그러다가 위엔위엔이 평소에 비스킷을 즐겨 먹는 것을 생각해냈다.

"위엔위엔, 비스킷 좋아하지? 하루에 몇 개씩 먹으면 좋을까?"

위엔위엔은 내가 갑자기 비스킷을 들먹이는 것을 이상하게 여겼지만 다섯 개라고 대답했다.

"열 개씩 먹는 건 어때?"

평소에는 내가 양을 제한해서 위엔위엔은 하루에 두세 개밖에 못 먹었다. 내가 이렇게 묻자 위엔위엔이 조금 흥분해서 대답했다.

"너무 많아요. 일곱 개가 딱 좋을 것 같아요."

세 개를 줄였지만 위엔위엔은 분명히 더 먹고 싶었을 것이다.

내가 진지하게 말했다.

"아니. 열 개씩 안 먹으면 스무 개씩 먹게 하고 스무 개씩 안 먹으면 쉰 개씩 먹게 하고 쉰 개씩 안 먹으면 백 개씩 먹게 벌줄 거야. 어때?"

잔인하고 어리석은 물음에 맛있는 비스킷이 무섭게 느껴졌는지 위엔위엔은 선뜻 대답하지 못했다. 난 위엔위엔의 볼에 입을 맞추고 말했다.

"사실 수학 숙제를 하는 것은 비스킷을 먹는 것과 같아. 선생님이 숙제를 적당히 주면 좋지만 너무 많이 주면 싫지?"

위엔위엔은 잠시 생각하고 고개를 끄덕였다. 내 말을 조금 이해하는 것 같았다. 내가 다시 말했다.

"숙제를 이렇게 많이 주는 것은 선생님이 잘못하는 거야. 엄마가 비스킷을 백 개씩 먹으라고 했을 때 네가 받아들이지 않은 것처럼 선생님이 숙제를 비합리적으로 많이 내면 안 해도 돼. 이럴 땐 안 하는 게 옳고 하는 게 잘못이야. 숙제도 비스킷처럼 좋은 건데 좋은 것을 나쁘게 만들 필요가 없잖아, 안 그래?"

내 말을 완전하게 이해한 위엔위엔은 표정이 한결 밝아졌다. 하지만 여전히 수학선생님이 날마다 공식의 정의를 쓰게 하면 어떡하느냐고 걱정했다. 난 아이의 마음을 잘 안다. 위엔위엔은 '처벌'의 성격이 짙은 숙제를 할 필요가 없다는 것을 잘 알지만 날마다 학교에서 선생님에게 대항할 용기가 없고 벌을 서고 혼나고 싶지 않았다. 내가 말했다.

"내일 엄마가 학교에 가서 선생님께 말씀드릴게. 만약에 선생님이 숙제를 적당히 내는 것이 아이들에게 도움이 된다는 것을 이해하시면 다시는 널 힘들게 하지 않을 거야."

내 말에 위엔위엔이 금방 편안해했다. 위엔위엔은 내가 문제를 복잡하게 만들지 않고 깔끔하게 해결할 것이라고 믿었다.

이튿날 아침에 난 회사에 휴가를 내고 수학선생님을 찾아갔다. 수학선생님은 마흔 살 정도 된 여자이고 인상이 차가웠다. 조심스럽게 위엔위엔의 숙제에 대한 얘기를 꺼낸 결과 대화가 쉽게 통할 것 같지 않은 예감이 들었다. 수학선생님은 내가 찾아온 이유를 듣고 자신이 얼마나 학생들을 열심히 가르치고 학업에 신경 쓰며, 요즘 학부모는 교사를 이해하지 못하고 학생들도 열심히 공부하지 않는다고 신경질적으로 말했다. 노기등등한 모습은 마치 그녀의 머릿속에 화약통이 있어서 내가 조금만 실언하면 바로 불이 붙어서 터질 것 같았다. 난 자칫 관계가 불편해질까봐 얼굴에 미소를 띠고 그녀의 말을 경청하고 모든 책임을 내게 미뤘다. 내 태도에 수학선생님은 화를 가라앉혔다. 난 가까스로 수학선생님과 가까워져 결국 수학선생님이 이번 숙제를 추궁하지 않게 만들었다. 비록 내 방법이 떳떳하지 않지만 부모로서 그 상황에서 그렇게 하는 것 외에 다른 방법이 없었다.

수학선생님이 수학을 잘 가르치고 싶어 하는 마음은 이해할 수 있다. 하지만 대화에서 알 수 있듯이 그녀는 교양이 부족하고 능력이 열정을 따라주지 않았다. 학습 능력이 낮은 사람은 어리석은 방법으로 지식을 전달할뿐더러 열등감 때문에 일을 잘못 처리하고 다른 사람을 잘 가르치지 못한다.

예컨대 그녀는 수업시간에 아이들에게 숙제 공책을 나눠줄 때 몇 가지 방법을 이용했다. 만약에 아이가 문제를 모두 맞히면 손으로 공책을 나눠줬지만 조금이라도 틀리면 바닥에 던져서 아이가 허리를 숙여 줍게 하고 많이 틀리면 바닥에 던지는 것은 기본이고 볼도 꼬집었다. 위엔위엔도 한 번 꼬집혀서 운 적이 있다. 학교에서 체벌을 엄격히 금지하자 그녀는 꼬집는 방법을 이용했다. 내가 이 일로 학교장에게 전화했을 때 학교장은 시정하겠다고 말했지만 위엔위엔에게 물어본 결과 상황은 조금도 달라지지 않았다.

이런 교사 앞에서 부모가 뭘 할 수 있을까? 다음에 문제가 생겼을 때 편의를 보기 위해서 접촉하는 기회를 늘리고 최대한 좋은 관계를 유지하는 수밖에 없다.

난 위엔위엔에게 이런 무기력함을 사실대로 말할 수 없었다. 그래서 집에 돌아간 뒤에 수학선생님을 찾아가서 말했더니 수학선생님이 공식의 정의를 많이 쓰는 것이 학습에 도움이 안 된다는 것을 이해하고 숙제를 취소했다고 말했다. 위엔위엔이 신경 쓸까봐 다른 것은 일체 말하지 않았다. 어쨌든 문제를 해결했으니 다행이지 않은가?

정도의 차이는 있지만 지금 많은 아이들이 학교와 가정이 주는 폭력적인 숙제에 시달리고 있다. 어떤 부모는 화가 나면 아이에게 벌로 숙제를 주는데, 폭력적인 숙제의 본질은 교사와 부모가 학생을 노예로 만드는 것이다. 철학자 에리히 프롬은 말했다.

"사람은 지적 능력과 도덕심이 떨어지면 노예생활은 물론이거니와 불신과 적의에 찬 문화에도 적응할 수 있다. 하지만 그 결과 나약하고 독창성이 부족해진다. 사람은 억압받는 환경에도 적응할 수 있다. 하지만 적응하는 과정에서 신경병에 걸린다."

아이도 당연히 폭력적인 숙제에 적응할 수 있다. 하지만 폭력적인 숙제는 노예화, 적의, 억압의 성질이 있어서 아이의 건강하고 완전한 인격과 의지를 파괴시킨다. 부모는 무슨 일이 있어도 아이에게 폭력적인 숙제를 내면 안 되고 학교에서 이런 숙제를 냈을 때 아이가 "No"라고 말할 수 있게 응원해야 한다. 교사와 대화하고 학교 측과 적극적으로 소통하면 학부모의 의견을 학교 운영에 반영하고 아이를 보호할 수 있다. 많은 부모는 교사가 숙제를 비합리적으로 많이 냈을 때 비판만 하고 아이가 폭력적인 숙제를 고통스럽게 하는 것을 수수방관하는데 이것이 가장 나쁘다.

위엔위엔이 초등학교 때 유행했던 우스갯소리가 있다. 두 아이가 싸우자 선생님이 자기 이름을 백 번씩 쓰라고 벌을 내렸다. 그중에 한 명은 이름을 빨리 써서 집에 갔지만 나머지 한 명은 시간이 한참 지나도 다 쓰지 못했다. 선생님이 늦게 쓴다고 꾸짖자 아이가 꾹 참았던 불만을 터트렸다.

"선생님, 너무 불공평해요. 저와 싸운 애는 이름이 알리이지만 제 이름은 압둘라 쿠이아이츠 나리터리지라흐란 말이에요."

부모와 교사는 즐겁게 웃지만 말고 어느 정도 반성해야 한다!

100점을
요구하지 않는다

 어떤 초등학교 교문에서 한 여자 아이가 신나게 뛰어와 엄마에게 말했다.

"엄마, 저 수학 98점 받았어요."

아이 엄마는 다른 아이들은 몇 점씩 받았냐고 묻다가 100점을 받은 아이가 있다고 하자 얼굴빛에 불만을 드러내고 말했다.

"다른 아이는 100점 받는데 넌 왜 못해?"

방금 전까지 신났던 기분이 싹 달아난 아이는 엄마의 말에 억울해하고 실망했다. 아이의 성적이 좋고 나쁜 것은 부모가 아이에게 몇 점을 기대하느냐가 아니라 어떻게 말하느냐에 달려 있다. 말은 들이쉬고 내뱉는 공기가 아니라서 공중에서 흔적도 없이 사라지지 않는다. 따라서 아이 앞에서 아무 생각 없이 함부로 말하면 안 된다. 부모가 하는 모든 말은 아이의 마음에 흔적을 남기는데, 좋은 흔적은 좋은 영향을 주고 나쁜 흔적은 나쁜 영향을 준다.

어느 날 친구네 집에 갔다가 초등학교 2학년 남학생의 엄마를 만났다. 그녀는 위 이야기의 엄마처럼 엄격하지 않고 성격이 좋아 보였다. 친구는 그녀에게 인사한 뒤에 그녀의 아들에게 방학을 했는지, 기말고사를 잘 봤는지 물었다. 그러자 아이가 거만하게 말했다.

"국어는 98점 받고 수학은 99점 받았어요."

우리가 대단하다고 칭찬하자 아이의 엄마는 애써 기쁜 마음을 감추고 아이에게 몰래 눈을 흘기며 나무라는 투로 말했다.

"잘난 척은. 반에 두 과목 다 100점 받은 아이들이 얼마나 많은데. 나중에 다 100점 받거든 그때 자랑해."

그녀는 겸손하기 위해서 이렇게 말했지만 내심 아들의 점수에 만족했다. 그녀의 아들은 뾰루퉁해져 인상을 찌푸리고 밖에 나갔다.

진심이건 거짓이건 많은 초등학생의 부모는 아이의 성적을 놓고 아무렇지도 않게 실수를 저지른다. 위의 두 엄마는 비록 말투와 속마음은 서로 다르지만 100점이 가장 좋고 만족스럽다는 가치관은 똑같이 갖고 있다. 부모는 이렇게 공부를 공적처럼 여기고 자신도 모르게 아이를 잘못된 길로 인도해 학습의 정도에서 멀어지게 만든다. 특히 첫 번째 엄마는 아이가 학습에 허영심을 갖게 했을뿐더러 친구의 점수를 질투하게 부추겼다.

아이는 학교에 입학할 때 매우 흥분된 마음으로 첫 등교를 한다.

하지만 오래지 않아 산더미 같은 숙제에 짓눌리고 강 같은 점수에 가로막혀 많은 아이들이 고통스러워하기 시작한다. 특히 친구는 좋은 점수를 받았는데 자신은 형편없는 점수를 받았거나 좋은 점수를 받아도 부모의 기대치에 못 미치면 실망하고 자신감을 잃는다.

이에 비해 아이를 처음 학교에 입학시키는 부모는 아이가 새로운 생활에 적응하고 좋은 공부 습관을 갖고 자신감 있게 공부하려면 부모가 어떻게 도와야 하는지 관련 책이나 주변 학부모를 통해 알아볼 생각은 하지 않고, 아이가 공부를 잘하는지 못하는지 주사위를 던진 심정으로 결과를 수동적으로 기다린다. 또 어떤 부모는 자신이 옳다고 생각하고 아이를 막무가내로 지도하며 100점을 받으라고 요구한다. 그리고 이렇게 하는 것이 자녀교육이라고 생각한다. 이런 부모들의 공통점은 단순하게 아이에게 성적을 요구하는 것이다.

내가 아는 어떤 초등학교 교사는 똑똑한 아들을 뒀다. 그녀는 자신이 근무하는 학교가 수준이 떨어진다고 생각해서 아들을 지역에서 가장 좋은 기숙형 초등학교에 보냈다. 그 학교는 시험 성적이 좋기로 명성이 자자하다. 그 학교 학생들은 1학년 때부터 매주 시험을 본다. 그녀는 주말에 아들을 마중 나가면 시험 얘기부터 꺼내고 국어는 몇 점이냐, 수학은 몇 점이냐, 몇 명이 100점을 받았느냐고 물었다. 그녀의 아들은 공부를 잘하지만 시험 볼 때 꼭 실수를 해서 한 번도 100점을 못 받았다. 그녀는 아들에게 격려가 필요하다는 것을 알고 "괜찮아. 90점만 넘어도 잘하는 거야. 그래도 다음에는 100점 받자"고 위로했다.

그러다가 중간고사를 앞두고 치른 쪽지시험에서 그녀의 아들이 마침내 처음으로 100점을 받았다. 그녀는 아들을 데리고 집에 오자마자 친정어머니와 시어머니에게 전화해서 아들이 100점 받은 것을 알렸다. 그러자 친정과 시댁 식구가 모두 아이를 칭찬하며 만약에 중간고사에서 다시 100점을 받으면 상을 주겠다고 약속했다. 100점은 이렇게 모두에게 즐거움과 행복을 안겨줬다. 중간고사 날이 되자 그녀는 아들에게 시험 볼 때 정신을 집중하고 실수한 것이 없나 잘 검토해서 꼭 100점을 받으라고 당부했다. 하지만 시험이 끝나고 다시 만났을 때 일곱 살도 안 된 아들은 울면서 100점을 못 받았다고 말했다. 그녀는 실망했지만 아이를 나무라지 않고 다음에는 꼭 100점을 받으라고 힘을 북돋아줬다.

그녀는 아들이 100점을 못 받고 운 것은 발전하려는 마음을 표현한 것이고, 아이를 격려하는 것은 효과적인 방법이라고 생각했다. 그래서 내게 이 일을 말할 때도 자신감이 넘쳤다. 하지만 난 그녀의 얘기를 듣는 내내 걱정이 끊이지 않았다.

그녀의 잘못은 아이의 학습 능력, 태도, 방법, 흥미 및 지식에 대한 이해도에 관심을 기울이지 않은 채 학습 목표를 100점으로 잡은 것이다. 그녀는 아이에게 열심히 공부하라고 격려한 것이 아니라 자신의 만족감을 추구했다. 또한 가족들의 '100점 바라기'는 아이에게 잘못된 학습 동기를 부여했다. 100점을 받으면 상을 주겠다는 약속은 다정해 보이는 것과 달리 난폭해서 격려하는 작용이 없고 아이에게 큰 스트레스만 준다.

만점은 성적의 최고봉이라서 대부분의 아이들이 쉽게 도달할 수 없다. 부모의 끝없는 100점 사랑은 아이에게 실망감과 죄책감을 안겨 줘서 아이는 어쩌다가 좋은 점수를 받아도 충분히 기뻐하지 못하고 대부분의 시간을 불안과 고통 속에서 보낸다. 다음 시험에도 부모가 만족할 만한 점수를 받을 것이라는 보장이 없기 때문이다. 이렇게 성적을 걱정하고 불안해하면 진정한 학습 목적을 잃게 마련이다.

얼마 전에 모임에 나갔다가 동창을 만났다. 그는 중학교 2학년인 아들의 성적이 보통이라고 걱정했다. 그런데 그날 점심을 먹을 때 그는 아들에게 수학 97점을 받았다는 문자메시지를 받았다. 아들은 기쁜 나머지 아빠가 집에 돌아올 때까지 기다리지 못하고 문자를 보내 아빠에게 좋은 점수를 받았다고 자랑하고 기쁘냐고 물은 것이다. 내 친구는 매우 기뻐하며 친구들에게 아들이 중학교에 가서 처음으로 수학 점수를 90점 넘게 받았다고 자랑했다. 그는 아들에게 답문을 보내고 휴대전화를 접으며 득의양양하게 말했다.

"아들에게 97점을 받아서 기쁜데 100점을 받으면 더 기쁠 거라고 했어."

아들을 칭찬한 기분에 흠뻑 빠져 있는 모습을 도저히 봐줄 수가 없어서 내가 한마디 했다.

"너 미쳤니? 그렇게 말하면 아들의 즐거운 기분도 깨지고 이제 막 생기기 시작한 자신감도 무너지잖아."

만약에 아이가 부모의 바람대로 된다면 세상의 모든 아이는 성적과 습관이 좋고 다재다능하고 인격과 용모가 출중할 것이다. 또 이렇게 되면 부모 노릇을 하기도 편하고 즐거울 것이다.

하지만 하느님은 불공평해서 부모가 높은 점수를 요구하면 아이는 낮은 점수를 받는다. 이 현상은 매우 잔인하지만 확실히 존재한다. 어떤 부모는 아이의 공부 뒷바라지를 열심히 하지만 아이가 공부도 못하고 버릇도 없다. 이에 비해 어떤 부모는 아이의 공부를 위해서 아무것도 안 하지만 아이가 좋은 점수를 받아서 다른 부모들이 자식에게 실망하고 신세를 한탄하게 만든다. 하지만 자신의 신세를 한탄하는 부모도 잘못된 성적관만 바꾸면 인생을 즐겁게 살 수 있다.

심리학자의 연구에 따르면 성공하려는 동기가 너무 강하거나 약한 것은 학습하고 성적을 유지하는 데 불리하다. 저속한 목표는 아이에게 좋은 에너지가 아니라 저속한 자극을 준다. 아이가 초등학교 때부터 점수만 좇게 되면 학습 동기가 기형적으로 형성돼 시야가 좁아지고 조급한 성공과 눈앞의 이익에만 급급해하고 학습 흥미를 잃는다. 이것은 시험 성적에도 영향을 준다. 만약에 높이뛰기 선수가 훈련이나 경기 중에 도움닫기, 점프, 장대 넘기에 집중하지 않고 관중이 자신을 어떻게 평가하고 장대를 넘으면 어떤 상을 받고 못 넘으면 얼마나 망신일지 생각한다고 하자. 분명히 이 선수는 쓸데없이 걱정하거나 거드름을 피워서 경기에서 좋은 성적을 거둘 수 없을 것이다.

점수와 성적은 서로 차이가 있는데, 점수는 성적을 반영하지만 성적과 완전히 같지 않다. 어떤 부모는 아이가 초등학교에 입학하자마자 점수에 혈안이 돼 아이에게 학습 흥미를 키워주는 일을 나 몰라라 한다.

또 식견이 없고 성실하지 않은 부모는 '우수한 점수'가 유지되지 않고 무지개처럼 반짝 있다가 사라지면 실망한다. 이 점은 '초등학교 때 늘 90점이나 100점을 받던 아이가 왜 중학교에 가서는 공부도 못하고 또 안 하려고 할까'에 대한 많은 부모의 궁금증을 해결해준다.

이런 상황이 일어나는 이유는 두 가지다. 첫째는 아이가 어려서부터 나쁜 학습 동기를 키워서 공부할 맛을 잃었기 때문이고 둘째는 학습 동기가 아이의 시야와 능력을 제한하고 발전할 수 있는 공간을 좁혔기 때문이다.

부모가 아이에게 완벽한 시험 점수를 좇지 않고 지식을 공부하게 인도하면 아이의 학습 잠재력이 서서히 깨어난다. 아이가 좌절해서 용기를 잃었을 땐 성공적인 체험이 필요하다. 성공적인 체험은 가끔씩 높은 점수를 받는 것이 아니라 노력해서 문제를 해결하고 즐거움을 느끼는 것을 가리킨다.

철학자 에리히 프롬은 말했다.

"현대생활에서 가장 두드러지게 나타나는 심리의 특징은 목적을 실현하기 위해서 이용하는 많은 수단과 활동이 외려 목적의 지위를 빼앗고 목적을 모호하고 비현실적인 존재로 만드는 것이다. (……) 우리는 이미 수단의 그물에 걸려들어 늘 목적을 잊는다."

위엔위엔의 초등학교는 성적을 점수로 매기지 않고 '우'와 '양' '합격'과 '불합격'으로 나눴다. 85점 이상은 '우'였다. 위엔위엔은 성적이 좋아서 늘 우를 받았다. 하지만 항상 몇 문제씩 틀려서 100점을 받은 적이 거의 없었다. 시험의 중요성을 강조하고 싶지 않아서 위엔위엔에게 시험에 관해서 직접 묻지 않았다. 대신에 공부하는 상황을 수시로 살피고 위엔위엔과 학교에서 일어난 일에 대해서 대화를 나누는 동시에 선생님들과 소통했다.

위엔위엔의 담임선생님은 꼭 시험지에 부모님의 도장을 받아오게 했는데 우리 부부는 점수를 보고 흥분하거나 실망하지 않았다. 아이가 시험을 잘 봐서 기뻐하면 우리도 같이 기뻐하고 시험을 못 봐서 낙담하면 "비록 시험을 못 봤지만 네가 어느 부분을 꼼꼼하게 공부하지 않았는지 발견했으면 됐어. 만약에 선생님이 네가 아는 부분에서만 문제를 냈으면 좋은 점수를 받았겠지만 하마터면 부족한 부분을 발견하지 못하고 그냥 지나칠 뻔했어"라고 위로하며 위엔위엔이 마음을 다잡고 공부에 집중하게 했다.

동시에 우리 부부는 위엔위엔을 자주 격려했다. 위엔위엔도 어쩔 수 없는 아이라서 간단한 성취감이 필요했다. 예컨대 위엔위엔이 원래 수학 시험을 85점 받았는데 틀린 문제를 다시 풀어서 9점을 더 받았다면 나중에 맞힌 문제에 동그라미를 크게 그리고 원래의 점수 옆에 '94'라고 적고 "이제 성적은 85점이 아니라 94점이야"라고 말했다. 나머지 6점은 위엔위엔이 혼자 힘으로 풀거나 선생님이나 우리에게 물어서 다시 풀었다. 어느 때건 위엔위엔이 틀린 문제를 다시 풀어서 맞히면 94점을 지우고 100점이라고 적었다. 선생님이 시험지를 걷어가도 위엔위엔에게 "어제는 한 문제를 틀려서 94점이었는데 오늘은 모두 맞혀서

100점이 됐어"라고 말했다.

어떤 시험이건 다시 풀어서 맞히면 성적은 원래보다 더 높아진다. 이렇게 하면 아이가 과정과 결과의 연관성을 발견한다. 위엔위엔은 틀린 문제를 풀면 더 좋은 성적을 얻을 수 있다는 것을 인식했다. 아이가 틀린 문제를 끝까지 연구할 경우 최종 성적이 100점이 된다는 것을 알면 공부할 때 작은 문제도 진지하게 대한다. 또한 앞에서 운 남학생처럼 도박을 하는 심정으로 100점을 추구하지 않고 100점을 받을 수 있는 권리가 자신에게 있다는 것을 알게 된다.

교육에 대해서 경건하게 생각하지 않고 아이의 마음을 이해하지 않고 점수만 좇는 부모는 결국에 실패한다.

어떤 아빠는 사업을 잘해서 돈을 많이 벌지만 아들 때문에 골치가 아프다. 아들이 중학교 3학년인데 공부하는 것을 지독하게 싫어한다. 특목고는커녕 일반 고등학교도 못 갈까봐 걱정했다. 그가 어디에서 부모가 높은 점수를 요구하면 아이가 낮은 점수를 받는다는 내 관점을 듣고 와서 말했다.

"선생님의 관점은 틀렸어요. 아이가 공부를 잘하고 못하고는 아이에게 달려 있어요. 전 아들에게 신경을 많이 쓰고 100점을 받으라는 소리도 안 하지만 아들 녀석이 공부를 못해요."

내가 그의 상황을 잘 아는데, 그는 장사는 잘하지만 자녀교육 방면에는 소질이 없다. 그는 아들이 초등학교 1, 2학년 때 중간·기말고사를 보기 한 달 전부터 과목 별로 과외선생님을 모셔서 부족한 부분을 공부하게 했다. 그가 아들에게 말했다. "네가 좋은 성적을 받을 수만 있으면 아빠는 얼마든지 돈을 쓸 거야." 그의 아들은 초등학교 저학년 때까지 중위권의 성적을 유지했다. 그는 아들이 좋은 성적을 얻게 하기 위해서 늘 "너희 반에 아빠처럼 과외 많이 시켜주는 부모 있어? 그러니까 이번에는 꼭 10등 안에 들어라"라고 말했다. 하지만 그의 아들은 10등 안에 들기는커녕 점점 성적이 떨어졌다. 그는 아들이 22등을 하자 시험 성적을 들먹이며 간곡하게 말했다.

"아빠가 너 공부 잘하라고 돈 많이 쓴 거 알지? 이번에는 제발 20등 안에 들어라."

그는 아들의 공부를 위해서 과외교사를 초빙하는 것 외에 시험 전에 교사에게 선물을 줬다. 그가 말했다.

"아빠가 번 돈을 선생님께 몽땅 드렸으니까. 공부를 열심히 해야 나를 볼 면목이 설 거야. 그렇지?"

뛰어난 사업가인 그는 상업의 법칙이 만병통치약인 줄 알고 무조건 돈으로 효과를 보려고 했다. 앞에 나온 몇 명의 '100점 바라기' 부모와 비교했을 때 그는 학습에 대한 인식이 가장 부족하고 아이의 학습 심리를 악화시키는 데 타인의 추종을 불허하는 실력을 가졌다. 그는 시험을 학습 목표로 삼아서 아이의 시야를 좁히고, 등수에 집착해서 아이의 학습 동기를 엉망으로 만들고, 아이에게 죄책감을 심어줘서 아이의 마음을 공허하게 하고, 돈으로 지식을 경박하게 만들어서 아이가 저속한 사고방식을 습득하게 했다. 아이가 시야가 좁고 학습 동기가 엉망이고 마음이 공허하고 사고방식이 저속한데 어떻게 공부를 잘하겠는가?

어떤 부모가 자식이 100점 받기를 안 바라랴. 나도 아이의 성적에 연연한다. 하지만 아이가 좋은 성적을 얻기를 간절히 바라기 때문에 몇 점을 받으라고 요구하는 말을 더더욱 하지 않는다. 단순하게 점수를 바라는 행위는 모두 천박하고 파괴적이다. 부모는 아이의 지혜 에너지를 키워야 한다. 지식에 대한 호기심, 연구 정신, 질문하는 능력, 답을 찾는 흥미, 효과적인 공부 방법, 평화로운 학습 태도, 꾸준한 의지 등은 각종 시험을 잘 볼 수 있는 결정적인 조건인 동시에 아이의 성적을 완성시킨다. 가장 중요한 대입시험의 좋은 성적도 이 조건에서 나온다.

아이는 천성적으로 자신을 존중하고 사랑한다. 항상 남을 이기려고 하는 것도 일종의 천성이다. 아이는 학교에 들어가면 부모가 말하지 않아도 점수를 추구하고 등수를 갈망한다. 시험을 볼 때도 최선을 다해서 자신을 표현하려고 하지 일부러 틀려서 나쁜 성적을 받으려고 하지 않는다.

모든 부모는 점수나 등수를 강요해서 아이의 성적에 영향을 주겠다는 생각을 버려야 한다. 아이는 부모의 태도에서 공부는 점수나 성적을 다른 사람과 비교하기 위해서 하는 것이 아니라 자신을 위해서 해야 한다는 것을 배운다. 또한 점수에 연연하지 않으면 결국 좋은 성적을 거둔다.

100점을 원하면 아이에게 100점을 요구하지 말아야 한다. 이 이상한 역설적인 법칙은 진짜로 성립한다.

학부모회의 하는 법을 배운다

위엔위엔이 초등학교 4학년인 어느 날 학부모회의에 참석하기 위해서 학교에 갔다. 담임선생님은 몇 명의 학생을 칭찬했는데 위엔위엔이 월반한 사실을 언급하며 반에서 가장 어리지만 학업 성적은 가장 높다고 칭찬을 아끼지 않았다. 하지만 가끔씩 수업을 열심히 안 들을 때가 있으니까 학부모회의가 끝난 뒤에 각 과목의 선생님을 찾아가서 대화를 나눠보라고 했다. 난 회의를 마치고 교무실에 찾아가서 각 과목의 선생님들께 위엔위엔의 상황을 설명하고 이해해달라고 부탁했다.

도덕선생님은 위엔위엔이 공부를 잘하지만 수업에 집중을 잘 안하고 거만해서 가끔 자신에게 말대꾸를 한다고 말했다. 그러자 옆에 있던 사회선생님도 거들었다.

"제가 봐도 위엔위엔은 조금 거만한 것 같아요. 제가 수업할 때 뭐가 못마땅한지 가끔씩 고개를 숙이고 구시렁거리기에 제가 일으켜 세워서 방금 뭐라고 했냐고 물으니까 선생님이 틀렸다고 말하더라고요."

난 선생님들의 말을 듣고 마음이 심란해졌다. 위엔위엔이 수업에 집중을 안 하는 것은 외려 문제가 안 된다. 적어도 내가 아는 위엔위엔은 집중해야 하는 부분과 집중하지 않아도 되는 부분을 잘 알고 필요하면 수업을 열심히 듣는다. 심지어 난 싫어하는 과목 수업시간에 몰래 소설을 읽어도 괜찮다고 허락했다. 이렇게 하면 시간을 절약할 수 있을뿐더러 수업시간에 친구들과 떠드는 것을 막을 수 있다. 내가 걱정하는 것은 선생님들이 지적한 거만함에 관한 문제이다. 유난히 똑똑해서 유치원 때부터 선생님들에게 사랑을 많이 받은 위엔위엔이 스스로 우월감을 느끼거나 자신을 높게 평가하지 않고 평상심을 유지하고 성실하게 노력하기를 바랐다. 하지만 막상 선생님들에게 거만하다는 평가를 들으니까 마음이 초조해졌다.

집에 가서 위엔위엔에게 말했다.

"엄마가 오늘 학부모회의에 가니까 선생님들이 네가 공부를 잘하지만 조금 거만하고 선생님들께 말대꾸를 한다고 하던데 정말이야?"

위엔위엔은 깜짝 놀라서 선생님에게 말대꾸를 한 적이 없는데 대체 어떤 선생님이 그렇게 말했냐고 물었다. 난 행여 말했다가 위엔위엔이 그 선생님들에게 반항심을 가질까봐 그냥 "한두 분이 아니셨어"라고 얼버무렸다. 어떤 선생님이 말했느냐는 중요하지 않다. 중요한 것은 스스로 거만하지 않은지 반성하고 자신을 대단한 존재라고 생각하지 않는 것이다.

위엔위엔은 난감한 표정을 짓고 불쾌해하며 말했다.

"저 안 거만해요. 거만하면 어떤데요?"

내가 아는 위엔위엔은 무엇이 거만한 행동인지 잘 안다.

"선생님이 구체적인 일은 말씀하지 않았어. 하지만 선생님께 언제 뭐라고 말대꾸를 했는지 스스로 생각해봐. 혹시 네가 항상 옳다고 생각하니?"

위엔위엔은 큰소리로 화를 냈다.

"아니요. 제가 항상 옳다고 생각하지 않아요."

난 위엔위엔의 태도에 그만 기분이 언짢아져서 위엔위엔을 나무랐다.

"네가 안 그랬으면 선생님들이 왜 다 그렇게 말씀하셔? 잘못했으면 반성해야 할 거 아니야."

위엔위엔은 너무 억울한 나머지 잠시 조용히 있다가 "선생님들이 왜 그렇게 말씀하셨는지 저도 몰라요"라고 말하고 울음을 터트렸다. 위엔위엔은 평소에 잘 안 운다. 이 순간 위엔위엔의 눈에 억울하고 당황한 기색이 보였다. 위엔위엔이 울자 뒤늦게 난 위엔위엔이 받아들일 수 없을 정도로 문제를 너무 심각하게 말했다는 생각이 들었다.

아홉 살짜리 아이에게 자신의 거만함을 반성할 수 있는 능력이 있을까? 만약에 아이가 학교에서 부당한 일을 하면 잘못을 반성하고 기꺼이 고치게 인도해야지 결코 나처럼 아이를 당황하게 하면 안 된다. 나처럼 하면 아이가 다시는 '거만'하게 굴지 않지만 자신감을 잃고 어떤 선생님이 자신을 안 좋게 얘기했는지 의심하게 돼 정상적인 심리 상태로 선생님과 못 어울린다.

난 얼른 위엔위엔을 안아서 무릎에 앉히고 말했다.

"위엔위엔, 미안해. 엄마가 말을 정확하게 하지 않고 과장해서 했어. 모든 선생님들이 다 그렇게 말씀하신 게 아니라 도덕선생님이랑 사회선생님 두 분만 그랬어. 다른 선생님들은 네게 아무 문제도 없다고 하셨어."

위엔위엔은 내 말에 마음을 가라앉히고 울음을 그쳤다. 내가 말했다.

"엄마와 선생님이 네게 직접적으로 '거만'하다고 정의내린 건 잘못했어. 하지만 선생님께 말대꾸를 하고 예의 없게 굴고 인사를 안 한 적이 있는지 곰곰이 생각해봐."

위엔위엔은 잠시 생각하다가 말했다.

"도덕 시간에 선생님이 TV를 보는 것은 어떤 의미가 있는지 대답하라고 했는데 아무도 손을 안 드니까 제게 대답하라고 했어요. 저 역시 TV를 보면 어떤 의미가 있는지 몰라서 그냥 'TV를 보는 것은 의미가 없어요'라고 대답했는데 아이들이 막 웃었어요. 그러자 선생님이 언짢아하시면서 'TV를 보면 지식을 얻을 수 있잖아. 이건 의미가 아니야? 왜 의미가 없어?'라고 말씀하셨어요. 그래서 전 '그럼 엄마, 아빠는 왜 TV를 보면 공부에 방해가 된다고 하시죠?'라고 말했어요. 선생님은 제 말에 기분 나빠하시면서 '네가 선생님보다 많이 알아?'라고 제게 핀잔을 주셨어요."

위엔위엔은 사회선생님과 특별히 불쾌한 사건은 없었지만 그냥 사회선생님을 싫어했다.

"사회선생님은 수업시간에 늘 틀리게 말씀하세요. 중국의 남쪽지방 사람은 똑똑하고 북쪽 지방 사람은 어리석대요. 또 저희에게 욕도 하세요. 그래서 반 아이들이 모두 사회선생님을 싫어하고 봐도 인사를 잘 안 해요."

난 뭐라고 말해야 할지 몰라서 그저 위엔위엔의 의문을 갖는 태도를 칭찬했다. 의문을 갖는 태도는 일부 나약한 선생님의 눈에 나쁘게 보였을 것이다. 위엔위엔은 겉과 속이 같고 자신의 생각과 정서를 숨기지 않는다. 하지만 선생님에게 거만하다는 인상을 남긴 것은 반드시 해결할 필요가 있는 문제였다. 이 문제를 어떻게 풀어야 좋을지 고민하다가 남편이 퇴근하고 돌아오면 같이 상의한 뒤에 이튿날 다시 위엔위엔과 대화하기로 마음 먹었다.

우리 부부는 먼저 위엔위엔에게 도덕 시간에 어떻게 대답한 것이 잘못이고 잘하려면 어떻게 생각하고 묻고 대답해야 하는지 가르쳤다. 하지만 초등학교 선생님들은 대부분 학생들과 깊이 있게 토론하고 연구하는 것에 익숙하지 않으니까 앞으로 수업시간에 주의하라고 일렀다. 또한 어떤 관점이 있으면 수업이 끝난 뒤에 따로 선생님을 찾아가서 말씀드리고, 만약에 선생님이 듣고 싶어 하지 않으면 집에 와서 엄마, 아빠에게 말하라고 했다. 우리 부부는 위엔위엔의 남다른 관점을 듣는 것을 매우 좋아한다. 그래서 TV를 보는 의미에 대해서 온 가족이 잠시 토론하며 선생님의 질문에서 어떤 부분이 의미가 없고 위엔위엔의 대답이 어느 정도 맞았다는 것을 위엔위엔에게 인식시켰다. 우리 부부는 위엔위엔이 다양한 선생님들을 잘 이해할 수 있게 말했다.

"선생님도 다른 직업을 가진 사람들처럼 교양이 높은 사람이 있고 낮은 사람이 있어서 모든 선생님이 항상 마음에 들 수 없어. 이건 지극히 정상적인 현상이야. 하지만 그럼에도 불구하고 선생님을 존중해야 돼. 물론 선생님의 나쁜 습관까지 존중하라는 건 아니야. 다른 사람을 존중하는 것처럼 선생님이 나쁜 행동을 안 하면 맘에 안 드는 부분이 있어도 존중하라는 거야. 사실 교양이 낮은 사람은 어려서부터 좋은 교육 환경에서 교육을 못 받았기 때문에 불행해. 만약에 좋은 교육을 받았으면 분명히 다르게 행동했을 테니까. 자기 마음에 안 든다고 학생이 존중하지 않으면 선생님은 더 불행하고 교양이 낮아질 거야."

우리 부부는 위엔위엔이 이해할 수 있게 조곤조곤 말했고 위엔위엔의 기분이 한결 좋아 보였다.

우리 부부는 앞으로 선생님을 자주 만나서 위엔위엔이 학교에서 어떻게 생활하는지 이해하고, 위엔위엔과 진지하게 대화하지 않은 상태에서 교육하거나 나무라지 않겠다고 다짐했다. 모든 일은 양쪽의 상황을 다 살펴야 하는데, 선생님의 의견과 아이의 장점을 동시에 고려해야 한다. 만약에 학부모회의에 다녀온 뒤에 다짜고짜 위엔위엔을 혼내고 선생님을 존중하라고 했으면 갈등을 격화시켜서 위엔위엔과 선생님의 관계만 더 나빠지고, 위엔위엔은 억울한 나머지 자신감을 잃고 노예처럼 비굴하게 남의 비위를 맞추려고 했을 것이다. 하지만 우리 부부는 위엔위엔이 선생님과 원만하게 지내고 자신감과 사고의 독립성을 잃지 않고 지금의 환경에서 자신을 잘 조정하기를 바랐다. 그래서 학부모회의 때 들은 위엔위엔의 장점과 단점을 간섭하거나 공격하지 않고 위엔위엔과 공유해서 장점을 발전시킬 수 있는 방법을 함께 찾았다.

위엔위엔이 고등학교 1학년 1학기말 때 학부모회의가 열렸다. 회의 내용은 주로 기말고사 성적에 관한 것이었다. 위엔위엔은 전체적으로 성적이 좋은 것에 비해 수학 성적이 조금 떨어졌다. 원래 초등학교부터 수학을 썩 잘하지 못했는데 고등학교에 와서도 이과반의 다른 친구들은 수학을 모두 잘하는데 위엔위엔은 상대적으로 뒤처졌다. 마침 담임선생님이었던 수학선생님은 위엔위엔의 수학 성적을 언급하며 수학 실력을 높이고 기초 지식을 더 튼튼하게 쌓아야 한다고 조언했다.

집에 돌아오는 길에 난 잠시 위엔위엔을 학원에 보낼까 생각했지만 이내 생각을 접었다. 첫째는 학교 공부를 하는 것만으로도 바쁜데 주말에 따로 시간을 내면 위엔위엔이 공부할 때 시간을 활용하기가 나쁠 것 같았다. 둘째는 위엔위엔이 수학을 못하는 것은 공부 시간이 부족해서가 아니라 흥미와 자신감이 부족해서라는 생각이 들었다. 위엔위엔은 초등학교와 중학교 때 만난 두 명의 수학선생님의 영향을 받아서 수학에 흥미를 못 느꼈다. 따라서 수학에 대한 흥미와 자신감을 북돋우면 성적이 좋아질 것이 분명했다. 다행히 이때는 담임선생님이 수학선생님이라는 유리한 조건이 있었다. 담임선생님은 수학을 친절하게 잘 가르칠뿐더러 학급 일도 잘 처리해서 반 아이들의 존경을 받았다. 난 이때가 위엔위엔의 상황을 개선할 수 있는 좋은 기회라고 생각했다.

집에 돌아온 뒤에 위엔위엔에게 학부모회의 내용을 말하고 성적표를 건넸다. 성적표는 개인별 학과목 성적, 학년별 학과목 평균 성적, 학급별 학과목 평균 성적, 개인의 학급 석차 등의 내용이 자세하게 분석돼 있었다. 위엔위엔의 학급은 학교 최고의 반이라서 반 아이들의 성적이 모두 좋고 학과목 성적도 학년 평균 성적보다 높았다. 위엔위엔의 각 과목 성적은 반 평균보다 높았지만 수학만은 반 평균에 못 미쳤다. 비록 위엔위엔은 성적표를 본 뒤에 아무 말도 안 했지만 난 위엔위엔이 수학 성적에 만족하지 못한다는 것을 알았다. 위엔위엔은 줄곧 수학에 약했지만 그렇다고 뾰족한 방법이 있는 것도 아니었다.

난 담임선생님의 말을 위엔위엔에게 그대로 전하지 않았다. 선생님의 말은 사실이지만 위엔위엔도 자신이 수학을 잘 못한다는 사실을 충분히 아는 상태에서 내가 또 말하면 수학에 대한 자신감만 떨어지고, 결과적으로 위엔위엔이 수학을 못하는 것을 더 '강화'시켜 상황 개선에 결코 도움이 되지 않는다. 부모는 아이가 고난을 극복할 수 있는 영웅처럼 부족한 점을 지적당하면 반드시 극복할 것이라고 가정하면 안 된다. 아이는 부족한 점을 반복해서 지적당하면 스스로 부족하다는 인식이 뼛속까지 스며들어서 부족한 것을 운명으로 받아들인다. 내 목적은 위엔위엔이 자신감을 갖는 동시에 수학을 좋아하게 격려하는 것이었기에 말하는 방법을 바꿨다.

"선생님이 네가 이번에 수학 시험을 뛰어나게 잘 보지 못했지만 수학에 잠재력이 있다고 말씀하셨어."

내 말에 위엔위엔이 조금 놀라고 의아해하며 말했다.

"정말요? 시험을 못 봤는데 선생님이 왜 그렇게 생각하셨을까요?"

"수학선생님은 수학을 잘 가르치시고 학생들을 여러 해 가르치셔서 그간의 경험과 직감으로 어떤 학생에게 잠재력이 있는지 딱 봐도 아셔. 안 그러면 선생님이 어떻게 아시겠니?"

위엔위엔이 내 말에 동요하는 것이 보였다. 위엔위엔은 선생님의 뜻밖의 말에 자신의 수학 능력을 새롭게 보고 원래 자기에게도 잠재력이 있다는 사실을 깨달았다. 내가 위엔위엔에게 말했다.

"선생님이 친구들과 성적을 비교해서 조급해하지 말고 선생님 수업을 들으면서 성실하게 공부하라고 하셨어. 너무 어려운 문제만 풀려고 하지 말고 기초 지식을 튼튼하게 쌓고 문제를 이해할 때까지 끝까지 파고들어봐. 모르는 부분이 있으면 그냥 넘어가지 말고. 모름지기 문제는 해결을 해야 다시는 문제가 안 생기는 법이야. 사실 선생님 말씀은 모든 학생에게 적용할 수 있어."

난 구체적으로 지도할 수 있는 능력이 없지만 성실한 마음이 있으면 아이가 공부할 때 날개를 달아줄 수 있다는 믿음에 위엔위엔을 격려하기 위해서 자신감과 기대감을 북돋아줬다. 자신감과 기대감이 있으면 위엔위엔이 스스로 자신에게 맞는 방법을 적극적으로 찾아서 자신의 능력을 최대한 발휘할 것이다.

어떤 부모는 학과목에 대한 지식도 별로 없으면서 스스로 아이의 학습을 지도할 수 있는 능력이 있다고 믿고 막무가내로 아이의 학습을 지휘한다. 예컨대 아이에게 글쓰기 지도를 하면서 아이의 손에서 재밌는 소설책을 빼앗고 글쓰기 모음집을 읽게 하는가 하면 광고나 다른 부모의 노하우를 따라서 아이에게 과목별로 문제집을 사준 뒤 날마다 몇 문제씩 풀라고 시킨다. 또 한 달에 3백 개, 1년에 3천 개라는 목표를 세우고 당연한 것처럼 아이에게 영어 단어를 하루에 열 개씩 외우게 한다.

다시 한 번 강조하는데 부모는 자신이 항상 옳다는 생각을 버리고 확신이 없는 상태에서 아이의 학습을 멋대로 지도하면 안 된다. 반드시 아이의 학습 흥미를 보호하고 학습에 대한 자신감을 키워야 한다. 아이에게 흥미와 자신감이 있으면 아이가 공부를 못하고 자기만의 학습 방법을 못 찾을까봐 걱정하지 않아도 된다.

사실을 증명이라도 하듯이 위엔위엔의 수학 실력에 큰 변화가 생겨 성적이 나날이 좋아졌다. 물론 중간에 시험을 못 봐서 실망할 때도 있었지만 우리 부부는 끊임없이 수학에 대한 잠재력이 있다고 암시했다. 또한 시험은 가끔 운도 따라야 하고 자신의 부족한 부분을 발견하는 것만으로도 이미 큰 수확이므로 평상심을 갖고 성실하게 공부해야 한다고 말했다. 위엔위엔의 수학선생님도 위엔위엔을 격려했다. 자신감과 성실한 태도는 가장 좋은 '보충 학습'이 돼 위엔위엔의 수학 공부에 큰 발전을 일으켰다. 그 결과 반에서 중위권이었던 수학 성적이 앞에서 선두를 다투는 수준으로 높아졌다.

부모와 교사가 소통하는 것은 아이를 효과적으로 이해할 수 있는 방법 중 하나다. 교사가 아이의 각종 상황을 부모에게 사실대로 알리면 부모는 이 상황을 다시 아이에게 말할 때 교사의 말을 그대로 전달하면 안 되고 어떻게 말할지 고민해야 한다. 다시 말해서 전달하는 방식과 언어가 아이에게 미치는 영향이 건설적이냐 파괴적이냐, 격려하는 작용이 있느냐 억압하는 작용이 있느냐를 고려해야 한다.

안타깝게도 많은 초·중학생은 학부모회의가 열리는 것을 매우 두려워한다. 학부모회의가 열리는 날은 곧 아이가 수난을 당하는 날이나 마찬가지기 때문이다. 특히 성적이 별로 안 좋은 남자 아이는 학부모회의가 열린다는 통지를 머지않아 벌을 받게 될 것이라는 통지로 받아들인다. 아이들은 경험 치로 학부모회의는 성적 발표회, 선생님의 보고회라서 부모가 집에 돌아오면 크고 작게 혼낼 것이라고 생각한다.

학부모회의에 다녀와서 아이를 때리고 욕하는 부모는 단순하고 폭력적인 사람이다. 이들은 평소에 교사와 적극적으로 대화하지 않고 학부모회의 때나 아이가 말썽을 일으켜 학교에 불려가야 아이가 학교에서 어떻게 생활하는지 파악한다. 또한 교사가 아이의 단점이나 지도 주의사항을 말해주면 그것이 모두 화를 내는 이유가 된다. 집에 돌아오는 길에도 어떻게 아이의 문제를 해결하고 자신의 교육 방법을 고쳐서 아이를 효과적으로 교육할지 생각하지 않고 어떡하든 집에 가서 아이를 혼낼 생각만 한다. 이런 부모는 아이를 단순하고 폭력적으로 대해서 학부모회의를 다녀와서 아이를 교육하지 않고 벌을 주고 자신의 분노를 해소하기 위해서 아이에게 화풀이를 한다. 하지만 이렇게 하면 아이의 문제는 더욱 심각해진다.

아이는 민감하고 나약하다. 만약에 교사와 부모가 만나는 것이 아이에게 부끄럽고 혼나는 무서운 사건이 되면 아이는 선생님과 학교를 싫어하고 학습, 자신감, 도덕을 향상시키려는 마음과 판단력을 잃어 결국 공부에 집중하지 못하고 학업 성적이 떨어지게 된다.

설령 학부모회의에서 아이가 학습이 부진하고 규칙을 안 지키고 친구들과 싸우고 수업에 안 들어온다는 심각한 문제를 발견해도 집에 가서 아이를 때리고 욕하면 안 된다. 먼저 선생님과 진지하게 대화해서 최대한 문제의 원인을 찾아야 한다. 모름지기 원인이 없는 문제는 없다. 일단 문제가 발생한 것은 마음에 응어리가 생겨 오랫동안 뭉쳐 있거나 외부 요인 때문에 작은 문제가 악화됐다는 뜻이다. 예컨대 아이가 갑자기 학교에 안 가려고 하면 반 친구들과 사이가 나빠졌거나 어떤 선생님에게 억울하게 혼났거나 누군가의 위협을 받는 것은 아닌지 고려해야한다. 아이의 성적이 갑자기 떨어지면 부모가 학습 지도를 잘못했는지 반성하고 아이가 최근에 기분이 어땠고 무엇에 관심이 있고 누구와 어울리고 혹시 어떤 충격이나 유혹을 받는지 살펴야 한다. 가장 중요한 것은 아이와 자주 대화해서 먼저 아이가 부모를 믿고 자신의 고민이나 어려움을 털어놓아 격려와 도움을 받게 해야 한다.

아이가 잘못했을 때 때리고 욕하는 것은 매우 쉽고 통쾌해서 누구나 할 수 있다. 그래서 이 방법은 많은 부모들이 애용한다. 하지만 이렇게 하는 것은 문제를 해결하는 방법이 아니다. 쉽고 통쾌하게 문제를 해결하는 것에 익숙한 부모는 훗날 자신의 무분별한 교육이 초래한 많은 불쾌함과 어려움을 맛보게 된다.

아이의 문제를 들은 뒤에 냉정하게 분석하고 자신을 반성하고 아이와 진실하게 대화하고 아이를 이해하기 위해서 노력하려면 부모가 많은 것을 생각해야 해서 실천하기가 어렵다. 하지만 아이의 발전을 위해서 부모가 이런 노력도 안 하려고 하면 되는가? 교육은 이렇게 사소한 부분에서 이루어진다. 부모가 이성적이고 지혜롭게 생각해서 각종 문제를 현명하게 해결하면 아이가 열 배 더 훌륭한 모습으로 보답한다.

'폭력적인 숙제'는 '교육 사고'다

공부 흥미와 도덕심을 해치는 숙제에 대하여

■ 논의 배경

웃어른을 공경하는 문화가 있는 동양에서는 특히 학교교육에서 교사의 권위가 강력한 힘을 가진다. 가르침을 주는 교사는 존중받아 마땅하지만, 가르침을 제대로 주지 않거나 잘못된 방식으로 교육하는 교사는 비판받아야 한다. 교사가 아이의 공부에 미치는 영향은 매우 크다. 교사의 잘못된 교육방식은 아이의 학습에 대한 흥미와 의지를 사라지게 할 수 있고 아이의 자신감, 인격에도 부정적 영향을 줄 수 있다. 인젠리는 교사의 잘못된 교육방식의 예로 '폭력적인 숙제'를 들고, 학부모가 아이의 공부를 위해 대처할 수 있는 현명한 방법을 제언했다.

사람들은 선생님이 내는 숙제는 모두 정확하고 학생에게 도움이 되므로 진지하게 해야 한다고 생각한다. 하지만 요즘 아이들이 하는 숙제 중에는 효과가 없는 것은 물론이거니와 마이너스 효과까지 내는 것이 많다. 효과가 없는 숙제는 재미가 없고, 아이의 학습 흥미를 파괴하고 아이의 지능 발달을 방해해서 학습을 돕는 것이 아니라 외려 방해하는 수단이 된다. 난 이런 숙제를 '폭력적인 숙제'라고 부른다.

폭력적인 숙제는 크게 세 종류로 나눌 수 있다.

첫째, 양이 많은 숙제다. 초등학교 1학년 학생이 국어 숙제를 하는 것을 보면 알 수 있다. 다섯 개의 한자와 각 한자의 중국어 발음기호를 교과서와 공책에 각각 스무 번씩 쓰는 숙제를 하려면 총 2백 개의 한자와 2백 개의 발음기호를 써야 한다. 이밖에 제시된 단어를 넣어 세 개의 문장을 만들어야 한다. 만약에 공책에 틀린 한자가 있으면 세 줄씩 써야 하는데, 한 개를 틀리면 총 서른 개의 한자와 서른 개의 발음 기호를 쓰고 두 개를 틀리면 총 예순 개의 한자와 예순 개의 발음기호를 써야 한다. 수학, 영어 숙제도 국어 숙제만큼 양이 많다. 아이가 저녁 내내 얼마나 오랫동안 숙제를 하는가? 겨우 초등학교 1학년이 말이다.

둘째, 처벌의 성격이 있는 숙제다. 어떤 초등학교 2학년 학생의 숙제를 본 적이 있는데 시험지에서 틀린 문제를 바르게 고치고 고친 답안을 스무 번씩 써야 했다. 예컨대 한 글자만 틀렸으면 틀린 한자만 스무 번 쓰고 사자성어의 뜻풀이를 틀리면 이 사자성어를 스무 번 적어야 한다. 만약에 한 문단을 외워서 쓸 때 두 줄 이상 못 쓰거나 한자를 다섯 개 이상 틀리면 전부 틀린 것으로 간주하고 문단을 스무 번씩 써야 했다. 그래서 성적이 좋은 학생과 나쁜 학생의 숙제량은 큰 차이가 난다. 선생님이 이런 숙제를 내는 목적은 학생들에게 시험을 못 보면 쓴맛을 보게 된다는 것을 알려주기 위해서다.

셋째, 악의적인 평가다. 위엔위엔의 중학교 영어선생님은 단어 시험에서 학생이 하나만 틀려도 '빵점'을 줬다. 위엔위엔도 몇 번이나 0점을 받았다. 영어선생님은 이런 식으로 아이들에게 0점을 받기 싫으면 100점을 받으라고 요구했다. 하지만 이것은 편집광적 사고방식이고 심술궂은 사람이 부리는 잔꾀에 불과하다. 수호믈린스키는 "교사와 아이가 서로 믿고 호의적인 관계일 때 점수는 학생의 적극적인 두뇌 노동을 촉진하는 자극물이 된다"고 말했다.

교사가 악의적으로 평가하면 학생은 시험에 진지하게 임하지 않는다. 그도 그럴 것이 단어를 하나 틀린 것이나 하나 맞춘 것이나 점수가 똑같은데 학생들이 몇 개를 맞고 틀렸는지 신경 쓰겠는가?

탐욕, 이기심, 질투가 서로 관계있는 것처럼 세 종류의 숙제도 서로 관계가 있다. 폭력적인 숙제는 아이의 생활에 고통을 줄뿐더러 아이의 학습 흥미와 의지를 파괴하고 평생의 학습 정서와 학습 태도에도 부정적인 영향을 준다.

폭력적인 숙제가 생기는 이유

초등학교에 갓 들어간 아이는 학교생활에 기대가 크고 학습에 대한 호기심과 갈망이 넘친다. 그래서 선생님에게 처음 숙제를 받으면 부모가 말려도 숙제를 할 정도로 흥분하고 자랑스러워한다. 하지만 오래지 않아 숙제를 하기 싫어하는데, 아는 글자를 반복해서 쓰느라 놀지도 못하고 잠도 일찍 못 잔다. 또한 숙제를 열심히 해도 틀린 글자가 있으면 선생님에게 혼나고 많게는 백 번씩이나 써야 해서 '학습'과 적이 된다. 그 결과 어린아이는 학습에 혐오감을 느끼고 공부를 하지 않으려 한다.

혐오감은 학습의 가장 두려운 적이고, 폭력적인 숙제는 적을 아이의 마음에 가장 빠르게 데려다주는 교통수단이다. 많은 교사는 이 교통수단을 이용해서 아이들에게 지식을 전하는데, 안타깝게도 이 교통수단에 실은 지식이 적으로 변한 것을 모른다. 부모가 옆에서 아이에게 폭력적인 숙제를 하라고 강요하면 학습에 대한 혐오감은 더 빠르게 퍼진다.

교사와 부모가 폭력적인 숙제를 좋아하는 데는 두 가지 원인이 있다.

첫째, 폭력적인 숙제를 좋아하는 교사와 부모는 머릿속에 많이 쓰고 외우면 지식이 는다는 논리가 있다. 무례하지만 난 이것을 '바보 논리'라고 부른다. 이들은 단어를 스무 번 쓰는 것이 두 번 쓰는 것보다 좋고 한 문제를 다섯 번 푸는 것이 한 번 푸는 것보다 좋다고 생각한다. 이것은 학습이라는 복잡한 지능 활동과 할머니가 철퇴를 바늘처럼 가늘게 가는 것을 같은 것으로 생각하는 것이나 마찬가지다. 이들은 신비한 과정을 거쳐 대뇌의 인지기능이 일어나고 대뇌가 일으키는 감정적인 참여가 아이에게 매우 중요한 작용을 한다는 사실을 모른다. 숙제는 많을수록 좋은 것이 아니라 적당한 것이 가장 좋다. 다들 학창시절에 단어를 세 번까지 쓸 땐 기억했는데 서른 번, 백 번을 쓰면 중간에 다른 생각을 해서 결국 기억을 못했던 경험이 있을 것이다.

바보 논리를 가진 교사와 부모는 모든 힘을 계량화하고 표면화하는 데 쏟아 붓는다. 각종 방법으로 아이의 학습 흥미를 자극하지 않고 많고 지루한 숙제로 아이를 책상 앞에 앉히려고만 한다. 그 결과 아이의 내면에 일종의 화학변화가 일어나서 공부를 싫어하게 된다.

둘째, 교사가 눈앞의 성과에 급급해한다. 난 베이징의 어느 초등학교 국어교사를 몇 명 만날 수 있는 기회가 있었다. 이중에 어떤 교사는 숙제할 때 늘 아이들에게 완전한 한자를 몇 부분으로 나눠서 쓰게 했다. 예를 들어 '語'는 먼저 '言'을 쓴 뒤에 이어서 '伍'와 '口'를 차례대로 쓰고 마지막에 다 합쳐서 '語'를 두 줄씩 쓰게 했다. 한자의 중국어 발음기호 또한 자음, 모음, 성조(중국어 소리의 높낮이. 중국어는 총 네 개의 성조가 있다)를 나눠서 쓰고 다시 합쳐서 아홉 줄을 쓰게 했다. 이렇게 해서 학생들은 단기간에 숙제를 하며 한자를 배우고 시험을 잘 봐서 부모에게 기쁨을 안겨줬다. 이에 비해 또 다른 교사는 독서를 중요하게 여겨서 학생들에게 숙제를 조금 내고 집에 가서 책을 많이 읽게 했다. 그 결과 국어 실력이 좋아져서 아이들이 좋아했다. 이 교사의 방법은 아이들에게 학습 흥미와 학습 능력을 키우는 좋은 영향을 줬다.

하지만 학교는 교과서 위주로 시험을 봐서 시험을 잘 보려면 무조건 많이 쓰고 외우는 것이 유리하지 않은가? 독서를 강조한 교사는 자신의 반 아이들이 한자를 분해해서 외우는 반 아이들보다 성적이 항상 낮아서 학교 측과 학부모가 주는 스트레스에 시달렸다.

어떤 부모는 이 교사에게 숙제를 너무 조금 내서 아이가 집에 와서 책을 읽으며 시간을 낭비한다고 항의했다. 이 교사는 스트레스에 굴하지 않고 계속해서 아이들에게 책을 많이 읽혔다. 그녀의 제자들은 초등학교 저학년 땐 별로 두각을 나타내지 못했지만 초등학교 고학년, 중학교 1학년 때부터 교과서를 달달 외운 학생들의 실력을 뛰어넘었다. 그녀는 중학생이 된 제자들을 추적 조사한 결과 모두 공부를 열심히 하고 문제를 일으키는 학생은 거의 없다고 말했다. 하지만 한자를 분해해서 가르친 교사의 제자들의 성적은 모두 허구였다. 숙제에 따른 문제가 많이 생겨서 제자들이 초등학교 고학년 때부터 공부를 하기 싫어하는 경향을 보였고 중학교에 들어간 뒤에 성적, 인격, 심리 건강에 모두 문제가 생겼다. 조사 결과는 독서를 강조한 교사의 신념이 옳았다는 것을 보여줬다. 하지만 이 교사는 아이가 중학교에 들어간 뒤에 성적이 좋고 나쁘고, 공부에 흥미를 느끼고 못 느끼고가 초등학교 선생님과 관계가 있는 것을 누가 알겠느냐며, 사람들은 그저 중학교에 가서 의젓해진 아이는 중학교에서 좋은 선생님을 만났고 반대로 철이 없어진 아이는 나쁜 선생님을 만났다고 생각할 것이라고 한탄했다.

난 한자를 분해해서 가르친 교사와도 대화를 나눴다. 자신의 교육법이 나쁘다는 것을 모르는 그녀가 말했다.

"제가 가르치는 동안 우리 반 아이들이 다른 반보다 공부를 잘하면 그만이에요. 앞으로 어떻게 되느냐는 저와 관계없는 일이에요."

아이들의 미래를 생각하지 않고 눈앞의 성과에만 급급한 이 교사는 학교에서 명 교사로 통한다. 또한 그녀가 가르치면 한 반에 절반 이상의 아이들이 국어 시험에서 100점을 받는 것만 보고 학부모들은 무슨 수를 써서라도 자녀를 그녀의 반에 넣으려고 애쓴다.

폭력적인 숙제가 생긴 두 가지 원인은 현재 중국이 당면한 두 개의 큰 교육문제 즉 학교의 평가 방향 문제와 교사의 소질 문제를 반영한다. 난 이 두 문제가 교육개혁의 가장 중요한 부분이자 일련의 교육문제를 해결할 수 있는 시작점이라고 생각한다. 하지만 대입시험이 모든 교육문제의 원흉이라는 비난을 뒤집어쓰고 있는 지금 상황에서 벌어지는 교육개혁은 근본적인 문제를 해결하지 않고 발등의 불을 끄기에 급급한 것처럼 보인다. 교육개혁은 큰 화제이니까 이 책에서 더 논하지 않겠다.

폭력적인 숙제에 대처하는 방법

만약에 아이가 학교에서 폭력적인 숙제를 받아오면 어떻게 할까? 이 부분은 이미 「공부의 걸림돌, 숙제 스트레스 없애주기」와 「숙제를 안하게 해야 할 때도 있다」라는 글에서 내 생각과 방법을 밝혔다. 내가 생각할 때 가장 중요한 것은 부모 스스로 어떤 숙제가 폭력적인 숙제인지 아는 것이다. 부모가 폭력적인 숙제를 인식하고 아이의 학습 흥미를 보호하기 위해서 노력하면 폭력적인 숙제에 대처할 수 있는 방법이 자연스레 생긴다.

때로 아이가 폭력적인 숙제에 시달리면서도 부모에게 숨기고 도움을 청하지 않으면 부모에게서 원인을 찾아야 한다.

어떤 중학교 1학년 학생은 수업시간에 떠들었다가 선생님에게 교과서의 본문을 열 번씩 써오라는 벌을 받고 진짜로 저녁 내내 썼다. 아이가 '형벌'을 받으면서도 부모에게 말을 안 한 것은 말해봤자 부모가 어떤 태도를 취할지 안 봐도 훤하기 때문이다. 평소에 문제가 있을 때 부모가 학교와 교사를 맹목적으로 숭배하고 아이를 이해하지 않고 함부로 나무라면 아이는 부모에게 말해봤자 일만 그르치고 혼나기만 해서 아무 소용이 없다고 생각한다. 이 중학생은 저녁 내내 교과서의 본문을 열 번씩 베껴 쓰고 이튿날 아무 일도 없는 것처럼 학교에 갔다. 어떤 부모는 이런 숙제를 하면 자녀가 다른 아이들보다 공부를 더 많이 한 줄 알고 매우 기뻐한다. 아이가 상처를 입고 평생 치료할 수 없는 내상을 입었어도 말이다.

폭력적인 숙제는 아이의 자신감, 의지, 인격 등에 부정적인 영향을 준다. 폭력적인 숙제의 부작용은 옷을 한 벌 더 껴입으면 덥고 만두를 하나 더 먹으면 배가 부른 것처럼 그리 간단하지가 않다. 아이의 전반적인 상황을 바꿔서 아이가 공부를 혐오하는 만성질환에 걸리게 하는가 하면 진취심과 창의성을 잃고 행복을 못 느끼게 만든다. 심지어 폭력적인 숙제의 폭력성은 아이의 도덕심마저 파괴시킨다. 따라서 폭력적인 숙제는 사소한 일이 아니라 '교육 사고'이다.

가슴 아픈 일은 날마다 전국에서 교육 사고가 일어나는 것이다. 초·중학생이나 학부모와 대화를 나누면 별의별 놀라운 형식의 사고가 다 일어나는 것을 알 수 있다.

아이가 폭력적인 숙제를 하는 여부는 어떤 선생님을 만나고 운이 얼마나 좋으냐에 달려 있다. 다시 말해서 폭력적인 숙제를 싫어하는 선생님을 만나면 천만다행이라고 생각해야 한다.

폭력적인 숙제 문제는 교육 과제다

정부는 해마다 교육계에 막대한 돈을 투자한다. 사범대학교와 교육연구소가 교육 과제를 끊임없이 수행하고 초·중학생이 숙제에 매달리는 모습은 마치 교육계가 위아래로 연구에 매진하는 것처럼 보인다. 그런데 왜 사람들은 구체적이고 코앞에 닥친 일에 관심을 안 가질까? 연구비를 가장 많이 받는 교육전문가들은 늘 유리한 위치에서 박학하고 깊이 있는 의견만 나누려고 하고 아이가 날마다 학교에서 어떤 문제를 겪는지 알려고 하지 않는다.

내 중학교 친구는 훌륭한 초등학교 선생님이 되어 특급 교사라는 명예 칭호를 얻었다. 친구가 말했다.

"지금까지 일한 경험으로 봤을 때 모르는 한자를 세 번씩 쓰는 것이 가장 효과가 좋아."

난 이런 것을 '학술 성과'라고 불러야 한다고 생각한다. 만약에 내 친구의 방법을 전국에서 확대 실시하면 얼마나 많은 학생들이 고통을 덜 느끼고 공부를 사랑하게 될까? 이 방법은 매우 간단해서 별다른 이론이 없는 것 같지만 사실 매우 완벽한 교육학, 심리학, 인지과학의 이론이 포함돼 있다. 학교생활과 전혀 관계없이 두툼한 책 형식으로 나온 교육 연구 성과보다 특급 교사의 경험이 더 소박하고 가치가 있다. 하지만 안타깝게도 성과를 널리 알리지 못해서 소수의 아이들만 이익을 보고 있다.

교육 관련 행정부처는 학교에 과학적인 교육 이념을 도입해서 세심한 서비스를 제공할 생각을 하지 않고 늘 행정적인 사고로 위에서 아래로 학교를 관리한다. 때문에 교육 행정 수단은 효과를 발휘하지 못하고 교사에게 부담만 준다.

"교사가 학생이 교과서를 파고드는 데 더 많은 시간을 할애하고 다른 활동에 눈을 못 돌리게 압박하기만 하면 학생의 부담이 과중한 현상은 계속해서 일어난다."

우리는 수호믈린스키의 이 말에서 학생의 부담이 과중한 원인과 해결 방안을 찾아야 한다.

폭력적인 숙제를 두절하는 것은 학생의 부담을 줄여주는 가장 중요한 행위이다. 폭력적인 숙제를 '교육 사고'라고 인식하면 다들 그 파괴력에 놀랄 것이다. 국가는 각 분야의 사고를 줄이기 위해서 관련 관리 기준과 법규를 끊임없이 제정하고 발표한다. 예컨대 광산에서 사고가 일어나면 반드시 신고하게 하고 신고하지 않으면 끝까지 책임자에게 책임을 묻는다. 하지만 날마다 전국에서 일어나는 폭력적인 숙제에 따른 교육 사고는 버젓이 합리적으로 존재한다.

폭력적인 숙제의 심각성을 폭로하면 많은 사람들이 무수한 아이의 신음 소리를 들을 수 있을까? 폭력적인 숙제는 작게는 아이의 학습 흥미와 열정을 영구적으로 파괴하고 크게는 국가와 민족의 미래를 해치고 왜곡시킨다. 언제쯤 아이들을 위한 합리적인 방안이 나와서 아이들이 폭력적인 숙제에 안 시달리게 될까?

● 문제 상황별 찾아보기

이 부분은 독자가 문제 상황에 따라서 교육적 해결 방법을 편리하게 찾고, 문제를 종합적으로 인식하고 이해할 수 있게 만든 문제 상황별 색인이다. 문제 상황의 해결 방법은 질문 끝에 표기된 쪽수에 해당하는 절을 찾아 다시 살펴보면 되며, 그 문제 상황이 아이의 '인성'과 연결돼 있는 경우 『좋은 엄마가 좋은 선생님을 이긴다』 인성 편을 참조할 수 있도록 해당 쪽수를 표기했다.

좋은 엄마가 좋은 선생님을 이긴다 공부 편

초판 1쇄 발행 2012년 4월 25일
초판 9쇄 발행 2018년 12월 17일

지은이 인젠리
펴낸이 김선식

경영총괄 김은영
콘텐츠개발4팀장 윤성훈 **콘텐츠개발4팀** 황정민, 임경진, 김대한, 임소연
마케팅본부 이주화, 정명찬, 최혜령, 이고은, 양서연, 이유진, 허윤선, 김은지, 박태준, 배시영, 기명리
저작권팀 최하나, 추숙영
경영관리본부 허대우, 임해랑, 윤이경, 김민아, 권송이, 김재경, 최완규, 손영은, 김지영

펴낸곳 다산북스 **출판등록** 2005년 12월 23일 제313-2005-00277호
주소 경기도 파주시 회동길 357, 3층
전화 02-702-1724
팩스 02-703-2219 **이메일** dasanbooks@dasanbooks.com
홈페이지 www.dasanbooks.com **블로그** blog.naver.com/dasan_books
종이 한솔피엔에스 **출력·제본** 갑우문화사 **후가공** 이지앤비 특허 제10-1081185호

© 2012, 인젠리

ISBN 978-89-6370-873-7 (13370)
      978-89-6370-878-2 (13370) (세트)

• 책값은 뒤표지에 있습니다.
• 파본은 구입하신 서점에서 교환해드립니다.
• 이 책은 저작권법에 의하여 보호를 받는 저작물이므로 무단 전재와 복제를 금합니다.
• 이 도서의 국립중앙도서관 출판시도서목록(CIP)은 서지정보유통지원시스템 홈페이지(http://seoji.nl.go.kr)와
  국가자료공동목록시스템(http://www.nl.go.kr/kolisnet)에서 이용하실 수 있습니다.

다산북스(DASANBOOKS)는 독자 여러분의 책에 관한 아이디어와 원고 투고를 기쁜 마음으로 기다리고 있습니다.
책 출간을 원하는 아이디어가 있으신 분은 이메일 dasanbooks@dasanbooks.com 또는 다산북스 홈페이지 '투고원고'란으로
간단한 개요와 취지, 연락처 등을 보내주세요. 머뭇거리지 말고 문을 두드리세요.